Héctor Sevilla

Ética para Sofía

Cartas de un filósofo a su hija

© 2022 Héctor Sevilla

© de la edición en castellano:
2022 Editorial Kairós, S.A.
Numancia 117-121, 08029 Barcelona, España
www.editorialkairos.com

Diseño cubierta: Editorial Kairós
Imagen cubierta: Sergey Nivens
Fotocomposición: Florence Carreté

Impresión y encuadernación: Índice. 08040 Barcelona

Primera edición: Noviembre 2022
ISBN: 978-84-1121-063-8
Depósito legal: B 19.665-2022

Todos los derechos reservados.
Cualquier forma de reproducción, distribución, comunicación
pública o transformación de esta obra solo puede ser realizada
con la autorización de sus titulares, salvo excepción prevista por
la ley. Diríjase a CEDRO (Centro Español de Derechos Reprográficos,
www.cedro.org) si necesita algún fragmento de esta obra.

Este libro ha sido impreso con papel que proviene de fuentes
respetuosas con la sociedad y el medio ambiente y cuenta con los
requisitos necesarios para ser considerado un «libro amigo de los bosques».

Sumario

Prólogo 7

1. Invitación a la fiesta 11
2. Admiración 19
3. Valentía 29
4. Decisión 37
5. Criticidad 47
6. Criterio 57
7. Libertad 67
8. Cosmovisión 77
9. Independencia 87
10. Prudencia 99
11. Confrontación 111
12. Conocimiento de sí 123
13. Cuidado de sí 135
14. Solidaridad 145
15. Apertura 155
16. Sabiduría 167
17. Desapego 179
18. Paz 191
19. Integración 203
20. Gozo 217
21. Espiritualidad 229
22. Amor 243

23. Resiliencia	**259**
24. Perseverancia	**275**
25. Gratitud	**287**
Cuando yo no esté	**301**
Lista de invitados y sus mesas en la fiesta	**306**

Prólogo

Las primeras páginas de este libro son una declaración de amor, ese amor incondicional, ilimitado, profundo, desinteresado y puro que brota de lo profundo del alma de un padre en el momento que toma en sus brazos a su pequeña hija recién nacida.

Una mañana, al despertar de un sueño al que el autor describe como placido y grotesco, se enfrenta con el fantasma de la muerte. La simple idea de desaparecer de la vida de Sofía, de no poder abrazarla, acompañarla y ser testigo de su proceso, desde su más tierna infancia hacia el pleno florecimiento de su ser en el mundo, le paraliza el cuerpo. La mente se debate entre la desolación y la celebración de la vida. Esas dos caras de una misma moneda lo impulsan a compartir con Sofía sus saberes, pensamientos y sentires que, entrelazados con su propia experiencia, son expresados por medio de la escritura, su gran aliada. No se trata de un manual de ética y moral, ni de un tratado académico purista, sino de una partitura libre y espontánea que brota del alma de un filósofo que va escribiendo las notas de una sinfonía a través de la cual trasciende el tiempo y el espacio.

Tomando a Sofía de la mano la invita a viajar a lo largo de la historia de la humanidad, a contemplar la belleza de la naturaleza, incluyendo en esta al ser humano, a conocer la diversidad de creencias, de culturas, de religiones y de tradiciones sagradas, así como la variedad de valores, actitudes, posturas y estilos de vida. Pero esta aventura va más allá de un viaje por el mundo, va hasta ese universo que se encuentra al otro lado de nuestra piel, para internarse en lo profundo del universo interior, núcleo, centro de conciencia en el que lo diverso se transforma en Universo.

Hace unas cuantas semanas, conversando con Héctor sobre su anterior libro, *Asombro ante lo absoluto*, me hablaba sobre la urgente necesidad de que el pensamiento filosófico, que se deriva del amor por el conocimiento que dota a la vida de sentido, llegara a contemplarse más como un arte que como una disciplina. En este aquí-ahora, el autor entrelaza metáforas, analogías, fábulas, cuentos y mitos ancestrales con saberes y experiencias, entretejiéndolos hasta crear un hermoso tapiz que nos permite descubrir en qué consiste el arte de filosofar.

Algo que distingue este libro de otros que han sido escritos por padres, madres, abuelas y abuelos es que Héctor parte de la consciencia de que las reflexiones y experiencias que él ha venido acumulando a lo largo de su vida son tan solo una parte del equipaje que puede ser utilizado o no a lo largo de la vida de Sofía. En cada párrafo, en cada capítulo, alienta y convida a su hija a ser ella misma, a hacer un uso responsable de su libertad, a disfrutar de la vida, a aceptar y trascender el dolor y el sufrimiento. En pocas palabras: a diseñar sus propios instrumentos y crear su propia danza en el escenario de la vida.

Con ternura, delicadeza y un profundo respeto, Héctor abre para Sofía la puerta hacia el asombro no solamente ante la belleza sensible, sino ante la dimensión espiritual de la naturaleza humana, a la que el autor contempla no como una propiedad exclusiva de las religiones y las iglesias, sino como el núcleo del ser, su verdadera esencia. Retoma el pensamiento de Teilhard de Chardin cuando expresa que no somos seres humanos viviendo una experiencia espiritual, sino seres espirituales viviendo una experiencia humana.

Este libro es una especie de himno al libre albedrío, una abierta declaración de que cada ser humano es responsable de su propio caminar en el sendero de la vida. Antonio Machado, en su obra *Proverbios y Cantares*, se refiere a esta aventura como un caminar consciente en el que el pasado se recuerda cuando se trae a la memoria y el futuro se crea con nuestro caminar. Joan Manuel Serrat convierte este verso en canción cuando al cantar nos dice: «Caminante no hay camino, se hace camino al andar [...]. Caminante no hay camino sino estelas en la mar».

El autor cierra su obra con la misma declaratoria de amor con la que inició su libro, celebrando y agradeciendo a la vida los buenos momentos, las alegrías, el llanto y las risas compartidos con Sofía y dejando en sus páginas un legado que la acompañará por siempre.

Héctor Sevilla, pionero en el campo de la filosofía transpersonal, se distingue por su propuesta de hacer del ejercicio filosófico un arte, creando un puente entre la reflexión filosófica y la espiritualidad, entre lo humano y lo absoluto. Sostiene que en el corazón del ser se encuentra el potencial humano que va desde sus impulsos más primitivos hasta las más sutiles percepciones de lo espiritual. Además, contempla la educación como un proceso vivo y dinámico que está dirigido a educar para la vida, en y para la libertad, en y para el amor y hacia la trascendencia.

Este libro, *Ética para Sofía. Cartas de un filósofo a su hija*, se dirige no solamente a las adolescentes, sino a aquellos padres y madres que les gustaría hablar sobre estas cosas con sus hijas, con sus hijos, así como a los adolescentes y jóvenes que, al viajar por estos textos, llegarán a descubrirse como seres en un proceso continuo en el que cada momento se muere a una forma de ser para renacer a una nueva forma de existencia.

ANA MARÍA GONZÁLEZ GARZA

1. Invitación a la fiesta

«Había una vez...». Esa es la manera de iniciar los cuentos que contamos los papás mientras esperamos que nuestros hijos e hijas se duerman luego de corretear todo el día. Así es como he querido iniciar, no porque te vaya a contar un cuento, sino porque me he percatado de que llegará la ocasión en la que así se expresarán las cosas sobre mí: «Había una vez... un papá que regaló un libro de Ética para su hija Sofía». Me corresponde entender que en algún momento no estaré, que quedaré en el pasado y que no volveremos a abrazarnos o hacernos reír, pero eso dejará espacio para que transites tú.

Sí, heme aquí, consciente de que soy pasajero, de que nada es eterno y de que, sin embargo, cosechamos momentos maravillosos cuando amamos a los demás, cuando miramos su espíritu a través de sus ojos. Mirarte y encontrarme contigo me ha vuelto un hombre capaz de levantarse. El reto no consiste en no caerse, sino en despedirse del piso, ponerse de pie y seguir en la lucha hasta que no haya movimiento alguno en nuestro cuerpo o se hable de nosotros con el conocido «Había una vez».

Te preguntarás por qué estoy hablando de esto y quizá te parezca rara mi manera de iniciar esta charla contigo. Trataré de explicarme: hace unos días tuve un sueño que me clarificó varias cosas. Dentro del sueño dormía de manera plácida y me desperté sin poder moverme. Abrí los ojos y mi cuerpo estaba engarrotado, como si estuviese amarrado a la cama. Me sentí intranquilo e incluso consideré que debía gritar para pedir ayuda, pero no me era posible articular palabras. No podía girar mi cabeza más que un poco, tan solo lo suficiente para mirar las cosas alrededor de mí. Tuve la intuición de que moriría, de que algo me sucedía y de que mi cerebro no daba para más. Intenté levantarme varias veces sin éxito y luego fui presa del pánico por no lograr moverme. Estaba solo y presentí que eran mis últimos momentos. En ocasiones uno se vuelve trágico cuando llega a la adultez. Si no ponemos ciertos límites a las ideas, nos hacen elaborar catástrofes.

En tal sensación de ansiedad y desconsuelo tuve un momento de claridad. ¿Te interesa saber qué es lo que me puso más triste? Me desalentó que no podría volver a comer nada delicioso y que no tendría el gusto de refrescarme con agua cristalina. Me generó melancolía no poder viajar otra vez, escuchar alguno de mis discos o leer cualquiera de los libros que están en mi lista de espera. No obstante, muy por encima de todo eso, me acongojó no poder volver a abrazarte, no verte crecer, no ser testigo de tus logros, tus triunfos y tus felicidades más personales. Sé que todo eso va a suceder, que tienes un sitio al cual llegar y que habrá grandes momentos para ti. Me transporté a un territorio de desolación con la idea de tener que irme antes de tiempo y no poder decirte ciertas palabras de cariño, aprecio y reconocimiento que tanto evitamos los padres por la nefasta idea de que no son necesarias, o porque no las escuchamos demasiado de la boca de nuestros propios padres.

Desperté de ese grotesco sueño y traté de aprender algo a partir de lo que sentí. Tendido en la cama, me percaté de lo valioso que es estar vivo. Entre otras cosas, eso me da la oportunidad de hablar contigo y decirte todo lo que me he guardado durante varios años. Después pensé que podría incluso escribirte un libro y platicar contigo sin límite y sin ataduras. Esto no trata de mi propio camino, sino del peregrinaje que nos corresponde a todos los humanos durante el tiempo que la vida nos habita. A los papás nos espera un sueño del que no podremos despertar. Ahora recorres las líneas de un libro que temí no poder escribir. Aquí estoy, tratando de cumplir con la encomienda que me impuse ese día.

La finalidad de este libro no es convertirse en un manual de ética, si bien su título hace alusión a ella. La ética es un sendero hacia el autodescubrimiento, no un reglamento. Desde luego, hay muchos otros libros que hablan de ética, e incluso algunos que fueron hechos por otros papás que también eran filósofos. Pienso ahora en el que Aristóteles escribió para Nicómaco, su único hijo, hace más de 2300 años. Otro más reciente es el que elaboró Fernando Savater para su hijo Amador en el siglo pasado. Como bien sabes, no he tenido la suerte de tener un hijo, pero he tenido la dicha de que tú seas mi hija, así que este es un libro escrito para ti, de un papá filósofo a su hija adolescente, de un hombre a su querido retoño, justo antes de que cumplas quince años. Así como los libros dedicados a ciertos hijos han sido leídos por millones de mujeres, este compendio de reflexiones no es exclusivo de las mujeres por ser dedicado a una hija.

Al hablarte a ti, sé que mencionaré muchas cosas que otros padres querrían decir a sus hijas, y que tú, tanto como ellas, recibirán el mensaje y tratarán de encontrar lo que contienen las palabras. Sé que hablo en voz de muchos que ya no están y de otros que vendrán después; tengo plena conciencia de que habrá varias Sofías, tal como hay millares de padres que conectarán con lo que siento, sin importar si pensamos de la misma manera.

Espero no asustarte con todo esto y no sonarte muy solemne, así que prefiero recalcar que no intento aleccionarte con este libro. No me interesa darte una clase de moral, de modo que no te diré lo que está bien y lo que está mal, como si eso fuera suficiente para actuar de manera ética. Tampoco escribo esto para ofrecerte recetas que te acerquen a la felicidad y no poseo las reglas de tu propio andar. La dicha y la plenitud deben construirse con la misma libertad con la que uno canta una canción. Hay ciertas reglas para cantar, pero cada uno tiene su propia voz y es a partir de eso como se teje el propio canto.

Para ponerte un ejemplo más concreto, construir la felicidad es parecido al modo en que elaboras tu propio estilo de jugar basquetbol: hay reglas que todos siguen, como estar en el campo de juego, no caminar sin botar el balón o respetar las indicaciones de los árbitros, pero, a pesar de ello, cada basquetbolista es diferente, cada una desarrolla un estilo propio y lo construye a través de los entrenamientos y los partidos. Seguro que estarás de acuerdo en que juegas más tranquila cuando entiendes las reglas de tu deporte, pero sobre todo cuando te conoces y muestras en la cancha lo que sabes de tu propio juego. Ahí, defendiendo o atacando, muestras una parte auténtica de ti, porque el deporte es una manifestación de nuestra identidad. Que existan reglas no impide que forjes tu manera particular de jugar. En buena medida, la ética implica la construcción de tu estilo personal de existir; por eso significa más un descubrimiento que un conjunto de mandatos.

No escribo este libro para prohibirte cosas o señalarte lo que nunca debieras hacer. Sería poco serio de mi parte llamarle ética a algo semejante. La existencia no debe consumirse mientras vivimos con temor. Una de las peores cosas que nos toca experimentar es el miedo a no ser valiosos, a ser desacreditados, juzgados o menospreciados; en suma, a ser rechazados. Cuando nos dejamos conducir por los juicios ajenos abrimos la puerta al miedo y este puede llegar a paralizarnos. La vida es movimiento, no parálisis. No me interesa inducirte al miedo. Me he esforzado por manifestarme ante ti como autoridad, como un padre firme, pero estoy seguro de que sabes que eso es muy diferente de infundir miedo.

Este texto tampoco tiene la intención de que sigas mi propio camino o forzarte a recorrerlo. Es cierto que me emociono al pensar que este es un modo de darte a conocer la filosofía, pero no por eso espero que te dediques a ello de manera profesional. No soy un modelo de virtud y tampoco tengo el don de actuar siempre de la manera correcta. He cometido errores, como la totalidad de las personas, así que no vengo aquí con el disfraz de «don perfecto» a inspirarte para que tengas una vida plena tras seguir mis perfumados lineamientos. Tan solo me interesa comunicarme contigo y mostrarte que te veo.

No me gustaría que pienses que, por medio de estas letras, te invito a un tipo de creencia religiosa o a depositar tu fe en alguien o algo. No es un catecismo, no son los mandamientos de una Iglesia, ni el pase directo para conocer a Dios. La elección de tu propia espiritualidad es un asunto que te corresponde a ti. Según mi opinión, la evidencia de que una persona logró hacerse cargo de sí misma es que elige y descubre su manera de relacionarse con lo que está más allá de cualquier explicación (asumiendo que eso exista, por supuesto, pues tampoco podemos darlo por sentado así de fácil).

Esto no es un reglamento y mucho menos tiene la pretensión de que te sientas vigilada. Al contrario, esperaría que te haga sentir acompañada, nada más. Desde luego, no es una obra que pretenda asombrar a los filósofos o esperar su aprobación. Ninguna de las palabras que utilizaré, salvo estas, estarán dedicadas a los sabihondos críticos que creen tener la última palabra sobre la existencia, la verdad o la vida. Todo lo plasmé de manera directa para ti, si bien hemos acordado que se volverá un libro público y que tenemos varios invitados a nuestra mesa de conversación.

Visto así, se trata de un conjunto de cartas personalizadas que invitan a la reflexión, lo cual significa volver a flexionar o poner atención con mayor enfoque. Al mismo tiempo, este libro constituye el reconocimiento de tu libertad, puesto que no hay ética alcanzable si no fuese posible decidir. Por supuesto, hablaremos más a fondo de la libertad, pero por ahora basta con aludir que soy testigo de la que te corresponde. En cada párrafo he querido ser consciente del valor de tu vida y apreciar los matices que esta te ofrece. No intento profetizar diciendo que cada uno ha nacido para algo y que su destino debe ser inamovible, lo que sé es que más vale explorar las alternativas y forjar una vida gozable, al menos en el sentido de aderezar cada día con significados propios.

Ética para Sofía es una convivencia a través de las letras, un constante recordatorio de que eres amada. Al menos para mí, representa un testimonio de que los padres desean lo mejor para sus hijas, aun cuando lo mejor no sea algo que siempre podamos definir. Al mismo tiempo, que leas esto me indica que tienes una misión y eso a mis ojos te convierte en única, no en el sentido de que estés por encima de los demás, sino porque puedes aprender que la comparación es innecesaria.

Para mí, este libro constituye una manera de sobrevivir: es una herencia que puede compartirse. En cada línea estuviste presente y te aseguro que una lágrima de cariño se multiplicó en varias letras. Al escribirlo he sonreído, así que tengo la esperanza de que esa sensación esté vertida en las palabras. Puedes tomarlo como un instrumento para que ejecutes tu vida como un himno épico e íntimo. Sí, para mí se trata de un legado personal y contiene mi voluntad de estar. Es el compendio de lo que no he dicho y tiene la practicidad de que lo puedes consultar las veces que quieras para sentir que te lo que digo en cada ocasión.

Cada frase representa la voz de varios padres a sus hijas y me resulta claro que no lo he escrito de manera solitaria. Me acompañan los que se han ido y no pudieron decir lo que aquí se manifiesta. En cierto modo, cada expresión es liberadora de su intención. También hablo, con aprecio y respeto, a los rostros desconocidos de otras mujeres, adolescentes y adultas, que están presentes justo ahora. Si las invitadas toman esto como un aliciente o les provoca un suspiro que las reconcilie con los padres que han muerto, o los que viven sin expresarse, también se habrá logrado un grandioso cometido.

Hija mía, apenas comenzamos y no quiero cansarte. Tan solo quiero manifestar que la vida es una celebración y estás invitada a la fiesta. Del mismo modo eres bienvenida a estas letras, permíteles ser arropadas en tu interior y ser parte de tu vida. En cuanto a mí, dejé de estar dormido y me encuentro listo para soñar junto a ti.

2. Admiración

Me da gusto que sigas estas letras y que estés animada para iniciar una nueva reflexión. Recién te dije que la vida es una fiesta y que es sensato celebrarla. También comenté que la fiesta terminará en algún momento y que hemos de morir. Es posible que eso haya resultado demasiado fuerte para algunos, pero no debemos temer las cosas que sucederán tarde o temprano. Toda vida que inicia debe concluir, ahí tenemos los extremos de nuestra situación humana. ¿Qué hay en medio de esos dos momentos? Hay millones de oportunidades para admirarse. Me dirás que la admiración sucede muy de vez en cuando, pero ahora quiero que percibas que en realidad puede suceder a cada momento.

Cuando digo que es posible que te admires de lo que hay a tu alrededor no me estoy refiriendo a que te desmayes de emoción o a que grites llena de entusiasmo todo el tiempo. Admirarse es darse cuenta de las maravillas que están presentes en cualquier sitio donde nos ubiquemos. ¿De qué podrías admirarte? Para empezar, de todo aquello para lo cual no poseas una respuesta. Las expresiones de la naturaleza son una magnífica oportunidad para admirarnos. Mira por la ventana o a tu alrededor, seguro que cerca de ti existe algún árbol. Cabe admirarse de la manera en que crece, de cómo extiende sus ramas y ahonda sus raíces para lograr estar firme y no tambalearse con el viento. Ahora que lo digo, también resulta factible admirarse del viento: ¿de qué se constituye? ¿Por qué va de un lado a otro? ¿De dónde viene? ¿Cómo lo sentimos si no logramos verlo?

Puedes preguntarte varias cosas similares respecto a una flor: el origen del color en sus pétalos, o lo que hace que crezca según sea el ambiente. Es posible admirarse de que, a pesar de que decimos que nos gustan las flores, las cortamos para regalarlas, acelerando su descomposición. Si escuchas un ladrido o un maullido, tendrás nuevos motivos para admirarte por la manera de expresarse que tienen los animales, por lo que sienten o la forma en la que nos perciben. ¿Te has preguntado cómo nos identifican los gatos al vernos? Además, por encima de todas las cuestiones anteriores, cabe preguntarse qué es lo que originó lo que vemos alrededor de nosotros.

Los filósofos, esos de los que dije que desean la sabiduría, se han preguntado desde hace muchos siglos por cuestiones como estas. Hace más de dos mil años, algunos de ellos eran conocidos como filósofos de la naturaleza y se preguntaban por cuál era la materia de la que surgía todo lo demás. Unos sugirieron que todo provenía del agua, otros del aire, alguno más refirió a la tierra y el más intrépido propuso el fuego. Nunca se pusieron de acuerdo y tuvieron la ingeniosa idea de concluir que aquello que fuese el origen de todo lo demás estaba indefinido. Anaximandro de Mileto se preguntó por el origen de las cosas y sugirió que el principio material fuese llamado *ápeiron*. Despreocúpate, no es necesario que te aprendas ese nombre, tan solo es la prueba de que podemos admirarnos y que es del todo válido tratar de encontrar respuestas.

Si te centras en lo que hay arriba de ti, siempre y cuando estés en un espacio abierto, encontrarás otro gran motivo de admiración. Sí, lo que llamamos cielo está ahí. Pensamos que es tan claro durante el día como espeso y oscuro por la noche, pero en realidad el azul celeste no es el color original del cielo, sino el efecto de la dispersión de la luz solar en las moléculas del aire. En realidad, no vemos algo arriba, al menos no algo sólido, tan solo miramos aire. ¿Es posible admirarse de eso? ¡Desde luego! ¿Qué puede haber más allá? Sabemos que hay varias capas de la atmósfera y que arriba de la última, llamada exosfera, siguen millones y millones de kilómetros más, los cuales no terminaríamos de recorrer si viajáramos durante toda nuestra vida en un cohete espacial. Ahora que lo noto, cuando dije que arriba de nosotros está el espacio dejé de lado que por debajo de la Tierra también nos rodea ese mismo manto oscuro. Es digno de admiración que nuestro planeta sea solo uno de los varios que conforman la galaxia que conocemos como Vía Láctea. Por si fuera poco, nuestra galaxia es solo una de entre más de dos billones (dos millones de millones) de ellas. Habitamos en un cuerpo diminuto que transita en un mundo muy pequeño ante la vastedad del universo.

No siempre estamos pensando en el espacio porque tenemos demasiados asuntos que resolver enfrente de nosotros, pero te invito a considerar nuestro lugar en el cosmos (el conjunto de todo lo existente) por un momento. Es muy posible que existan seres vivos en otros planetas de galaxias lejanas, pero hasta el momento no ha sido posible contactar con ellos, o al menos esa es la historia oficial. ¿Te has preguntado que algún tipo de individuo en otro planeta sienta y viva experiencias similares a las tuyas? No es absurdo pensar que ese ser no humano se hace las mismas preguntas ahora mismo en otra parte del universo. No sé si he logrado hacerte pensar un poco en ello, pero a mí me maravillan esas grandiosas posibilidades.

Ahora bien, volviendo al piso en el que están nuestros pies, encontrarás un fabuloso motivo para admirarte si pones tu atención en otros seres humanos. Sin duda, cada persona tiene sus propias características, su manera de actuar, su pasado, sus proyectos, sus miedos y sus expresiones. Cada hombre y mujer es un pequeño universo que está lleno de aspectos admirables. ¿Te has preguntado cómo se generan los pensamientos o por qué sentimos emociones? Podríamos tardar bastante tratando de entenderlo (y los psicólogos lo siguen intentando), pero tan solo quiero situarte en la opción genuina de sentirte admirada por los detalles. Justo de eso se trata: encontrar las pequeñeces maravillosas que nos hacen ser lo que somos.

Nuestro cuerpo está enriquecido con una capa sensorial que nos permite contactar con lo que nos rodea. El funcionamiento de cada uno de nuestros sentidos es motivo de admiración. Hay maravilla en la experiencia de percibir el olor a tierra mojada, es extraordinario saborear comidas suculentas, resulta un deleite escuchar canciones que nos enciendan el ánimo, se vuelve fascinante observar los atardeceres y nos parece prodigioso el abrazo que nos hace sentirnos seguros. Desde luego, existe una explicación científica para el funcionamiento sensorial, pero si bien es interesante contestarnos cómo sucede eso, más significativo es indagar por qué nos sucede a nosotros. ¿Qué hace que a ti te haya gustado la música de los Beatles? Quizá sea porque tuve el plan para presentarte sus discos, pero podrían no haber sido de tu agrado. Ciertas cosas provocan que nos sintamos atraídos, eso es también un motivo para admirarse.

Es posible maravillarse ante los procesos que dan cabida a nuestros recuerdos, la sensación de frío y calor en el cuerpo, la percepción de los colores, la captación del ritmo y la armonía musical, e incluso el hecho de que estés respirando o generando ideas a partir de lo que lees en este instante. Todos los aspectos anteriores son diminutos si los comparamos con nuestra llegada a la existencia o el momento en el que nacimos. ¿Te lo habías preguntado? En algún momento no existías, pero de pronto tuviste cuerpo y llegaste al mundo. Yo mismo me admiré sobremanera cuando naciste, tal como me embelesa verte crecer y desarrollarte cada día.

Llegados a este punto, es posible que te preguntes qué tiene que ver la admiración con la ética. Y aunque no te lo hayas preguntado, me encantará responderle a la figuración de ti que ahora tengo en mi mente: necesitamos admirarnos para ser capaces de idear una manera propia de entender la vida. Si no nos admira nuestra posibilidad de vivir de acuerdo con las virtudes que elegimos, en función de proyectos que establecemos, o en sintonía con la disciplina que nos impongamos, no podremos ser éticos de verdad. Tan solo aspiraremos al seguimiento callado y sumiso de las reglas e imposiciones de los demás.

El acto filosófico comienza con la admiración, la cual surge de la atención hacia los detalles. Date cuenta de que no es posible enfocarse si no se es capaz de observar con detenimiento. Quien no observa no se admira, quien no se admira no puede preguntar y, más trágico aún, quien no pregunta no aprende. Es muy común que las personas, incluso los profesionales, se centren en tratar de encontrar una respuesta precisa, pero no siempre son conscientes de que deben elaborar preguntas diferentes. Tan importante como la respuesta es la pregunta. Quizá deba explicártelo de otro modo: seguro que recuerdas la lejana época en la que estudiabas la educación primaria y la profesora les preguntaba las tablas de multiplicar. Ante la pregunta «¿cuánto es siete por tres?», ella esperaba una respuesta concreta. Que la respuesta fuese correcta dependía de la pregunta; contestar «veintiuno» sería erróneo para otras muchas preguntas (aunque también valdría como respuesta de otras muchas operaciones aritméticas). Ya te veo con cara de susto cuando hablo de las matemáticas, aunque debo decir que has mejorado bastante en ese rubro. Acá los números no son lo central, sino el hecho de que la pregunta condiciona la respuesta.

No estés ansiosa por encontrar la respuesta definitiva a tus preguntas de la vida, quizás en ocasiones debas cambiar la manera de preguntar. Te platicaré algo que me sucedió en una de las primeras clases a las que fui cuando era niño (para que veas que también me pongo en aprietos). En una ocasión, durante la tercera o cuarta clase del primer grado de primaria, la profesora me regañó porque no la miraba mientras impartía la clase. A decir verdad, encontré más interesante observar a una hormiga que caminaba por el piso del salón sin ser aplastada por los compañeros que, uno tras otro, se levantaban para acercarse al cesto de basura y afilar sus lápices. Es probable que la maestra se haya preguntado por qué querría hacerla enfadar. Si ella hubiese persistido en esa cuestión, habría encontrado muchas respuestas imaginarias, pero cambió de pregunta y se planteó cómo podía generar interés genuino de mi parte hacia su clase. En el recreo se acercó para preguntarme por las cosas que me gustaban y en la siguiente hora estuve muy atento porque puso varios ejemplos que se relacionaban con lo que a mí me agradaba. En las relaciones con los demás, nos podríamos admirar de lo distinto que resulta preguntarnos por cómo está la otra persona, en vez de juzgarla de manera anticipada. Tú también puedes admirarte de ti misma cuando percibas que la atención a los detalles que vive el otro te permite relacionarte de maneras más eficientes y saludables. Visto así, no hay respuestas correctas sin preguntas precisas.

Hija mía, admira los detalles, aprecia las singularidades de la naturaleza, de los demás, de la existencia. ¿Cuáles son los obstáculos que nos impiden lograr todo eso? La distracción, la ociosidad y la pereza. Uno se distrae si pasa los días sin un objetivo, o si gasta su tiempo en problemas ajenos que no nos corresponden; estamos ociosos cuando no aprovechamos el talento en algo concreto; somos perezosos las veces que desaprovechamos oportunidades genuinas por preferir el confort. Ahora bien, es cierto que admirarse es una conquista importante, pero debo decirte que no basta con eso. Se necesita indagar. ¿Qué es eso? Es rastrear lo que no se observa a primera vista. Para ello uno debe enfocarse y descubrir algo que no es accesible a primera vista. Por supuesto, como en casi todo, existen peligros en el proceso. Uno de los principales errores de quienes indagan, o de quienes se hacen preguntas, es dar por sentado que poseen la respuesta correcta y definitiva. Por el contrario, hay que cuestionar lo aprendido, ponerlo en duda y hacer nuevas preguntas.

Querida Sofía, hay tanto por saber y tan poco tiempo por delante. Tomar conciencia de ello nos conduce al asombro, ya no solo a la admiración. Un filósofo que vivió hace cuatrocientos años, llamado Descartes, decía que solo ponemos atención a lo que nos causa sorpresa. Visto de ese modo, es importante sorprendernos de muchas cosas, pero de una en especial: ¡del tamaño de nuestra ignorancia! Sé que esto puede parecer un poco frustrante. ¿Tanto esfuerzo para indagar y al final darnos cuenta de que somos ignorantes? Sí, justo así, de eso se trata, pero ya no será una ignorancia simple, como la del que ni siquiera se admiró en un principio y no se hizo preguntas, sino que es una sabia ignorancia.

Entenderé si en este punto te estás riendo o de plano moviendo la cabeza, pero permíteme explicarlo con más detalle. Mientras más sabemos, más nos damos cuenta de que hay muchas cosas que no sabemos todavía. La sabia ignorancia consiste en aceptar que es mucho lo que no sabemos, pero esa actitud nos exenta de creer que no tenemos nada más por aprender. Quien se asume sabio deja de admirarse. ¿Te das cuenta de esa ironía? El que cree que sabe más, en realidad, no sabe que ignora mucho. Sócrates, un filósofo que vivió hace 2500 años y que fue tan sabio que se ahorró el problema de escribir sus pensamientos, reconocía que no sabía nada. Eso le permitió estar dispuesto a aprender y logró convertirse, sin duda, en uno de los más grandes filósofos que haya existido alguna vez. ¿Era esa su pretensión? Desde luego que no, él tan solo quería ser útil a su ciudad. Ahí tienes otro punto importante: mientras más estés dispuesta a aprender, tendrás mayores posibilidades de ser útil a la comunidad.

Querida hija, el secreto de la admiración consiste en saber que no sabes. Y para saber que no sabes necesitas aprender a admirarte. No es suficiente haber ido a la escuela o estudiar muchas cosas en la universidad: la educación y la sabiduría no siempre van de la mano. Lo que te enseñan en los programas académicos es una pequeña parte de lo que hay que saber y, además, representa tan solo lo que otros planean que los jóvenes sepan. Los audaces van más allá, sabiendo que no es suficiente con estar educado, sino que es imperativo aprender mediante los propios recursos y habilidades. Cuando indagues para comprobar la veracidad de lo que escuchas, estarás siendo más autónoma en tus aprendizajes. No seas como los que repiten todo lo que oyen sin antes pasarlo por el filtro de su propio juicio y averiguación.

Saber no es memorizar y no consiste en obtener buenas calificaciones. Saber es saborear, es conectar con el conocimiento tal como lo hacemos con un alimento que nos gusta demasiado. Hacer tuyo el saber es gozar lo que aprendes. Saber nos alimenta. Y no solo sabemos algo cuando lo leemos, sino también cuando lo experimentamos, cuando nos relacionamos con los demás o reconocemos nuestras emociones y pensamientos. Tal como no basta con mirar la comida para estar nutridos, tampoco basta con absorber lo que los demás nos enseñan. Es cierto que nutrirse es importante, pero es fundamental saborear lo que comemos. Lo mismo sucede con el conocimiento, hay que degustarlo y trasladar lo que sabemos a las conductas de cada día.

Admirarte te conducirá a saberes más profundos. Saber te cambiará la vida y cada cambio te orillará a seguir aprendiendo. La vida es un constante fluir, pero no siempre lo percibimos. Hay cambios que son involuntarios (como crecer, cansarse o envejecer), pero otros requieren de nuestra voluntad (disciplinarse, lograr metas, ser útiles a la sociedad). Ningún cambio voluntario acontece sin valentía. Justo de eso te hablaré en el siguiente capítulo, si es que deseas, tal como espero, seguir poniendo atención.

3. Valentía

¡Vaya que estás siendo valiente al continuar con tu lectura! Eso me motiva sobremanera. Tal como aludí antes, ahora corresponde reflexionar sobre la valentía. Primero debemos distinguir que no siempre actuamos con valentía, de modo que es complejo afirmar que somos valientes todo el tiempo. Como habrás notado, las personas no siempre tenemos los mismos comportamientos, solemos variarlos por nuestra conveniencia o de manera reactiva. La valentía nos permite afrontar las adversidades futuras.

Algunas personas confunden la valentía con no tener miedo. Me parece que se equivocan. Es natural tener miedo porque no estamos preparados para todas las cosas que se nos presentan; además, es esperable dudar sobre lo que debemos hacer o la manera en la que debemos actuar. Por ello, ser valiente no consiste en no tener miedos, sino en enfrentarlos y no quedarnos paralizados. Sentir miedo nos puede ser útil como indicador de que debemos poner más atención o tener precauciones, pero eso no nos obliga a detenernos o a dejar a un lado lo que queremos hacer. Superar el miedo de hacer algo no es lo mismo a ponerse en peligro de manera deliberada. Si cruzas la calle sin precaución, bajo la consigna de no tener miedo de lo que haces, te pones en peligro. Si saltas de una azotea solo porque sí, no actúas de manera valiente, solo te expones al daño. Actuar con valentía es distinto de colocarse en situaciones de peligro sin necesidad.

Hay cierto tipo de miedos que vale la pena enfrentar. Por ejemplo, quien decide hacer algo nuevo experimenta un poco de temor porque no está seguro del resultado que va a obtener. Los inventores que crean tecnología o artefactos nuevos, los que proponen una teoría, los que investigan sin saber de antemano los resultados, los que propician el arte, los que inician una relación nueva, todos ellos necesitan ser valientes. Hay algo en común con todas esas personas: se preguntan cómo serán las cosas si hacen algo distinto. En otras palabras, su pensamiento inicia con la frase «qué sucedería si...». Hay muchas frases que se inician de ese modo. Qué sucedería si inicio un nuevo plan de alimentación, qué tal si comienzo un programa de ejercicios, qué sucedería si tomo cursos adicionales para prepararme mejor, qué tal si elaboro un proyecto de lectura diaria, qué sucedería si cambio mi manera de relacionarme con los demás, qué tal si cuestiono tal o cual idea que siempre he pensado inamovible. Si lo ves con calma, cada una de estas cuestiones nos invitan a hacer cosas distintas, pero de manera principal nos incitan a pensar cosas diferentes.

Algunos llaman a eso salir de la zona de confort, pero ese término no tiene mucho sentido para mí y te explicaré los motivos: a) cuando una persona tiene conductas repetitivas no está en una zona confortable, más bien se mantiene en lo mismo por temor a lo que le traerá lo nuevo; b) la sugestión de estar cómodo es del todo falsa, por eso cabría pensar en llamarla zona de quietud, pero no de confort; c) la sensación confortable acontece en el estado expansivo de la persona, cuando está activa y haciendo algo que de verdad le agrada, no cuando se mantiene apática reiterando las mismas conductas que no la conducen a ningún logro. Me parece que existe más confort en saberse congruente que en desestimar las oportunidades para crecer y vivir mejor. Por ello, si bien las personas lo aluden como zona de confort, te invito a que entiendas ese estado como actitud de quietismo y sugestión de bienestar; de ese modo, el verdadero confort, el cual necesitamos para nuestra salud mental, es el que se obtiene de actuar de manera congruente con las propias capacidades. Un escritor crea su mundo cuando deposita en el papel las letras que le sirven para expresar su ideario y su entendimiento, pero lo mismo hacen quienes piensan y ejecutan maneras diferentes de hacer las cosas. Eso ha dado paso a proyectos que han sido benéficos para multitudes de personas. No obstante, si quien intenta esos cambios permite que el miedo paralice sus intenciones, no le será posible propiciar bienestar y el verdadero confort no llegará. Querida hija, muchas personas tienen grandes ideas, pero la mayoría no las lleva hasta las últimas consecuencias y se quedan en la zona del desaire, llenos de tristeza y frustración. En ocasiones culpan a los demás por no aprovechar su talento, dejando de ver que varias veces se han suprimido a sí mismos por falta de valentía.

Habrá ocasiones en las que tus decisiones te dejen sola y no tengas acompañantes. Vivirás situaciones en las que tus amigos te abandonarán por no querer seguir o no poder ir a tu lado. Justo ahí necesitas valentía para no menospreciar tus propios sueños y metas. Amar a otros no significa llevar una vida miserable con tal de no perderlos. No quieras llegar acompañada al sitio al que solo tú puedes llegar. Para ejemplificar lo anterior te invito a pensar en un montañista que está subiendo la K2, la segunda montaña más alta de la Tierra y quizá la más difícil de escalar por sus características. Quien la sube debe estar consciente de que necesita enfrentar sus miedos, pero no basta con ser valiente para subir, se requiere preparación física, psicológica y logística. Al iniciar su travesía, el montañista tiene la compañía de varias personas al estar en el mismo plano horizontal. No obstante, al ir subiendo siente una progresiva soledad. Puede ser que desee regresar para tener un cálido abrazo o escuchar las porras de sus amigos y compañeros, pero debe tener la valentía de sobreponerse y continuar ascendiendo. Eso no significa que nuestros proyectos nos conducen a una vida solitaria, sino que solo podemos acompañarnos de personas que estén dispuestas, tanto como nosotros, a comprometerse con el ascenso.

Habrá ocasiones en las que estarás en desventaja, tanto aparente como real. Deberás enfrentarte o defenderte de individuos que tendrán mejores cualidades en algunas áreas, pero quizá no tengan algunas que tú posees. Reconocerte limitada es un buen principio para observar tu grandeza. Recuerda el relato bíblico de David, un israelita que nunca había estado en una guerra. Durante una contienda, consciente de sus carencias, se centró en su principal habilidad: el uso de la honda para lanzar piedras. Gracias a ello derribó con un fuerte golpe a Goliat, un temerario guerrero filisteo que lo superaba en fuerza y experiencia. La pericia de David consistió en aceptarse de inferior tamaño y no acercarse demasiado a su oponente, tras lo cual logró vencerlo al lanzar una piedra a gran velocidad. Desde luego, no te estoy proponiendo que lances proyectiles a tus enemigos (cosa que más de alguna vez estarás interesada en hacer), sino en centrarte en tus habilidades y vencer los miedos ante las dificultades que tendrás que encarar, por más que tengan la cara de Goliat.

La valentía también es necesaria para percibir el valor propio a pesar de la desaprobación de los demás. Un personaje del que me hablaste hace unos días es fiel reflejo de ello: Shrek, el ogro verde con nariz grande y orejas con forma de corneta. Este personaje, famoso por las películas que llevan su nombre, surgió de un cuento infantil escrito por William Steig. En el texto original, Shrek habla mediante versos, pero la gente de la aldea de Duloc lo etiqueta como un monstruo horripilante al que se debe temer y odiar. No obstante, sin torturarse demasiado por la oscuridad de sus días, el personaje regordete aprovecha la cera de sus oídos para hacer velas. Ese suceso tiene distintos significados. Él oye cosas desagradables, pero es capaz de construir una vela que le da luz a partir de esas ofensas, se ilumina mediante lo que está en sus oídos sin importar lo que estos escuchan. Desde luego, le conviene mostrarse feroz para que los demás seres del bosque no lo molesten y no invadan su espacio, pero en ningún momento se siente inferior o muestra sumisión ante sus enemigos, ni siquiera con Lord Farquaad, el enano mal encarado que es capaz de torturar a una galleta de jengibre.

Estás lejos de ser o parecer un ogro y tu piel no es de color verde, pero también podrías elaborar velas para darte luz a partir de las críticas, lo cual, insisto, es tan solo la interpretación que yo hago de ese gesto. La dignidad de Shrek le permite enfrentar el mundo y, al final, con ayuda de Fiona, logra salir de su aislamiento y contacta con su propio valor. Empezó siendo resistente ante la adversidad y de ahí dio el salto a la valentía. ¿Notas la diferencia? En un principio se defendía y se aisló; luego, cuando se dio cuenta de su valía personal, dejó de excluirse a sí mismo y se integró con los animales y seres del bosque, quienes dejaron de verlo con temor y comenzaron a quererlo. Para ser valiente, era necesario que se quisiera a sí mismo.

Poniéndonos serios, es imprescindible que percibas tu responsabilidad en la creación de la persona que quieres ser. Ahora eres de un modo, pero son tus actos y pensamientos los que forjarán a quien serás. En ese proceso cuentan mucho los detalles y las pequeñas conductas. Simone de Beauvoir, la gran filósofa francesa, dijo que: «No se nace mujer, se llega a serlo». Esto deja entrever que tu manera de vincularte con el mundo está influida por lo que la sociedad espera de ti, pero que, al ser consciente de esa trama, puedes interceder por ti misma y dar valor a tus opciones personales. Necesitas darte cuenta de que las personas esperan muchas cosas de ti solo por el hecho de ser mujer; quizá esperen que estudies cierta carrera, que te comportes de un modo particular, que te vistas con ropa específica, que tengas hijos a temprana edad, o que te cases y vivas según lo que se cree que deben hacer las mujeres. Ante esa serie de imposiciones, que también acontecen con los varones, desde luego, conviene y resulta prioritario ser valiente, es decir: reconocer tu propio valor, de manera independiente de la aprobación externa.

Date cuenta de que incluso tienes el derecho de no ser valiente y que tampoco tienes que serlo solo porque lo sugiero. Explicarte algo no significa que te obligo a actuar según mi perspectiva. He dicho que la sociedad intenta moldear a las personas de sexo femenino para que sean un tipo determinado de mujer. Al mismo tiempo, te propongo que aprecies el valor de la valentía, pero estoy dispuesto, desde luego, a que no estés de acuerdo con ello. Existe una gran diferencia entre imponer una conducta y mostrar la posibilidad de apreciar una cualidad.

Por otro lado, está claro que la valentía, entendida como capacidad de vencer el miedo, es más apreciada que la cobardía o el amedrentamiento. Sin embargo, es importante distinguir entre actuar con valentía y actuar con temeridad. Una persona temeraria es imprudente, irreflexiva y reactiva; se envalentona o manifiesta rebeldía, pero no tiene una causa, no defiende algo que valora y tan solo se enfrenta a lo establecido de manera irracional. Muy diferente es el humano valeroso, audaz e intrépido, que elige luchar por algo que tiene valor. Una lucha como esa nos hace valiosos y es eso lo que significa ser valiente. ¿Logro explicarme hasta aquí, querida hija? La valentía siempre se relaciona con algo que consideramos valioso, no se trata solo de no tener miedo. Así como quien hace música es músico, o quien se dedica a la escritura es escritor, quien lucha por algo que considera valioso es valiente. Se adopta en nuestra identidad aquello hacia lo cual ofrecemos nuestra energía. Por eso, cuando se ama, uno mismo es amor, pero ya hablaré de eso más adelante. Reitero: ser valiente consiste en dar valor a algo y luchar por eso. El término implica una cualidad que acontece, del mismo modo que se le dice sonriente a quien muestra una sonrisa o nombramos paciente a quien tiene paciencia. Valiente es quien defiende lo que considera valioso.

Es importante apuntar que para ser valiente no necesitas volverte solitaria, puesto que hay muchas luchas dignas que se realizan junto con otros. Cuando una mujer se une a otra en defensa de algo que considera importante, se hacen más fuertes juntas. Lo mismo se aplica para los hombres, desde luego, y de manera ideal en la conjunción de hombres y mujeres. Se puede ser valiente a solas, pero uno encuentra fortalezas cuando se apoya también en el esfuerzo y la valentía de otros más. El trabajo en equipo se sostiene por la valentía colectiva, pero en varias ocasiones nos corresponde luchar solos. A lo largo de la historia, por supuesto, han existido varios movimientos políticos, culturales y sociales que se interconectan entre sí por la lucha que algunas mujeres valientes han realizado para buscar y exigir la igualdad de derechos entre ellas y los hombres, así como eliminar la dominación y violencia entre los géneros.

Podríamos contentarnos con eso hasta este punto, pero debemos ir un poco más allá. Debo decirte que no basta con ser valiente y luchar por vencer los miedos en torno a algo; también es muy importante saber la intención de nuestra valentía. Aquí las cosas se ponen un poco más complejas. ¿Acaso no actúa de manera valiente un ladrón, tanto como un embustero o un estafador, cuando se atreven a hacer cosas que están fuera de la ley y que incluso dañan a otros? Voltaire, un filósofo que murió en 1778, decía que la valentía no es una virtud, sino una cualidad que es común en los criminales y en los grandes hombres (y mujeres). Ahora bien, lastimar a alguien que no puede defenderse, a pesar de que semejante acción requiere cierto arrojo y empuje, no me parece digno de encuadrarse como acto valiente, sino más bien como una conducta miserable, digna de individuos cobardes que aprovechan su fuerza o la portación de un arma.

De poco sirve hablar de la importancia de la valentía sin reconocer el peligro de utilizarla para generar daño o malestar. Ser valientes no nos exenta de la obligación de preguntarnos si aquello que defendemos evita la violencia, la corrupción, el daño o la destrucción. Se puede ser valiente y criminal al mismo tiempo, tal como cabe ser valiente por las causas justas y los motivos correctos. Analizar cada caso y descubrir la diferencia entre una cosa y otra es de lo que trata el ejercicio ético.

Antes dije que no basta con admirarse, sino que es necesario indagar y aprender. Tampoco es suficiente con mostrar valentía, se requiere elegir de manera óptima las luchas que queremos combatir y tener claros los motivos que nos llevan a ellas. Desde luego, aquí hablamos de una cualidad muy especial: la de saber tomar decisiones. Si me acompañas al siguiente capítulo, hablaremos de eso con mayor detalle.

4. Decisión

Ya que has decidido continuar con nuestra conversación por medio de estas letras, me adentraré ahora en la relación que existe entre la voluntad y la decisión. La primera de ellas es una facultad apetitiva, de modo que provoca que un objeto, acontecimiento o conducta se convierta en un fin que deseamos alcanzar. Por ejemplo, puedes tener el antojo de comerte un delicioso pastel de chocolate, pero si al mismo tiempo recuerdas que estás en un plan de restricción alimenticia, entonces tu voluntad te mantiene firme sin probar el dulce bocado. El pastel sigue siendo un bien deseable, pero no es objeto de tu voluntad si no lo conviertes en un fin para ti. Que algo sea bueno no significa que eliges quererlo para ti. Es posible tener el impulso de comer el pastel y decidir no hacerlo. Por el contrario, tal como recordarás, hay ocasiones en las que se requiere tomar medicamentos cuyo sabor nos repugna, pero la voluntad de curarnos nos conduce a ingerirlos. En esos casos, la voluntad logra estar por encima del apetito o las ganas. Como podrás ver, la voluntad resulta fundamental al tomar decisiones.

Hasta aquí podría parecer que todos los actos que realizamos son voluntarios, pero no es así. Existen veces en las que obramos de manera involuntaria. ¿Alguna vez te has quedado dormida sin planearlo? Recuerdo que en Viena tuve la osadía de ir a un concierto el mismo día en el que llegué de un vuelo transatlántico. El cambio de horario me afectó y no podía controlar el sueño, a pesar de estar en las primeras filas observando nada menos que a Daniil Trifonov, uno de los mejores pianistas de la actualidad. No caí dormido, pero recuerdo que mi cabeza se tambaleaba durante lapsos y es muy posible que permaneciese con los ojos cerrados uno que otro minuto. ¿Podría decirse que estaba dormitando? Sí, desde luego. ¿Acaso fue voluntario? No, para nada. El cuerpo tiene sus límites, sin importar si se es joven. Otro acto involuntario es tener pesadillas, así como olvidar algo, extraviar objetos, o la combinación que elegimos al vestirnos cuando debemos salir rápido de casa ante una urgencia. Si lo vemos con lupa, la mayoría de los actos que realizamos, incluso cuando los elegimos de manera consciente, no estuvieron bajo nuestro control por completo. La manera en la que nuestras neuronas interconectan entre sí, la asociación de ideas que tenemos y nuestras reacciones ante diversos sucesos son, de hecho, involuntarias. Algunos dirán, por ejemplo, que enamorarse es un acto involuntario, pero al menos, suponiendo que así sea, podemos tener la voluntad de mantener o limitar nuestro enamoramiento. En ocasiones tenemos que negociar con Cupido, la deidad que en la mitología griega provocaba la atracción entre dos personas, por más que sea bastante terco.

También cabe distinguir entre elegir y decidir. Cuando eliges estás tomando una opción de entre varias; al decidir determinas si actúas o no. Hay veces en las que elegimos, pero no actuamos de acuerdo con lo elegido; en esos casos, aún no hemos decidido de verdad. Decidir implica posicionarse, elegir requiere preferir alguna de las posibilidades. Se elige entre varias opciones, pero se decide sobre la vida y las relaciones. Trataré de ser más concreto por medio de ejemplos ordinarios: si decido tomar un helado, deberé elegir su sabor; si en su momento decides que ingresarás a la Universidad, tendrás que elegir cuál es la carrera que quieres estudiar; si decides que irás a una fiesta, corresponde que elijas cómo irás vestida, o de qué manera llegarás. Las decisiones se centran más entre hacer o no hacer algo, las elecciones se enfocan en la modalidad de lo que haremos o hemos decidido. Por supuesto, puedo elegir un sabor de helado sin decidir comerlo. ¿Notas eso último? Es similar a tener planes (elegirlos), pero nunca ejecutarlos (no decidirse por ellos, no defenderlos con valentía). Si algún día decides que el matrimonio es para ti, corresponderá que elijas con quién casarte. Elegimos entre opciones para la ejecución de una conducta, a la vez que decidimos si concretarlas va acorde con nuestros proyectos.

En un mundo ideal viviríamos llenos de certidumbre ante lo que decidimos y todos serían responsables de lo que eligen, pero estamos muy lejos de habitar un mundo de circunstancias tan idóneas. ¿Sabes qué es lo peor? Que, en ocasiones, las personas no solo no deciden por sí mismas, sino que creen hacerlo cuando se dejan arrastrar por la moda o las reglas sociales, las cuales se manifiestan en lo que la gente espera de ellas.

Te invito a estar atenta cada vez que tomes una decisión y a que distingas entre lo que se te antoja en el momento y lo que te conduce al logro de tus metas. Ambas cosas no siempre van de la mano. Resulta cotidiano que nos apetezcan satisfacciones inmediatas. No obstante, el placer momentáneo o el cumplimiento de un gusto no siempre nos conducen a nuestra meta primordial. Quizá pronto utilices alguna tarjeta de crédito y verás con mayor nitidez lo que te hablo. Comprar algo porque nos es posible no nos garantiza que podremos pagarlo en el plazo que se estipula. Las personas se endeudan por no tener la habilidad de aplazar la satisfacción. Desde luego, puede resultar conveniente utilizar créditos, siempre que tengamos la manera de saldarlos.

Cuando alguien es incapaz de aplazar su satisfacción actúa con avaricia. Esopo, un escritor de fábulas de la antigua Grecia, aludió en uno de sus relatos a la avaricia de una pareja que tenía en su poder una gallina que cada día les daba oro en forma de huevo. ¿Te imaginas el regocijo de levantarte cada mañana y tener un lingote ovalado? Sí, suena bien que una gallina te ofrezca los buenos días con una pieza de varios quilates. No obstante, a pesar de semejante fortuna, los protagonistas del relato consideraron que era demasiado molesto tener que esperar un día entero para acumular más oro. Pensaron que serían más dichosos si tuviesen mayor cantidad de oro al instante. Se les ocurrió que debían matar a la gallina y que así se adueñarían del oro que guardaba en su interior. Sin embargo, una vez fallecida la desdichada, notaron que dentro de sí no contenía oro, sino que lo generaba con el paso del tiempo. Les resultó imposible dar marcha atrás a su acto atroz y por su decisión, tan extremista como desafortunada, no pudieron disfrutar de ninguna riqueza a partir de ese día.

Parece fácil juzgar a tan atolondrados personajes, pero la verdad es que eso puede acontecer en la vida cotidiana más veces de las que parece. No estoy diciendo que no haya que desear más o querer más, pero existe una sutil diferencia entre la aspiración y la avaricia. La aspiración nos conduce a proyectar maneras concretas y realizables de obtener lo que anhelamos; en contraparte, la avaricia es desordenada, no acepta límites y trastorna la visión de quienes actúan guiados por ella. Desde luego, las decisiones están condicionadas por nuestra manera de entender la vida. Si estar en el mundo es visto como una oportunidad para acumular riquezas de manera salvaje, las decisiones estarán orientadas hacia esa dirección. La riqueza no es algo malo o que debamos rechazar, lo controversial es juzgar que nuestra avaricia nos justifica para pasar por encima de los demás y despilfarrar lo que poseemos en nuestro propio placer. Digamos algo más al respecto: si no se tiene ni avaricia ni aspiración, al menos corresponde tener alguna meta. No es idóneo confundir la pereza, la indiferencia o la total ausencia de ambiciones con humildad o desapego.

Por encima de cualquier otra cosa dicha en este capítulo, pon atención a esto: las decisiones que tomes en algún momento de tu vida te influirán, perjudicarán o beneficiarán el resto de ella. Por eso resulta de gran importancia que adoptes una clara intención para tu existencia y que, a través de cada día, construyas el ideario de un legado personal que ofrezcas a las próximas generaciones. Sí, aunque seas una adolescente corresponde que consideres a los que vendrán después de ti. De hecho, cuando cada decisión que tomes sea congruente con tu proyecto estarás actuando de manera adulta. Con lo dicho está claro que no basta con la acumulación de años para ser un adulto responsable y congruente. Hay muchos por ahí que viven sin idear su proyecto personal o no han descubierto (o no les interesa) el trasfondo de su estar en el mundo.

Las decisiones deben estar cimentadas en el proyecto de vida o, al menos, no debieran contradecirlo. Si acaso sucede que tu proyecto debe modificarse en algún momento, necesitarás ser valiente para construir uno alternativo. La existencia se decide de manera continua, todo lo que hacemos o dejamos de hacer tiene una repercusión directa en quiénes somos y cómo observamos la vida. Jean Paul Sartre, un filósofo del siglo pasado, pensaba que nuestras decisiones configuran nuestra esencia, de tal modo que primero existimos y luego definimos lo que somos. Vamos siendo en la misma medida en la que decidimos. Las decisiones del pasado nos heredan consecuencias presentes. Tienes dos opciones ante tus conductas del pasado:

arrepentirte de ellas, o entender que fueron el camino necesario para llegar al punto en el que estás. Tú misma, hija mía, naciste a partir de una decisión que yo tomé: la de ser papá. No me arrepiento de esa decisión, si bien hasta ahora sigo entendiendo todas las implicaciones que tuvo. Este libro procede de eso y no existiría de no haberlo decidido. Por supuesto, ahora estás viva no solo por mi voluntad, sino también porque has tomado una serie de elecciones acertadas y por la combinación favorable de un sinnúmero de circunstancias que te han salvado de distintos peligros.

Considerar la importancia de las decisiones me permite sugerirte que honres tu derecho de actuar de manera contraria a lo que se espera de ti, siempre y cuando así lo elijas de verdad. Tienes la opción de vivir contracorriente y de cambiar lo que eliges, cuando ese sea el caso. No tienes que ser madre si no lo deseas. No estás destinada de manera forzosa a pensar de un modo determinado. No hay motivo para que te cases si no es tu voluntad. Si te conviertes en madre, no estás obligada ni a que tus hijos sean perfectos ni a culparte si no lo son. Tampoco es tu deber asumir los juicios que los demás dirigen hacia ti, o seguir una determinada creencia religiosa o política. El hecho de que hayas nacido con sexo femenino no te fuerza a ser un tipo predefinido de mujer y tampoco te exime de responsabilizarte de tus decisiones.

Antes te hablé de la valentía y necesitarás poseerla sobremanera cuando debas terminar una relación o soltar una opción para sostener otra. Serás muy valerosa cuando renuncies a aquello que decidas no tener en tu día a día. Es prioritario que eso quede del todo claro: elegir una opción nos fuerza a dejar ir varias más, quizás para siempre. En ese sentido, al elegir y al decidir nos desprendemos de posibilidades que no volverán. Te pondré algunos ejemplos personales porque recuerdo mi adolescencia al hablarte. A los nueve años jugaba como portero en el equipo de *soccer* de la escuela; el entrenador del colegio, quien había sido guardameta profesional, me propuso ir a un equipo de ligas mayores. Eso fue importante para mí: un experto veía mis facultades para dedicarme a eso. En cierta ocasión invité a mi papá para que presenciara uno de mis partidos. Antes del medio tiempo hubo una jugada en la que tuve que lanzarme a los pies del contrincante para atrapar el balón. Recibí una fuerte patada que me produjo un ligero corte en la cabeza, pero fue suficiente para que mi padre me pidiese no exponerme más. Como comprenderás, tuve que decidir entre una carrera profesional como portero o la tranquilidad de tu abuelo. En ese momento lo juzgué de esa manera extremista, como si solo esas opciones hubiese. Quizá nunca hubiese logrado el éxito deportivo… o quizá sí y aún estaría viviendo de mi pensión (hago una pausa para reír un poco). El asunto es que no puedo dar marcha atrás o regresar el tiempo para decidir lo contrario. Lo mismo aplica respecto a las decisiones de pareja, una de las cuales tomé en el bachillerato, pero supongo que ha quedado claro el punto y no es necesario exponerlo más. Es probable que esa otra anécdota te la platique en otro capítulo. Sí, reconozco que es una descarada estrategia para que sigas leyendo.

No hay manera de tomar decisiones sin que existan sugerencias externas sobre lo que debemos hacer. Te quedará claro que, en ocasiones, no son meras recomendaciones opcionales y que casi nunca representan en verdad nuestro deber. No estás obligada a hacer nada que no elijas hacer, es así de radical. Las influencias externas siempre estarán ahí, hasta el grado que hay algunas de las que ni siquiera nos damos cuenta. Evidenciar semejante situación nos hace dudar de la autonomía de nuestras decisiones. Mi conclusión hasta ahora es que no somos del todo autónomos, pero al menos las decisiones que tomemos deben resultarnos funcionales.

Es indudable que existen agentes moralizadores a nuestro alrededor, tales como las normas sociales, la familia, los credos, el sistema educativo o las amistades. Estos agentes nos convocan, a partir de sugestiones, mandatos o plegarias, a realizar ciertas conductas. Serás calificada como buena cuando te circunscribas a las reglas de un determinado grupo y te verán como mala si eliges no seguirlas. Desde ahora te digo con toda claridad que la bondad o la maldad no se propicia a partir del seguimiento sumiso o la negación contundente de las reglas de un grupo. ¿Te das cuenta de eso? Si nuestra bondad o maldad estuviese definida por las reglas de un grupo, entonces seríamos buenos y malos al mismo tiempo dependiendo de qué grupo sea el que nos juzgue. Según su opinión te calificarán como buena o mala, pero ninguna etiqueta moral define de manera contundente lo que eres. Con esto queda desacreditado el juicio totalizante que suele hacerse de las personas a partir de la manera en que son percibidas por los demás. Desde luego, si eres tú la que juzga, debes saber que la otra persona no se reduce a tu opinión de ella.

La ética, como ejercicio reflexivo sobre tus conductas, es tu herramienta para no endosarte o atribuirte las etiquetas que te adjudican los demás. Es fundamental que estés segura de las decisiones que tomes y de que en tu recta intención (si así lo eliges) no esté lastimar o destruir por puro placer. Si tienes esa certeza y tu proceder es honesto, no estás obligada a desperdiciar energías tratando de calmar a los ansiosos que te juzgan o contentando a los moralistas que te desaprueban.

Con lo anterior no te estoy invitando a que concluyas que algo es correcto solo porque tú lo decides y que el mundo entero está sujeto a tu opinión (eso hacen los solipsistas). No basta con actuar de manera ética, también es necesario realizar constantes revisiones de la intención de tu proceder y hacerte exámenes meta-éticos. Sí, lo sé, me he excedido un poco con ese término, pero significa que trates de darte cuenta de por qué eliges lo que eliges, o que percibas qué fin deseas alcanzar cuando actúas de tal o cual modo.

Decidir es un logro, pero saber los motivos que están detrás de tus decisiones es una hazaña memorable. Para lograr semejante proeza es menester que tengas claridad respecto al filtro personal con el que juzgas las cosas. A ese filtro lo podemos llamar criterio. Como bien podrás adivinar, de eso hablaremos enseguida.

5. Criticidad

Si nuestra idea es apreciar la criticidad, debemos comenzar por ser críticos ante la misma palabra. Para empezar, ser críticos no consiste en buscar a quién molestar diciéndole que se equivoca o manifestándole todos los errores que comete. A pesar de lo nefasto de semejante actividad, son muchas las personas que parecen dedicarse a ello. Comentan de manera intrépida sin que nadie lo solicite, se entrometen en las conversaciones ajenas e incursionan en ámbitos y espacios que no les corresponden. Cuando te invito a que seas crítica, no me refiero a que seas una persona así. No nos corresponde criticar a las personas, sino sus argumentos o la inexistencia de estos, pero solo en los casos en que eso nos afecta o consideramos que perjudica a un grupo de individuos que deben ser defendidos.

Muchas personas que son importantes para nosotros suelen volverse instancias moralizadoras, indican lo que es correcto y nos sugieren, a veces incluso nos fuerzan, a pensar y juzgar como lo hacen ellos. Ahí es donde comienza la cuestión importante: nos influyen más aquellos a quienes les tenemos confianza, admiración o cariño. No obstante, lo que sintamos por ellos no nos garantiza que tengan razón o sean certeros en sus juicios. En tales casos, como en tantos otros, es oportuno que sepas manifestar tu desacuerdo. Supongo que te sonará un poco raro que siendo tu padre te invite a que, en ciertos casos, seas capaz de negarte a obedecer, pero lo recalco con todas sus letras: tienes derecho a decir que no, las veces que creas necesario y por los motivos que consideres justos.

Muchos te indicarán cuál es el camino que debes recorrer en la vida e intentarán clarificar los sentidos concretos que debes tener para iluminarla. Otros te dirán en qué dioses creer, cuáles ritos estás obligada a cumplir y cómo debes vivir cada día de tu existencia. A pesar de ello, sin importar sus más genuinas intenciones, tienes la opción de no construir sentidos que otros te indiquen, de no creer en dioses que no te escuchen y no depositar tu completa confianza en ritos que no sientas tuyos. Desde luego, eso no significa que estés obligada a decir siempre que no, tan solo hago notar que tienes derecho a ello tanto como a decir que sí las veces que lo elijas.

Es muy importante que comprendas qué es lo que en cada caso te hace inclinarte al sí o al no. ¿Hay algo en nosotros que sirva como faro orientador? Algunos dirán que poseemos una conciencia que nos indica el camino adecuado, una especie de voz interior a la cual hay que escuchar y obedecer. Los más tradicionales te dirán que obres según lo que te dicte tu conciencia y obrarás bien. Eso parecería una buena norma, pero la criticidad a la que te invito implica un paso más allá: poner en duda la voz de la conciencia. Quizá te preguntes por qué debes ponerla en duda si esa voz surge de ti y es algo genuino que corresponde aceptar con sensatez. Así parece, pero muchas veces esa voz inmediata que parece hablar desde dentro de nosotros no es más que la repetición de los mandatos que hemos escuchado del exterior. Aquí cabe hacer mención de una palabra rimbombante: introyección. ¿De qué trata eso? Es el proceso mediante el cual una regla exterior se traslada a nuestro interior hasta fusionarse con la voz de nuestra conciencia. Todo eso sucede sin que nos demos cuenta, de modo que adquirimos pensamientos externos que terminamos considerando propios.

Erich Fromm, un filósofo alemán, explicó que la conciencia puede ser autoritaria o proceder del verdadero yo. La primera surge de los mandatos externos, la segunda proviene de las intenciones más genuinas. Su distinción es muy útil porque ambas son imperativas, las dos parecen provenir de nosotros y se presentan como una especie de voz interior. A pesar de ello, la que suena más fuerte y a la que solemos obedecer más veces es la conciencia autoritaria. Casi hasta puedo ver tu cara cuestionando de dónde proviene algo así. Permíteme decirlo con pocas palabras: de las personas que has escuchado decirte lo que está bien y lo que está mal. Es muy probable que muchas de esas directrices coincidan entre sí, pero en algunos casos se contraponen, de modo que lo que es visto por algunos como bueno puede ser malo para otros. Así las cosas, solemos prestar mayor atención a los mandatos de aquellos con los que hemos convivido más tiempo o nos influyen de maneras más intensas. La conciencia autoritaria se especifica mediante deberes que nos sentimos obligados a cumplir. La del verdadero yo la encuentras en los ideales que te interesa mantener.

Entiendo que estoy proponiendo mucha información en este capítulo, pero no hay motivo para acobardarse por ello. Entremos enseguida a los detalles. Una estrategia pertinente para identificar los mandatos de la conciencia autoritaria es percibir su radicalidad. También podrás notar que son deberes casi imposibles de cumplir y que producen culpa o frustración cuando no los realizamos. Algunos deberes que suele transmitir la conciencia autoritaria son de este tipo: «siempre debes ser la mejor», «una buena mujer debe ser sumisa», «debes caerle bien a los demás», «debes solucionar los problemas ajenos», «debes ser amiga de todos», «debes tener control total de las cosas», «debes ser admirada por la gente», «debes ser perfecta en cada cosa que hagas». Como podrás notar, estas frases suenan interesantes, parecen inofensivas y son admitidas por la mayoría de las personas como signo de superación y progreso. Lo trágico es que, al final, sucede lo contrario.

Si sigues al pie de la letra la orden de «ser la mejor», te esforzarás a tal grado que no te importará la gente con la que te rodeas y te enfocarás solo a superarlos, cuando más bien se trata de superarte a ti misma. Si terminas por obedecer la idea de que te corresponde «ser sumisa por ser mujer», acabarás sintiéndote mal cuando alguien te reclame por no obedecer lo que te pide. Ningún hombre o mujer está obligado por su naturaleza a ser sumiso. Por otro lado, no hay manera de caer bien a todos o ser amigo de todos con los que nos topamos. Muy diferente es tratar de tener un trato cordial con el mayor número de personas posible, pero eso no implica hostigarse para forzar nuestra amistad con todos los que nos rodean. Las amistades requieren tiempo y no tenemos el suficiente para universalizar nuestro cariño y atenciones. Además, no podemos forzar el cariño de los demás hacia nosotros.

En ocasiones te corresponderá dejar que cada quien solucione sus problemas, sobre todo si te das cuenta de que son capaces de hacerlo y que te estafan al mostrarse necesitados. Como podrás advertir, está fuera de nuestro alcance tener todo bajo control y contar con la admiración de cada ser humano de este mundo. Es normal tener contrariedades y no podemos obligar el aprecio ajeno hacia lo que hacemos. Mientras más te esfuerces por ser perfecta, acabarás siendo más imperfecta todavía. ¡Atención a eso! No te estoy invitando a ser mediocre, sino a distinguir entre esforzarte por hacer las cosas mejor y obsesionarte con ser perfecta.

A los seres humanos les resulta más sencillo creer en lo que otros dicen que pensar de manera crítica. Eso explica que más personas se dediquen a lo primero que a lo segundo. Asumir por completo los mandatos externos y adecuarse cada momento a las expectativas de los demás constituye una manera de someterse. Por eso resulta tan importante distinguir entre lo verdadero y falso de cada expresión. Distinguir lo que te corresponde hacer es tan importante como respirar. Los papás creemos que educamos a nuestros hijos al decirles lo que deben hacer y suponemos preparar a las hijas al indicarles lo que corresponde evitar. Desde ahí nos equivocamos. No tendríamos que centrarnos en la limitación, sino en el desarrollo de las cualidades. Menos restricción autoritaria y más impulso responsable es lo que necesitan los adolescentes.

Es muy probable que hayas escuchado que es mejor enseñar a pescar que regalar pescados. También es preferible promover la criticidad, en vez de estar señalando en cada ocasión lo que está bien o mal según nuestros parámetros. Desde luego, cabe hacerlo algunas veces, tal como hay que regalar un pescado al hambriento para que tenga energías para aprender a pescar. Me gustaría que quedara claro que no te estoy inculcando la idea de que «debes ser crítica» o, peor aún, que «no debes tener deberes»; lo que quiero es invitarte a la criticidad. Tú decidirás si aceptas o no esa invitación.

Recuerdo que cuando tenía tu edad similar me prohibieron leer ciertos libros. Se me señaló que no entendería lo que decían. No hice mucho caso y ahora celebro no adoptar el mandato de que debo evitar lecturas complejas. Quizá no habría aprendido por mi cuenta, o me hubiese limitado a saber lo que los profesores y el sistema querían que supiera. Recuerdo que ahorré para comprarme un diccionario y ahí buscaba las palabras que no entendía al leer. Pasa igual con la vida: hay que encontrar el diccionario de los significados de cada experiencia. No te será satisfactorio aceptar las prohibiciones como algo inamovible. Te darás cuenta de que aquellos que te dicen que no eres capaz de algo suelen estar resentidos por no haberlo logrado. Lo he comprobado varias veces por mi cuenta. Cuando leí esos supuestos libros prohibidos e inaccesibles, me dispuse a conversar con entusiasmo con quienes me los prohibieron, pero me decepcioné al saber que ellos no los entendían.

Cuando hacía ese tipo de cosas no había detrás de mí una maestra que me motivara o me diera puntos extras por llevar a cabo lecturas adicionales. Si uno se convence del valor de algo, no necesita premios o castigos para obtenerlo. Por eso no me agrada que se diga de manera continua que hay que motivar a los estudiantes. Según como lo entiendo, los motivos tienen su pesebre en el interior de cada persona y cada quien los elabora. Desde fuera, lo que se puede hacer es incentivar de vez en cuando, pero eso pierde su sentido cuando se tiene que estar detrás de la gente, empujándola para que no pierda interés. Desde ahora puedo decirte algo con claridad: una de las mejores maneras de conocer a una persona consiste en escucharla hablar de sus proyectos o sus motivaciones. Te llevarás muchas sorpresas, pero evitarás decepciones.

También conviene mostrar criticidad cuando la gente alaba o muestra reverencia desmedida hacia otras personas. Como habrás notado, no tengo problema en reconocer las cualidades ajenas, pero disto mucho de alabar a otros como si fuesen dioses encarnados. Te corresponderá percibir la falsedad de aquellos a quienes alaban los demás. Existen discursos engañosos, promesas irrealizables, adulaciones mentirosas o cortesías ficticias. Antes de depositar tu confianza en alguien, debería aprobar el examen de tu criticidad. Es normal que, en ocasiones, tengas miedo de opinar o de pensar diferente a los demás, sobre todo cuando la mayoría tiene una idea compartida.

No obstante, que un gran cúmulo de individuos lleguen a las mismas conclusiones no significa que tengan la razón.

En uno de sus cuentos más famosos, publicado en 1837, Hans Christian Andersen, escritor nacido en Dinamarca, menciona a un emperador que era aficionado al vestuario extravagante. Un día, el histriónico soberano creyó en dos individuos que le prometieron elaborar una tela suave y delicada cuya principal cualidad consistiría en no ser vista por la gente tonta. El emperador les pagó todo lo que pidieron y ellos se dispusieron a trabajar en esa peculiar encomienda. El entusiasmado monarca estaba muy nervioso el día que, por fin, le iban a mostrar su vestuario. No estaba seguro de ser tan listo como para poder ver la tela, así que envió a dos de sus ayudantes para que inspeccionaran la prenda. Enterados de lo que sucedía, los empleados aseguraron que la vestidura era hermosa, aunque en realidad no lograron ver más allá de las manos de los prestigiados sastres que la exponían. La multitud esperaba ansiosa para ver al emperador con su nueva indumentaria y planeaban burlarse del tonto que no pudiera verla. Los estafadores fingieron que ayudaban al emperador a vestirse con la prenda inexistente y él mismo aceptó ponérsela mostrando una falsa satisfacción. Así salió al desfile. A pesar de no ver ropaje alguno sobre él, la gente del pueblo aplaudió el supuesto buen gusto del emperador y evitó ser tomada por tonta. ¿Adivinas quién fue el único que mostró a todos lo que estaba sucediendo? Un niño. El pequeño gritó con todas sus fuerzas que el emperador se paseaba desnudo. El infante no tenía miedo de ser juzgado y pasó por alto las precauciones de los demás. Gracias a eso, algunos salieron del engaño colectivo.

El relato nos muestra que no basta con que la mayoría de las personas piense u opine algo para que se convierta en verdad. El rey se paseó sin ropa porque creía que vestía algo invisible para los tontos, pero él mismo lo fue. La superficialidad, la mentira, el engaño, la soberbia o la vanidad son vestimentas invisibles que solo alaban quienes intentan no ser vistos como tontos entre la multitud de aplaudidores. Si no desarrollas una sana criticidad, creerás al primer intento lo que otros aseguran. No importa si son muchos los que afirman algo, o si una mentira tiene muchos «Me gusta» en las redes sociales. Lo falso sigue siendo falso, aunque la gente lo mire como un vestido invisible. Observa que las personas creen lo que los demás dicen porque tienen miedo de poner su opinión en la mesa del debate y hacer notar que dudan de lo que todos aceptan. La criticidad es propia de una persona que es capaz de admirarse, que es valiente y que sabe tomar decisiones. La adquisición de esa herramienta te permitirá indagar, confrontar y detonar nuevas posibilidades o respuestas.

Recuerdo que una parte de la educación que recibí en la adolescencia consistió en dotarme de información, datos y fórmulas. No se nos prepara para pensar e idear soluciones para los problemas de la vida. Esa es una educación incompleta, chata, estéril e inapropiada. Hoy no han cambiado tanto las cosas, si bien se utilizan medios y tecnologías más sofisticadas. Sigue habiendo pomposidad en los planes didácticos y cada vez suenan más comprometidos y enérgicos los discursos educativos, pero mientras la criticidad sea una habilidad inoperante en docentes y estudiantes, seguiremos alabando el traje invisible del sistema educativo.

Hija mía, vives una época en que la gente se desvive por obtener aparatos que sean inteligentes, quizá para suplir sus propios alcances. Las maquinas pensantes son apreciadas por la rapidez de sus procesos, pero cuando se trata de un humano que intenta pensar por sí mismo, la sociedad lo aleja, lo evita o lo enfrenta por la osadía de mostrar lo que han dejado de ver. Las máquinas no son rebeldes, siguen una programación que está sujeta a los datos que se insertan en ellas. Las máquinas no responden más allá de su labor, su criticidad es programada, al punto de que son manejables y no representan un problema más allá de quedar obsoletas o inservibles.

Querida Sofía, habitas un momento de la historia en el que los individuos se mantienen esclavos de las ideas y los pensamientos ajenos. Tal como refirió Soren Kierkegaard, un filósofo danés, la gente exige la libertad de expresión como una compensación por la libertad de pensamiento que rara vez utilizan. Lucha por no ser de ese modo. Haz valer tu voz, pero antes dótala de sentido y de razones. En ese tenor, elijo reiterar algo que el papá de Desmond Tutu, pacifista sudafricano, solía decirle desde que era pequeño: «No levantes la voz, mejora tu argumento». Cuando lo que digas contenga motivación certera y argumentos contundentes, tu voz se volverá un alarido y tu consigna se convertirá en un grito de genuina libertad. No caeré en la trampa de decirte que ese es tu deber, por más que sienta por mis propias introyecciones que al hacerlo cumpliría con el mío.

Si eliges la criticidad, te corresponde darte cuenta de cuáles son los filtros con los que es posible evaluar cada situación que vivas. Ser una persona crítica no se reduce a encontrar las falacias o falsedades del discurso ajeno; también es prioritario analizar el propio juicio. Enseguida abordaremos algunos criterios morales con los que podrás concretar semejante travesía.

6. Criterio

La adquisición de la criticidad, como platicamos en el capítulo anterior, es un recorrido que no se hace a la ligera, sino que siempre incluye un equipaje particular al que suele llamarse criterio. Visto así, no hay criticidad sin un criterio que la determine. Quizá en este punto te preguntes qué significa el criterio, qué abarca o cómo se forma. El criterio es una estructura que conjunta normas, modalidades y maneras de entender las cosas. A partir del criterio juzgamos la realidad, las relaciones, las situaciones y las conductas, tanto propias como ajenas. El criterio no se forma de manera natural, requiere de nuestro vínculo con la cultura, con el grupo social que conformamos y con las circunstancias que de manera cotidiana nos rodean.

Tu criterio es producido por ti y por lo que existe a tu alrededor. No hay persona en el mundo que posea un criterio completamente autónomo. Los filtros con los que juzgamos las cosas de buenas o malas, adecuadas o inadecuadas, justas o injustas, correctas o incorrectas, funcionales o disfuncionales, son heredados, aprendidos y tomados de las personas y grupos con los que nos relacionamos.

El criterio nos permite elegir entre hacer o no hacer algo en particular. Es muy probable que alguna vez te hayas encontrado con dudas sobre actuar de un modo u otro en algún momento. ¿Has vivido ese tipo de situaciones? Lo más probable es que sí, tal como nos sucede a todos, a pesar de que son pocos quienes hablan de sus incertidumbres con los demás. Aquel que se presente ante ti como alguien que siempre ha elegido con seguridad y certeza está mintiendo. Las personas nos equivocamos y tenemos poco control de lo que nos sucede o de los juicios inmediatos que hacemos de las cosas. Lo anterior se debe a que estamos programados por la cultura. En ocasiones tenemos respuestas autómatas y no procesamos con detenimiento nuestras decisiones. Si queremos contrarrestar ese descuido, debemos tener conciencia de lo que sucede en nuestro entorno.

Cuando estamos por elegir un acto es oportuno clarificar la intención que nos condujo a elegirlo por encima de otros, así como entender las circunstancias que lo acompañan. Si cada vez que haces algo te preguntas por qué lo ejecutas, será más seguro que ubiques con pertinencia la fuerza o la debilidad de tus motivos. Te lo digo con total franqueza: no te ayudará hacer cosas sin saber por qué o sin tener claro lo que quieres lograr a través de esos actos. Cuando vas a la tienda sabes qué es lo que deseas comprar, de modo que eres capaz de calcular el costo del producto y vas preparada con el dinero en el bolsillo. Igual podría suceder con el resto de los actos. ¿Qué obtendré de esto? ¿Lo quiero y me es fructífero ahora o después? ¿Qué circunstancias a mi alrededor hacen valioso u oportuno lo que obtendré? ¿Estoy preparada para algo así? Cada una de esas preguntas es útil.

No te conviertas en una persona que actúa de manera reactiva a través de los impulsos que le dicta su instinto u ocurrencia. Por más exagerado que parezca, cada decisión que tomas necesita filtrarse por el conducto de tu criterio o postura moral. Apruebas y desapruebas una gran cantidad de actos al día, la mayoría de las veces sin que te des cuenta. Es probable que te sorprendas al considerar que varias veces elegimos sin saber por completo por qué lo hacemos. Por ello resulta relevante conocer algunos de los criterios morales más importantes. Me propongo enseguida, si estás de acuerdo, a exponer algunos de los principales criterios morales que pueden tenerse y que han sido expuestos por distintos pensadores a lo largo de la historia. ¿Estás lista para el paseo temático?

Hace veinticinco siglos, en Grecia, Sócrates advirtió que conocernos a nosotros mismos influye por completo en nuestras decisiones. Saber quién eres no es lo mismo que decir tu nombre, implica muchas cosas más: aceptar tus emociones, entender tus conflictos, percibir tus motivaciones, saber de tus miedos y cómo vencerlos. Partiendo del enfoque socrático, el acto correcto es aquel que procede del conocimiento que tengas de ti misma. Desde luego, este método incluye el peligro de que las personas crean que se conocen cuando en verdad saben muy poco de sí o se engañan suponiendo que son de cierto modo. Varias personas dicen «soy auténtica porque me enojo», como si su descontrol estuviese justificado por saberse con problemas de ira. Conocer los propios defectos y no trabajar para remediarlos no ofrece ninguna garantía de bienestar.

Un alumno de Sócrates, llamado Platón, pensaba que no debíamos confundirnos con quiénes somos, sino razonar antes de decidir. Entendió a los humanos como seres racionales, así que quizá no los conocía del todo o tenía ideales muy altos. Para ser justos, Platón reconoció que no somos pura racionalidad. De hecho, concibió que los humanos tenemos dos fuerzas contrarias en pugna: una tiende hacia el desenfreno y otra defiende lo justo. Según este filósofo, la razón debe controlar y comandar tales fuerzas contrapuestas. Tal idea la representó de manera muy creativa. ¿Quieres saber cómo? Imagina que estás montada en un pequeño carruaje que es impulsado por dos caballos a través de una soga. Como cada equino jalonea hacia un sitio distinto, tu labor debe ser controlarlos. Visto así, la razón debe comandar y controlar a las emociones que representan los caballos.

Como imagen es bastante precisa, pero a Platón le pasó de largo que la razón se cansa después de un tiempo, tal como cualquiera que dirija un carruaje. A su vez, los caballos requieren menos pausas y tienen el ánimo más vigoroso. Con eso quiero decir que la razón no es suficiente por sí misma y que debe haber algún sostén que sea menos esporádico en la vida de las personas.

Aristóteles, otro filósofo, consideró que el elemento central de las decisiones debía ser la obtención de la felicidad. Su planteamiento fue conocido como eudemonismo, que hace alusión a la búsqueda de la felicidad personal. Por supuesto, Aristóteles fue cuidadoso y propuso que la felicidad estuviese acompañada de la virtud, de modo que no basta con decir que uno es feliz para justificar lo que se hace. ¿Te das cuenta de lo peligroso que sería lastimar a otros y juzgar aceptables esos actos solo porque ofrecen diversión? No basta con ser racional o decir que se conoce lo que es correcto, más bien se debe actuar conforme a lo correcto para ser virtuosos. En esto debe ponerse atención: ser virtuoso no es lo mismo que seguir reglas, sino entender su sentido y desearlas por su finalidad.

Un poco enfadados de las reglas y normas estaban los epicúreos, quienes propusieron, siguiendo a Epicuro, su líder, que lo más importante en la vida es el placer. Desde luego, se dieron cuenta de que hay algunos placeres que originan problemas y molestias, de modo que trataban de moderarse un poco mediante un juicio prudente. Si bien los epicúreos se enfocaron en toda clase de placeres, una parte de ellos encumbró el de tipo sensual y fueron conocidos como hedonistas. Muchas personas se alteran a la primera cuando se habla de este criterio moral, quizá porque tienen miedo del placer o de su posibilidad. A favor podemos decir que la mayoría de las personas tratan de evitar el dolor, lo cual manifiesta ciertos elementos epicúreos. No obstante, elegir este criterio no nos exime de considerar que, en ocasiones, el placer personal puede causar dolor, perjuicio o daño en otras personas. Quien goza humillando a otros podría tratar de justificarse con argumentos hedonistas, pero su sadismo (o gusto por provocar daño) no es suficiente para que ese acto sea bueno desde otras perspectivas.

Una postura contraria a la de los epicúreos fue la estoica. Imagínalos como un grupo de personas capaces de aguantar todo y no inmutarse por lo que sucedía alrededor. Estaban interesados en la *apatheia* o el estado de quien ya no tiene pasiones. No les interesó molestarse en cambiar las cosas o modificar el mundo porque entendieron que este sigue reglas que los humanos no podemos alterar. Si alguna vez has pensado que las cosas deben suceder porque está escrito que así sea, entonces estás pensando como estoica. En este grupo están los especialistas del destino, pero le dieron un nombre más *nice*: cosmopolitismo. Eso significa que los humanos estamos regidos por las leyes del cosmos, el cual nos incluye como porciones diminutas e incapaces de evitar lo que acontece en nuestra galaxia.

Uno de los lemas más utilizados por los estoicos se pronuncia *sustine et abstine*, que puede entenderse como aguanta y renuncia. Esta invitación se relaciona con el interés hacia el desapego que proponen los budistas. Dicho eso, cabe agregar que el budismo es una disciplina filosófica y espiritual que se centra, entre otras cosas, en la disminución del sufrimiento mediante la erradicación de los apegos. Si alguna vez has sentido que no puedes vivir sin algo o alguien, o que tu felicidad estaba subordinada a que las cosas sucedan de la manera que tú quieres, entonces conoces el apego. Los apegos nos vinculan de manera intensa con algo o alguien y nos vuelven dependientes. El criterio budista, por tanto, no es luchar contra la intensidad del vínculo, sino soltar la obsesión o la exigencia de que las cosas, el mundo o las personas funcionen o actúen según la propia voluntad. Cada día de tu vida comprobarás que lograr algo así es bastante complejo.

El criterio cristiano, por su parte, no se interesa en el desapego, sino en el vínculo amoroso con otras personas. De tal modo, el filtro moral desde este esquema tiene que ver con amar a los demás y actuar de acuerdo con esa postura. Agustín de Hipona, un antiguo obispo de la Iglesia, invitaba a amar y hacer lo que uno quisiera en nombre del amor. Una de las complicaciones de este punto de partida es que las personas entendemos cosas muy distintas cuando hablamos de amor. Sería un error pensar que el amor es exclusivo de los cristianos, o que se necesita ser cristiano para amar, de modo que una ética del amor se inicia centrándose en el otro. Sé que en varias ocasiones has elegido conductas que son benéficas para alguien más. Eso es muy honorable, sin duda. No obstante, es importante que no pierdas de vista que centrarte en el otro no debe significar olvidarte de ti misma o dañarte en nombre del beneficio ajeno. Quizá por eso la máxima propuesta por Jesús haya sido que el amor hacia los demás debe ser derivación del amor hacia uno mismo. Visto así, quien no se ama no es capaz de amar; por tanto, un comienzo más adecuado es centrarse en uno mismo, por más que esto sea juzgado como egoísmo.

Menos amorosa es la propuesta de Kant, un filósofo alemán que aseguró que los actos que se hacen para ganarse un premio no tienen mérito. Desde esa óptica, los que moderan su conducta con la finalidad de ganarse el cielo no son del todo virtuosos. Kant distinguió entre las conductas que hacemos para lograr algo concreto y las que realizamos porque es nuestro deber. Aquí la diferencia parece muy delgada hasta que lo comprendemos. Piensa en el ejercicio físico que realizas para estar sana y practicar deportes. ¿Lo haces porque te lo mandan o es por estar convencida de que así lograrás tus metas? Si es por lo primero, solo se trata de obediencia, la cual es muy distinta de la convicción que se manifiesta en lo segundo. No obstante, si lo haces porque has entendido que es tu deber como persona que cuida de su salud, incluso sin importar que logres trofeos o medallas, estás en la parte más alta del esquema kantiano.

Obstinado por hacer a un lado los intereses subjetivos, Kant pensó que había una especie de deber universal que corresponde a todos los seres humanos. Actuar conforme a ese imperativo categórico supone estar más allá de relacionar las conductas con los objetivos individuales. No obstante, por más que algunos lo quieran imponer, no hay consenso sobre el deber que nos concierne por el hecho de existir, y tampoco hay una práctica que todas las personas del mundo apreciemos por igual.

Una postura mucho más sencilla es la deontológica, la cual se centra en seguir las costumbres concretas del sitio en el que nos encontramos. El criterio deontológico entiende, a diferencia del filtro kantiano, que la idea del deber, o de lo que es obligación para las personas, está sujeta a los usos, costumbres, modalidades y perspectivas de los grupos. Por eso no se conciben las cosas del mismo modo en Arabia Saudita, México, Israel o España, y de eso se derivan folclores, tradiciones, ritos y formas específicas de coexistir y convivir.

Mucho menos impetuosa que todas las anteriores es la postura del moralismo legal, a partir de la cual lo único importante es lo que digan las leyes, de modo que la conducta debe sujetarse a estas. Como podrás notar, las leyes de cada país o ciudad son diferentes, lo cual genera que el moralismo legal sea dependiente por completo del contexto. ¿De qué manera sabrías lo que de verdad quieres si te sujetas a lo que dicen las normas? Por supuesto, el moralismo legal es muy útil cuando las normas promueven algo con lo que congenias, pero eso no siempre sucede así.

Marx, uno de los filósofos más influyentes de la historia, propuso que las conductas de los hombres y las mujeres deberían centrarse en la construcción del bien común, de modo que podría juzgarse como inapropiado al individualismo o la acción de aislarse de los demás para buscar solo el beneficio propio. Para Marx, las personas actuarían de manera correcta si las sociedades fuesen prósperas y pudieran garantizar el acceso a beneficios básicos como la alimentación, la educación, la vivienda y la salud. ¿Has notado que cuando se forma parte de un equipo se busca el logro de los fines de este incluso sacrificando la comodidad personal? La medida en que realices eso y los alcances de semejante visión tendrás que definirlos en cada ocasión concreta en la que te encuentres.

Mucho menos interesada en el bien común es la postura pragmática, la cual tiene como principal motivación la consecución de los objetivos individuales. En su libro principal, titulado *El príncipe*, Nicolás Maquiavelo advierte la importancia de tener control y dominio sobre los demás. La idea de que «el fin justifica los medios», atribuida a este autor, es una buena ocasión para reflexionar. La finalidad de divertirnos con los amigos no justifica burlarnos de alguien o hacer *bullying*, por más que eso lo consideren emocionante algunos sujetos. En ciertos casos, la cuestión es más compleja: ¿robar un medicamento en una farmacia se justifica si con eso se logra la cura de un niño enfermo? En el ámbito legal, tanto como en el moral, cabe reflexionar si la conducta debe ser juzgada por sí misma o considerar la intención que está detrás de ella. Por otro lado, siendo más radicales: el asesinato de otra persona sigue siendo terrible sin importar si se hace como venganza, para ajustar cuentas, por pasatiempo o maldad.

El utilitarismo es una modalidad del pragmatismo que observa la ganancia económica o la riqueza como finalidad última. Por supuesto, en el ámbito empresarial se otorga especial importancia al aspecto económico, pero los que más saben de esos menesteres y cuentan con un panorama holístico (o integrador) reconocen que no todo debe centrarse en lo económico, sino en lo que se deja como legado, en el servicio brindado o en el provecho social producido. Resulta triste que la mayoría de las personas se han olvidado de reflexionar sobre los criterios morales con los que podrían conducir su vida y han adoptado de manera robótica el enfoque utilitarista. Es muy fácil constatar que varios utilizan a las personas como recursos para lograr sus proyectos y que evalúan el éxito en su vida y la de otros a partir del poder de consumo.

Sí, sé que me he excedido un poco más de la cuenta esta vez, pero ha sido necesario. Me basta cerrar con dos ideas más, así que te pido un poco de paciencia. Como verás, ahora mismo estoy siendo consciente de la situación y justo de eso trata la postura situacional: juzgar a partir de las circunstancias. La persona situacionista tiene la ventaja de no obsesionarse con ningún criterio predefinido y estar alerta al momento concreto o el ámbito social en el que se encuentra. Como déficit está la inestabilidad, porque no se sabe con anterioridad lo que debe decidirse. Decir que «en el momento actuaremos según se nos ocurra» tiene la desventaja de que la presión de la situación podría orillarnos a no elegir de manera correcta. En el ámbito deportivo, por más que un entrenador piense que definirá su estrategia durante el partido, echará en falta un poco de planeación o conocimiento previo del rival.

Existen muchos criterios o filtros morales más, pero no se trata de agotarte con tantas letras. Como habrás notado, cada uno de estos filtros funciona como si fuese un cristal a través del cual observamos la realidad. Si mis anteojos tuviesen un cristal de color verde, observaría las cosas de esa manera, tal como te vería amarilla si mis anteojos tuviesen un cristal amarillo. Te invito a examinar tu manera de juzgar los acontecimientos y a replantear o limpiar los cristales de vez en cuando o, si así lo eliges, cambiarlos de color. Lo ideal, desde luego, sería tener cristales transparentes que te permitieran ver las cosas tal cual son, pero... ¿cómo podríamos estar seguros de que eso es posible?

De poco valdría conocer los filtros morales o pasarnos la vida memorizando las opciones si no tenemos la facultad de ser libres, al menos con cierta medida. Ya que he encendido esa luz, incendiemos todo de una vez: ¿de verdad somos libres? Usted y yo, señorita, tenemos una cita en el siguiente capítulo.

7. Libertad

Nuestra charla en torno a los criterios morales nos condujo a la gran pregunta sobre la libertad. Henos aquí, tratando de entender los motivos que nos han puesto en este mundo. Muchos hombres y mujeres en la historia se han preguntado de dónde venimos, pero igual de importante es saber a dónde vamos y si somos libres para decidirlo o evitarlo. Como verás, querida hija, la criticidad necesita estar acompañada de la libertad. Si no somos libres, la criticidad se reduce a darle vueltas a las cosas y no nos sirve de mucho si no somos capaces de optar.

Sartre, el filósofo francés del que te hablé en otro capítulo, pensaba que somos libres incluso cuando decidimos no actuar. En su visión de las cosas, la libertad no necesita ejecutarse, sino que nos caracteriza desde que existimos. Según como lo veo, la gran cuestión es si somos libres o si tenemos libertad. Te invito a que pongas mucha atención en eso último: no es lo mismo ser y tener. Si somos libres por naturaleza, entonces no necesitamos esforzarnos para manifestar nuestra libertad; por el contrario, si poseemos libertad, entonces debemos luchar para no perderla. ¿Qué es lo que piensas al respecto? ¿Eres libre desde que naciste o estás construyendo tu libertad al entender qué significa estar aquí? A su vez, también puede ser que no exista libertad alguna y que ser libres sea solo un anhelo.

Cuando nos preguntamos ese tipo de cosas tenemos el riesgo de irnos al extremo y concluir que se es totalmente libre o no se es. Para evitar creer que la libertad se tiene toda o se tiene nada será muy oportuno plantear distintas modalidades de libertad. De manera general puedo decirte que hay dos grandes conjuntos de libertades: las que tienen que ver con la acción y las que se asocian con el pensamiento. Cada una está integrada por libertades particulares de las que te hablaré enseguida.

Una de las libertades de acción se asocia con lo corporal en su sentido físico. En tu caso, eres libre de brincar, de correr, de acostarte, de gritar, de apretar los puños y muchas otras conductas que haces con tu cuerpo. Eres libre de hacerlo porque tienes la posibilidad. Quizá pienses que todas las personas tienen esas posibilidades y que la libertad corporal es accesible para todos los humanos, pero no es así. Una persona que está en la cárcel no puede salir de su celda a menos que se lo permitan. No tiene libertad física para ir más allá de esos muros, pero aun así tiene otras posibilidades físicas, como gritar o incluso hablar, lo cual muestra que incluso los prisioneros no pierden la totalidad de su libertad corporal. Hay personas que no tienen brazos y no cuentan con la libertad de manifestar su cariño con un abrazo como lo hacen los demás, pero pueden ingeniárselas de otras maneras. Alguien que ha tenido algún tipo de lesión y tiene paralizadas sus piernas quizá no cuenta con la libertad de jugar al basquetbol, pero podrá cantar, o será libre de elegir con quién sonreír.

De acuerdo con nuestro sexo, también tenemos posibilidades e imposibilidades corporales. Yo no puedo estar embarazado porque mi cuerpo es incapaz de favorecer la gestación de un bebé en mi vientre, así como tú no tienes la libertad de dejarte crecer la barba. Me dirás que en esos casos uno no puede elegir, lo cual es correcto: la libertad corporal no es ilimitada para nadie. A su vez, la única manera de perderla por completo es mediante la muerte. Caminar de un lugar a otro, avanzar de rodillas o rodar son modalidades de la libertad corporal, tal como viajar o valernos de nuestra estructura física para hacer lo que elegimos. Las coacciones corporales disminuyen o nos privan de esta forma de libertad, ya sea mediante una cadena que ata nuestras manos, una discapacidad física o la condición limitada de nuestro cuerpo.

Otra de las libertades de acción se especifica a través de la expresión de lo que queremos decir, así como en el modo y en los sitios que elegimos para ello. Desde luego, este tipo de libertad no es exclusivo de los periodistas o de los que son voceros e informantes de otros. Cada persona tiene el derecho de expresar lo que considera necesario, pero eso no siempre es respetado por los demás. Cuando las normas de un sitio, las amenazas de otros o las restricciones sociales nos impiden decir lo que pensamos se nos coacciona la libertad de expresión. Hay familias en las que está prohibido hablar de ciertos temas, casi como cuando en el salón se pide a los alumnos que se mantengan en silencio. A pesar de ello, uno y otro caso son distintos, porque en el primero la restricción se debe al temor y en el segundo, a la disciplina. En ambas situaciones, a pesar de que se restrinja la expresión, no se puede prohibir que uno piense lo que desea, pero de eso te hablaré más adelante.

Una tercera modalidad de la libertad de acción se fundamenta en lo que nos permiten las normas, los reglamentos o incluso la ley del Estado. Aquí hablamos de la libertad jurídica o normativa. ¿Recuerdas que hace unos meses me dijiste que querías manejar tu propio automóvil? No tendría problema con ello si desarrollas la habilidad de conducir, pero es necesario esperar a que tengas acceso a una licencia de conducir. El término «licencia» puede ser entendido como «permiso con entero derecho», tal como el que se concede a quienes terminan una carrera profesional para poner en práctica lo que estudiaron por el bien de la sociedad. Los cirujanos que laboran en el hospital tienen licencia para ello. Creo que ni tú ni yo permitiríamos que cualquier persona utilizase un bisturí y nos abriese el estómago para curarnos, por más libertad corporal que esa persona tuviese. En todo caso exigimos que tenga licencia o libertad normativa para ello.

El Estado daña a la ciudadanía cuando otorga una licencia a alguien incapaz; por supuesto, las universidades tendrían que garantizar que los egresados han ganado sus títulos de manera rigurosa. ¿Te das cuenta? No basta con que uno tenga la posibilidad de hacer las cosas, sino que se hagan de manera legal. Lo mismo se aplica cuando viajamos: requerimos un permiso para acceder a otros territorios o continentes. ¿Conoces a alguien que tenga todos los permisos, licencias, visas, títulos y posibilidades existentes? Podría sospechar que no, porque nadie tiene completa libertad normativa, jurídica o legal para ejercer todas las profesiones, habilidades y técnicas existentes.

Por su parte, accedemos a la libertad moral cuando ninguna voz interna nos priva de hacer lo que queremos hacer por considerarlo malo. Todas las personas tenemos alguna o varias limitaciones en nuestra libertad moral, lo cual no es del todo negativo. ¿Te imaginas tener el derecho de llevar a cabo cualquier cosa, incluso a pesar de que sea perjudicial para otros? Quizá suena llamativo pensarlo para uno mismo, pero si toda la población tuviese libertad moral absoluta, sin ningún tipo de límite, coacción o prudencia, la vida social sería aún más caótica. Evitar golpear o lastimar a alguien porque advertimos que se trata de un acto incorrecto o imprudente no es del todo perjudicial. Que pongamos límites a nuestras ideas de lo que está permitido hace más llevadera la vida social. De manera contraria, si estamos llenos de coacciones morales y pensamos que cualquier acto es prohibido o es pecado, entonces la vida se vuelve demasiado pesada y fastidiosa. Hay quienes no se contentan con trastornar su existencia a partir de ideas morales radicales y tienen el hábito de indagar en la conducta de los demás con el fin de señalar lo que para ellos es incorrecto. Tal actitud es un obstáculo para la tranquilidad de las personas porque las conduce a la represión.

Me imagino que alguna vez has quedado sorprendida por el hecho de que algunos compañeros hacen cosas que tú consideras inadecuadas. Si bien es cierto que aquí hablamos de una coacción moral que se ha formado en ti, podrás notar que no es perjudicial porque te evita castigos o consecuencias desafortunadas. Recuerdo que cuando estaba en la secundaria tenía un compañero al que los demás admiraban porque siempre estaba de fiesta y llegaba a su casa muy entrada la noche. Manejaba su vehículo a alta velocidad y pretendía demostrarnos con ello que gozaba de su libertad. En cierta ocasión, saliendo de una gran parranda, el muchacho estaba alcoholizado y atropelló con su auto a un par de personas que murieron al instante. Por ser menor de edad se le excusó de ir a la cárcel. A todos nos impresionó enterarnos y nunca más lo volvimos a ver. No creo que sea un suceso que él haya olvidado. La coacción moral puede resultar apropiada cuando nos conduce a elegir con prudencia. Cada uno puede ejercer su libertad corporal y moral, pero por más libres que seamos no escaparemos de las consecuencias de nuestros actos. En otras palabras: te corresponde responsabilizarte de lo que haces.

La última libertad de acción de la que quiero hablarte es la libertad económica, la cual incluye la posibilidad de adquirir, mediante una compra o transacción, aquello que deseamos. Podría parecer simple, pero no se reduce a tener o no tener dinero. Conozco a personas que tienen muchos más recursos económicos que la mayoría, pero desean comprar más de lo que pueden adquirir. Visto así, a pesar de que tengan holgura en sus finanzas no viven del todo satisfechos porque sienten que les falta poder de consumo. No trato de decirte que el secreto consiste en elegir la pobreza y así deshacerse de las pretensiones. La carencia no es un antídoto para la ambición. Mi invitación consiste en que mantengas un equilibrio pertinente entre lo que deseas comprar y lo que te es posible adquirir. Cada cierto tiempo me entero de que algunas personas van a la quiebra por creer que una tarjeta de crédito les ofrece libertad económica, pero en realidad se endeudan por no saber administrarla. No es un secreto, querida hija, muchos bienes y servicios están fuera del acceso de aquellos que no tienen una cartera abultada. ¿Es adecuado obtener cierta libertad económica para poder pagar por lo que necesites? Desde luego, siempre y cuando no supongas que en todos los casos debe forzarse la abundancia.

Todo lo anterior tiene su razón de ser en lo que podemos hacer. No obstante, a pesar de que muchos debates filosóficos (o domésticos) se centran en ello, también existen libertades que se relacionan con el pensamiento. Para comenzar, quisiera hablarte de la libertad de discernimiento, la cual consiste en ejercer tu propia reflexión antes de optar por algo. Sí, sé que me estoy emocionando un poco. Vayamos por partes, discernir es separar o distinguir una cosa de otra. En el caso de la libertad de discernir, ejecutas por ti misma una reflexión mediante la cual distingues lo que es mejor y lo eliges. Eres capaz de percibir en la diferencia entre lo más conveniente y lo menos conveniente. Has aprendido a no cruzar la calle cuando se acerca un auto o cuando el semáforo indica que no debes avanzar. Has notado que es preferible no desvelarse si al otro día necesitas levantarte temprano, tal como ubicas el momento en que es mejor parar de comer para no sentirte incómoda. Del mismo modo has asimilado la importancia de saber decir «no» a algunas cosas, actos, propuestas o personas que podrían resultar perjudiciales. De todo eso trata la libertad de discernir lo que deseas de verdad.

Serán muchas las ocasiones en las que haya quien o quienes intenten limitar u obstaculizar tu libertad para pensar lo que es mejor para ti. Te invito a no permitir presiones de ese tipo. No hay ninguna justificación para que alguien, aunque te quiera, intente privarte de tu propia deliberación. Frases como «no lo pienses», «elige rápido», «haz lo que te digo», «demuéstrame que me quieres» o «si no lo haces eres cobarde» no son otra cosa que basura mental. Evalúa y juzga si merece tu confianza quien repite a menudo esas frases.

Una vez que disciernes y eliges hacer algo entra el turno de la libertad de delimitación o especificación. Cuando delimitas cómo harás algo, defines una manera de proceder. Cada vez que eliges mirar una película, necesitas especificar cuál de todas las opciones. Si optas por salir de vacaciones, tendrás que concretar a qué sitio, en dónde te hospedarás y qué comida o vestimenta necesitas llevar. Llegado el momento, si decides estudiar una carrera universitaria, necesitarás definir en cuál institución y cuál es la disciplina académica que prefieres. Si defines que lo mejor para ti es el matrimonio, habrá que particularizar con quién, en qué momento, en qué lugar y de qué manera. Si te parece oportuno ser madre, cabrá definir en qué circunstancias o época de tu vida. En otras palabras: no basta con discernir si quieres o te conviene hacer algo, también necesitas clarificar los detalles.

Terminaré la lista de libertades con la que a mi gusto es la más importante: la libertad de crear. Tal expresión de la libertad se ejecuta cuando vivimos un anhelo y formamos en nuestra mente la idea o la imagen de que eso es posible o sucederá. Esta es la libertad más íntima y la última que pueden quitarte; si la pierdes, habrás perdido demasiado. Anhelar, imaginar y crear en tu imaginación lo que tú desees es un acto libre. Ambos vivimos en una sociedad que exige concretar todo, materializar y dar resultados, pero nada de eso se inicia sin una idea o una historia que nos contamos en la soledad. Quien no es capaz de crear mundos en su mente se verá obligado a habitar alguno que no le agrade. Amada hija: imagina, crea, dale matices a tu vida, llénala de colores y combinaciones que no hayan existido antes.

Cuando sientas que has sido vencida o que todo está perdido, necesitarás imaginar que vendrán momentos mejores, tarde o temprano. Esa fuerza mental te permitirá ponerte de pie, incluso cuando nadie te apoye. Es inevitable sentir alguna vez que somos derrotados, por más que los padres y madres quisiéramos evitarlo a nuestros hijos. Puede ser que no estemos ahí o que ya no habitemos el mundo. Por eso, lo reitero, si todo alrededor parece destruirse, necesitarás crear un anhelo, un recuerdo o una meta futura que te reconforte al imaginar que sucederá. Eso es muy importante y estoy seguro de que sabrás ejecutarlo. Recuerda que no se trata de nunca ser derrotado, sino de emerger cuando parezca que todo ha sido destruido.

Si insisto tanto en lo anterior es porque he vivido que en ocasiones me inundan los problemas. Cada vez que me sucede, intento pensar que mi vida es un libro que contiene momentos de tristeza y episodios de gloria. Visualizo que, cuando pasen algunas páginas (o días), podrán enderezarse las cosas y me encontraré en mejores condiciones. Eso hice cuando estuviste en peligro de muerte debido al parto prematuro del que naciste. Me fortalecí con la idea de que esa pequeña neonata de 1624 gramos y 31 semanas de gestación podría crecer, ser fuerte e independizarse algún día. Elaboré tu rostro en mi imaginación y pude crear en mi miente la experiencia de estar ahí contigo. Ahora estás leyendo esto y esa es una de mis mayores alegrías. ¿Lo anhelé? Por supuesto. Necesitamos crear la imagen para forjar los hechos. Por eso concuerdo con Antoine de Saint-Exupéry, el autor de *El principito*, cuando reconoce que la única libertad que existe es la del pensamiento. La ética, como ejercicio reflexivo, nos conduce a ella.

Algunos creen que el anhelo tiene límites y que uno solo debería imaginar cosas que son posibles o que existen. Me parece falso. Podemos crear en nuestra mente sucesos que no han acontecido o que no sucederán nunca, tal como lo hacen los novelistas o cualquiera que inventa un cuento. Viktor Frankl, uno de los principales psicólogos del siglo pasado, estuvo encerrado en campos de exterminio durante tres años y fue capaz de imaginar que volvería a ver a su esposa, a su padre y a su madre, a pesar de que habían fallecido mientras él seguía prisionero. Eso lo mantuvo dispuesto a sobrellevar la situación y, algunos años después, escribió obras que siguen siendo de ayuda para miles de personas. No tenía libertad física, de expresión, jurídica o económica, pero mantuvo su capacidad de anhelar y crear. No pierdas de vista lo que ahora lees. Incluso en algunos casos nos resulta sano pensar que los que han fallecido están en un sitio mejor, o que incluso nos ayudan de alguna manera ante la vida que tenemos por delante. ¿Tenemos pruebas científicas de eso? No, pero podría probarse el beneficio que se desprende de pensarlo así. No dudes en hacerlo cuando yo mismo haya partido.

Imagino que en este punto te planteas desde otra perspectiva qué tan libre eres. No se trata de serlo o no serlo de manera rotunda, sino de cómo vives las modalidades de la libertad. Sofía, no debería terminar este capítulo sin decirte que la libertad no es como miel sobre hojuelas, también implica aceptar y corregir las consecuencias de aquello que hacemos. Tal como aseveró Bernard Shaw, novelista irlandés, la mayoría de las personas temen la libertad porque significa responsabilidad. Recuerdo que hace poco me platicaste que te sientes libre cuando eres independiente y puedes hacer las cosas por ti misma. Eso me parece maravilloso y te invito a que construyas tus propias maneras de sentirte y ejercer tu responsabilidad. En cuanto a mí, te comparto que en este momento me siento libre al escribir y que eso me permite estar en paz.

En los años venideros reconocerás nuevas maneras de elaborar tu libertad y quizá encuentres sentido en estar tranquila contigo misma, eliminar los rencores, aceptar con serenidad lo que sucede, elegir tus obligaciones, o asumir solo las exigencias que te ofrezcan plenitud. Si te esfuerzas un poco más, quizá logres apreciar los detalles maravillosos que se observan cuando uno está atento o bailar con entusiasmo ante el sonido de la brisa sobre tu rostro en una tarde soleada. Yo lo imagino para ti y gozo la libertad que ahora mismo me concedo al evocarlo.

8. Cosmovisión

Tener ideas que se asocian con el gusto, el bienestar o la alegría nos hace disfrutar lo que visualizamos, tal como sucedió al cerrar el capítulo anterior. Desde luego, a mí me ha parecido disfrutable imaginarte adulta, contenta y satisfecha con la vida. Eso ha sido posible porque una parte de mi felicidad se relaciona con la tuya. Si no fuese tu padre, no tendría manera de imaginarte. Lo que considero agradable o desagradable está en sintonía con lo que me rodea. Antes platicamos que la libertad surge de lo que uno es capaz de deliberar, discernir, crear y pensar; ahora hablaremos de la función que desempeña la cosmovisión en ese mapa de nociones.

La cosmovisión delimita nuestra manera de concebir las cosas, las relaciones, las circunstancias, la naturaleza e incluso nuestra identidad. La percepción personal que tenemos respecto al universo configura nuestra cosmovisión. La perspectiva que tenemos moldea lo que nos rodea. Si bien miramos a los demás en el presente, su imagen se relaciona con una serie de vivencias y situaciones del pasado de las que no siempre somos conscientes. ¿Te has dado cuenta de que algunos de tus compañeros disfrutan de cosas que otros detestan? A ti te gusta el deporte, pero hay personas a quienes les parece algo trivial. De igual manera existen cosas que a ti no te interesan mucho, por más que otros las vean imprescindibles. La dirección de nuestras predilecciones no surge de la noche a la mañana, sino que está delineada por un conjunto de patrones de pensamiento y de vivencias. Por si fuera poco, los filtros morales también forman parte de la cosmovisión.

Puesto el tema sobre la mesa, abordémoslo con entusiasmo. ¿Estás dispuesta? Si la cosmovisión es tan importante, vale la pena entender cómo se forma. No nacemos con ella, la construimos y nos la construyen diversos y muy variados aspectos. Comencemos por reconocer que tu visión de la realidad se ha integrado a partir de tus contextos, tus relaciones, tus experiencias y tus aprendizajes. Si juntas la primera letra de los cuatro aspectos anteriores, obtendrás la palabra CREA, así que me gustaría que recuerdes que juntos crean la cosmovisión. Acompáñame a conocer cada uno y sus componentes.

Entre los contextos que influyen en nuestra manera de entender el universo se encuentra la época, la ubicación geográfica en la que hemos nacido y crecido, nuestro sexo, el género y el fenotipo. Vamos uno a uno. Imagina que hubieras nacido hace cuatrocientos años. No había internet, lo cual parecería algo inconcebible a las personas de tu edad. Desde luego, no existirían las redes sociales, las plataformas de video o los reproductores de audio. Las personas de esa época no conocían las tarjetas de crédito, los automóviles no circulaban en las calles y no había películas. Vestirías de manera muy distinta, te gustarían cosas diferentes y las enseñanzas de la escuela, si acaso asistieses a una, serían muy diferentes de lo que te enseñan hoy. Había bibliotecas que agrupaban libros físicos en grandes estantes y tenían horarios restringidos para consultarlos. ¿Te lo imaginas? Añadiré un detalle más: hace cuatro siglos no existía el basquetbol porque ese deporte fue inventado en 1891 por James Naismith, un profesor canadiense de educación física. Parece un mundo distante, ¿no es así? Lo singular es que alguien de esa época vería muy complicado adaptarse a las cosas y situaciones que existen en la actualidad, por más que a ti te parezcan cotidianas. La manera de pensar de los adolescentes de ese tiempo era muy diferente a la que tienen los que nacieron en este siglo.

Además de la época, el contexto engloba el lugar donde uno nace y la ciudad o ciudades en las que crecemos. Es muy posible que un adolescente de Pekín, la capital de China, tenga una cosmovisión diferente a la tuya, si bien habita la misma época. Basta con pensar que su ciudad tiene tres milenios de antigüedad, que habla un idioma distinto y que adoptó costumbres propias de su ámbito social. Por supuesto, habrá similitudes entre ustedes, justo las que corresponden a la especie humana, tales como llorar si se está triste o aumentar la presión sanguínea cuando se experimenta ira. También sonreirá si algo le agrada, o deberá dormir cuando se encuentre cansado al final del día. Estas son situaciones naturales que manifestamos todos los humanos; a su vez, las diferencias son aspectos culturales que se derivan del contexto.

El sexo también influye en nuestra manera de percibir las cosas. No me gustaría trivializar la cuestión y decir que los hombres y las mujeres son diferentes entre sí, como si fuesen dos bloques homogéneos consigo mismos. Hay hombres diferentes entre sí, tal como existen mujeres que no concuerdan con otras en muchas cosas. Más allá de hacer distinciones genéricas, me gustaría invitarte a que pienses durante un minuto que eres hombre. Hazlo enseguida. ¿Percibes alguna diferencia? Tu cuerpo sería distinto, tendrías vello facial y tu voz no se escucharía igual. Además de eso, las personas te tratarían de otro modo y esperarían ciertas conductas de ti. De hecho, este tipo de tratos configura el género y el modo mediante el cual nos vinculamos con los demás. Aprendemos a relacionarnos mediante el poder o la subordinación y construimos una identidad para nosotros mismos como hombres o mujeres. Te prometo que más adelante hablaré de ese tema con mayor holgura. Ahora basta con entender que, si fueses hombre, cambiarían varios aspectos de tu vida y las experiencias del pasado no habrían sido las mismas. Te aviso, quizá para tu tranquilidad, que ya pasó el minuto, así que puedes regresar a tu manera usual de percibirte.

El fenotipo es un aspecto contextual que se delinea a partir de las características físicas que heredaste de tu madre y de mí por vía genética. Desde luego, también influye tu relación con el medio ambiente. El cuerpo que habitas es tu contexto permanente, a tal grado que no puedes salir de ahí. El aspecto que tiene, su funcionalidad y su manera de desempeñarse influyen en tu percepción de las cosas que te rodean. No entenderías el mundo del mismo modo si no tuvieses un brazo, si no contaras con ojos, o si tu estatura fuese de menos de un metro. Con esto te puedes dar cuenta de que cada persona tiene rasgos y contextos particulares, a tal grado que no hay una sola que comparta la totalidad de estos aspectos. ¿A qué voy con todo esto? A que la manera de entender las cosas no muestra la inteligencia o la buena voluntad de las personas, sino la influencia que su contexto ejerce en la construcción de su cosmovisión. Saber esto puede ayudarte para no juzgar a los demás a la ligera y no sentirte poseedora de la opinión definitiva de todas las cosas. Seguro que has notado que hay quienes hacen lo contrario.

Además del contexto, las relaciones que tienes con los demás te han dirigido a ciertos aprendizajes sobre el significado de las cosas. Tus relaciones personales se iniciaron desde el momento que naciste, e incluso antes: dentro del vientre de tu madre estabas relacionándote con ella; como bien sabes, los cuates o gemelos se relacionan incluso antes de nacer. La manera de vincularse con la familia, así como con amigos y compañeros, delinea un modo específico de interpretar los acontecimientos. Si a un niño le repiten que es testarudo para el estudio y lo regañan de manera constante, quizá desarrolle aversión o molestia hacia el sistema educativo. Si a una niña le ordenan que sea servicial y que obedezca en todo momento a los hombres y personas mayores, quizá tenga problemas para distinguir lo que es favorable para ella. Todos los que han tenido niñez (nadie queda excluido) han aprendido, por mandato o imitación, ciertas maneras de relacionarse con los demás, de luchar por sus metas, de verse a sí mismos o de reaccionar ante los problemas. No hay alguien que pueda decir que todo lo que aprendió fue favorable o positivo, de modo que todos tenemos alguno o varios aspectos por afinar en nuestra cosmovisión.

Los amigos y amigas con los que convives, así como los profesores, te han equipado, queriéndolo o no, de su manera de entender la realidad. Elegimos a los amigos porque tienen algunas cosas en común con nosotros. No obstante, hay ocasiones en las que los infantes no se encuentran identificados con otros. No siempre me parece una mala señal que algún niño prefiera estar solo, o que no sepa muy bien cómo relacionarse. Quizá le cuesta sintonizar porque aprecia su propio orden de ideas. Muchos adultos tratan de forzar a los niños para que convivan del mismo modo entre sí, buscando uniformarlos para que rían, hablen y se comporten de una manera casi idéntica. Eso me parece intolerable. Cada persona, por menos años que tenga, necesita aprender su manera de relacionarse con los demás y vivir sus interacciones de modo espontáneo y agradable. Desde luego, hay niños que son agresivos y que tienden a lastimar a otros, pero no es a ellos a los que me referí antes, sino a los que son más precavidos o cautelosos.

Alguna vez, siendo más pequeña, me dijiste que no tenías amigos. Te entendí, al menos en parte. Lo percibías como algo que estaba mal de tu parte, o como una muestra de que nunca podrías encajar. Es muy probable que así te lo hayan dicho en la escuela, pero yo lo interpreté como un signo de que no te entusiasmaba relacionarte porque pensabas que eso te obligaría a ser distinta de como eras. Los niños, como los adultos, se asocian por muchos motivos que nada tienen que ver con la auténtica amistad. Estar sola en algunas ocasiones no es signo de incapacidad, sino de sinceridad y libertad. Ahora que lo pienso, quizá trato de justificar mi propia infancia. A mí me dejaba tranquilo sentarme a observar a los demás en el recreo. Más adelante te hiciste de muchos amigos, lo cual coincidió con tu mayor claridad en torno a quién eras y lo que querías al relacionarte con otros.

Las relaciones de pareja también influyen y configuran la manera en la que nos entendemos y conocemos. Si te relacionas con alguien que reprocha tu carácter o gustos de manera constante, quizá termines desentendiéndote de tus proyectos. Si estás con alguien que te considera una persona perfecta, iluminada y grandilocuente, dejarás de verte con sensatez. Relacionarse en pareja influye en la cosmovisión, ya sea que se afirme o se le desdibuje. Es un tema amplio al que volveré más adelante en este libro, así que prepara tus palomitas para ese trepidante momento.

Las experiencias que vives, tal como el contexto y las relaciones, edifican la manera en la que concibes las cosas. Como bien lo sabes, existen experiencias agradables y desagradables, pero de ambas se aprende bastante y nos influyen de maneras similares. Recuerdo que siendo niño asistí a la fiesta de cumpleaños de mi mejor amigo y que todos los invitados nos reunimos en torno a un gran pastel de betún de color rosa que tenía un par de velas que formaban el número diez. Llegó el momento de entregar los regalos y todos los demás le obsequiaron cosas que mi amigo agradeció mucho. Había naves de juguete, caballitos de madera, pelotas de todo tipo, pequeñas pistolas de agua, cachuchas, luces de bengala y hasta una bolsa de chocolates cuyo peso superaba el del pastel. Llegado mi turno saqué el regalo que a mi gusto era el mejor. Lo había envuelto con esmerada atención y desde la noche anterior había adherido un gran moño de color verde en cuya compra gasté mis ahorros. Cuando mi amigo abrió su regalo expresó su descontento del mismo modo en que hacemos cuando probamos un limón. Eso ahora me ocasiona risa, pero en ese momento no hubo carcajada alguna. La frase fue demoledora: «¿Para qué quiero un libro?». Acto seguido, el compendio de páginas quedó olvidado bajo la mesa y se procedió a repartir el pastel. Nadie imaginó que ese libro era mi favorito y que había hecho un gran esfuerzo al regalarlo.

¿Te das cuenta de lo que quiero transmitir? No había notado que lo valioso para mí podía no serlo para alguien más, por más que fuera mi mejor amigo. Al despreciar y tirar el regalo, no se percató de lo significativo de ese ritual. Recuerdo que al paso de unos días negocié que a cambio del libro le entregaría decenas de canicas que podían divertirlo más. El trueque sucedió y ambos terminamos contentos. Percibí que los libros y las canicas fueron juzgados de manera diferente en su cabeza. Situaciones como esa se repiten con todos los individuos en la mayoría de los casos. ¿Tienes idea de cuántas personas viven tristes o decepcionadas en vez de aceptar que los demás tienen una cosmovisión diferente y que, por ello (no por tontos o malvados), juzgan las cosas de otro modo? Mi experiencia no fue positiva o negativa, solo fue desagradable al inicio. Ten en cuenta, querida hija, que las experiencias, cuando sabemos apreciarlas, se convierten en aprendizajes.

La letra «a» del acróstico CREA, que mencione más arriba, concluye con el conjunto de aprendizajes que obtenemos de lo que vivimos, leemos, escuchamos o nos dicen. Un aprendizaje central en nuestra vida es el de las costumbres, las cuales integran conductas que replicamos al ser parte de un grupo. Charles Dickens, escritor inglés, advirtió que somos animales de costumbres. Utilizamos ciertas horas para alimentarnos y vestimos del modo correcto según sea la ocasión. Algunas de esas costumbres se vuelven fundamentales para algunas personas e incluso determinan su estado de ánimo. ¿Te has dado cuenta de que hay quienes se enojan cuando no los saludas al verlos? Eso rompe con la costumbre, por ejemplo.

Además de las costumbres, aprendemos diferentes rituales, los cuales son acciones que se llevan a cabo por su valor simbólico. Un acto de graduación, una ceremonia religiosa o la premiación en los juegos de atletismo o las olimpiadas son ejemplos de rituales. También en algunos países se sigue el ritual de celebrar la fiesta de XV años de las hijas adolescentes o se realiza un viaje significativo con ellas (siempre y cuando no haya pandemias). Lo que esa celebración simboliza es la despedida final de la niña que conocíamos y la entrada triunfal de una mujer de edad temprana. Como bien sabes, este libro es parte de esa celebración. Desde luego, espero que este regalo literario no acabe debajo de una mesa como en la peculiar incidencia que te conté.

La profesión que uno adquiere viene dotada de un conjunto de aprendizajes que influyen de manera abrumadora en la cosmovisión. Un ingeniero no tiene la misma idea del mundo que un administrador, un sociólogo, un biólogo o un poeta. Si a todos ellos les mostramos el mar, reaccionarán de maneras diferentes y se preguntarán cosas distintas. Quizá al ingeniero lo apantallen las grandes obras que se han hecho en torno al estado líquido, como el Eurotúnel o el Canal de Panamá; el negociante deseará invertir en el turismo y obtener ganancias; el sociólogo estudiará la influencia del mar en el comportamiento colectivo de los habitantes de alguna comunidad; el biólogo se enfrascará en el conocimiento del plancton o pondrá su atención en los animales marinos. Mientras todos hacen eso, el poeta tomará un papel o recitará de manera espontánea un par de versos sobre la inmensidad del mar, lo finito de la vida, o lo refrescante que es el agua en las grietas de un espíritu nostálgico. ¿Qué sientes y piensas tú cuando estás frente al mar? Una parte de tu cosmovisión se expresa en tu respuesta.

La moralidad, entendida como las ideas aprendidas sobre lo que está bien y lo que está mal, forma parte del compendio de aprendizajes. Desde luego, la moral tiene un origen contextual, así que, como podrás notar, los aspectos detonadores de la cosmovisión se relacionan entre sí. En algunas sociedades, la moralidad suele estar impregnada de ingredientes religiosos. No es apropiado pensar que ambas cosas van siempre de la mano, pues incluso los ciudadanos que no son religiosos tienen un punto de vista moral. De cualquier manera, es innegable que la religión que se tenga, o la ausencia de tal, integra, a la par de otros aprendizajes, la cosmovisión. Por supuesto, como notarás en el transcurso de tu vida, no existe un consenso sobre el camino religioso o moral que es mejor, óptimo o preferible para todas las personas. Lo mismo notó Anatole France, escritor francés, al señalar que juzgamos como buenas las costumbres que hemos adquirido, tal como consideramos malas las que no nos apetecen.

Sofía, ten en claro que no existe una cosmovisión mejor que otra, si bien algunas favorecen más la convivencia, el bienestar y el respeto. No te invito a que adoptes mi cosmovisión, que aún sigue construyéndose, sino a que inspecciones lo que tú misma piensas y que trates de ser genuina. Indagar sobre ti misma, entenderte y reconocerte son pautas que constituyen el camino hacia la introspección. ¿De qué trata eso? De tener valentía para saberte ver, para hablar de las emociones que sientes, para aceptar tus pensamientos e ideales. He dicho antes que la cosmovisión se construye y nos la construyen otros, pero existe una pequeña porción de esta que puedes elegir. Nuestra influencia personal en la creación de la propia cosmovisión es limitada, pero eso no significa que no tenga valor. Gabriel Marcel, filósofo francés, pensaba que un individuo puede considerarse libre mientras sea creador, por más bajo que sea el nivel de su creación.

Quiero advertirte que, cuando te invito a inspeccionar tu cosmovisión e influir en ella, te estoy mostrando un poco de la mía. Si lo notaste, has entendido bastante bien. Considero imposible tratar de ser un padre responsable y no inmiscuir mi cosmovisión en ello, pues, desde el momento en el que te transmito cualquier cosa, ya hay algo de mi propio pensamiento. Nos relacionamos con los mundos simbólicos que están en la cabeza del otro, así que no hay manera de relacionarme contigo que esté exenta de la expresión de mis cosmovisiones. Lo que uno habla muestra lo que aprecia.

Quedé un poco más en calma tras decir lo anterior. No deseo moldearte como si fueses una escultura de barro. Es importante que distingas las ideas que valoras, los símbolos y costumbres que aprecias, así como los hábitos que dan sentido a tus días. Si te enfocas y logras eso, te darás cuenta de que, quizá sin percibirlo, te habrás vuelto un poco más independiente. Justo de eso te hablaré en nuestro siguiente encuentro. Prometo que estará adornado con letras, globos y serpentinas de conceptos.

9. Independencia

Espero que el título no te haga pensar que abordaré la independencia lograda por algunos países. No hablaré de la historia de algunas naciones, sino de tu propia independencia. Ahora que conoces las distintas modalidades de la libertad, quizá tengas herramientas para justificar algunos actos; en caso de ser así, antes de encontrar argumentos que los hagan validos ante los demás requieres estar segura de que serás responsable de las posibles consecuencias. Hay ciertas conductas, como jugarle alguna broma a una amiga, que tienen repercusiones inevitables. En ese sentido, por más independiente que seas al realizar un acto, sigues sujeta a los resultados que produzca. ¿Qué tal si tu amiga se enoja contigo y deja de hablarte?

Cuando decimos que una cosa pende de algo es porque está colgada de un sitio concreto. Si se suelta, puede caer y romperse. Dependemos de alguien cuando estamos bajo su mando o vivimos sujetos a sus imposiciones, limitaciones o restricciones. Tu lucha por la independencia consiste en no dejar que te controle un sistema o un conjunto de personas que no coincidan con tus metas. Aquí tenemos que ir despacio y con atención. No te propongo desobedecer cualquier orden que no te guste, pues algunas veces lo que no te gusta puede ayudarte a cumplir tus metas. Es probable que recibas órdenes con las que estés de acuerdo y te parezcan justas, así que no necesitas ponerte en contra solo por no obedecer. Por más que no te agrade alguien que te da una indicación, cabe seguirla si es correcta.

A la inversa también se aplica: por mucho que te parezca agradable quien te pida algo indebido, no estás obligada a aceptar. La independencia hacia los demás supone que no eres su esclava y que no necesitas someterte a sus sistemas de pensamiento, pero eso no significa que siempre debas estar en desacuerdo. Las coincidencias suceden. Si tú quieres aprender, no te enfrentarás al profesor solo porque él te pide estudiar. ¿Lo notas? Para poder ser independiente, necesitas saber qué dependencias debes evitar, de qué situación o persona no quieres pender.

Una manera de perder la independencia consiste en no decidir con libertad. Desde luego, también es importante que reconozcas la libertad de los demás. En otras palabras: si tu independencia se muestra al estar en desacuerdo con otros, debes estar dispuesta a que los demás no piensen igual que tú. Habitamos un entorno social, de modo que nos corresponde respetar la libertad del otro o su búsqueda de independencia. Esto es fundamental: nadie da la libertad a los demás, lo que hacemos es reconocer y respetar la libertad que corresponde a cada uno.

¿Has escuchado discusiones en las que una persona le pide a otra que le permita ser libre? En esas relaciones existe dependencia porque se mantiene la idea de que se requiere del permiso del otro para ser libre. No seas de las personas a las que les cuesta trabajo decir «no» a los demás, muchas veces por refugiarse en la idea de que de eso se trata el amor. Me encantaría que tampoco fueses como quienes se someten de ese modo a los que están a su alrededor. El miedo no es respeto, la sumisión no es amor.

Me corresponde señalar que nadie tendría que limitarte por ser mujer. Existe una lucha genuina de muchas mujeres en torno a exigir el respeto de sus derechos. Eso me parece ecuánime, puesto que en varios sentidos han sido desfavorecidas en la historia de las sociedades de todas partes del mundo. El esquema de dominio en el que los hombres se imponen a las mujeres y se les ejerce presión, violencia o exclusión en nombre de una supuesta superioridad masculina suele llamarse patriarcado. Ahora bien, según lo entiendo, la lucha no debiera ser contra los hombres en general, sino para contrarrestar el abuso, la injusticia o la discriminación que algunos de ellos ejercen. No obstante, cuando las mujeres intentan estar por encima de los hombres, o viceversa, se tergiversa la situación. Coincido con Judith Butler, una filósofa estadounidense, quien considera que la libertad por la que luchan las feministas debe ser una libertad basada en la igualdad. Ese matiz es importante, no se trata de disputar unos contra otros, sino de respetar la independencia de unos y otros.

Se es dependiente cuando a uno se le obliga a estar en silencio y callar ante las agresiones o el maltrato. Se es dependiente cuando se ha olvidado que uno mismo puede decidir. Se es dependiente cuando se pierde la noción de la propia identidad para satisfacer a los demás. Sofía, querida hija, no hay personas por las que te debas despersonalizar. Conviene que manifiestes tu desacuerdo con la injusticia cuando lo consideres apropiado. Virginia Woolf, escritora británica, apreciaba sobremanera la libertad mental. Para ella, no debía haber barrera, cerradura o cerrojo con el que se restringiera su propio pensamiento. Ser independiente implica un proceso de liberación que continúa todos los días.

Ahora bien, cuando me refiero a la importancia de liberarse hago mención implícita de la opresión existente. Pondré un ejemplo. ¿Recuerdas que en el parque veíamos a personas pasear con perros que llevaban una correa atada a su cuello? Los canes están dispuestos a ser llevados así con tal de salir de casa. Recuerdo que uno de ellos, de gran tamaño, se liberó de su correa y ladró a los transeúntes hasta que lograron calmarlo entre varias personas. La liberación del perro requirió de algo concreto que lo mantenía sometido: la correa. Desde luego, no sugiero que se pasee sin correa a los perros, lo que intento dejar claro es que el primer paso hacia la liberación es la conciencia de estar oprimido. Algo similar pensaba Paulo Freire, un educador brasileño, quien consideró que las personas mantienen la opresión por no ser conscientes de lo que les está sucediendo. Dicho eso, una formidable idea para ejercer tu propia ética es descubrir qué es lo que te aprisiona, qué idea o creencia te tiene sometida. No es un procedimiento sencillo, como podrás ver.

En la historia de la humanidad existen varios casos en los que se vuelve notoria y hasta explícita la opresión de un grupo a otro. Sucedió con los esclavos africanos que hasta hace unos siglos eran marcados en su piel con hierros candentes para certificar que eran propiedad de otras personas. Eso se hizo común en varias latitudes e incluso llegó a ser legal, pero que algo sea legal no significa que sea justo. Eso es importante que lo recuerdes. Muchos creen que los actos atroces e indignos se justifican por el amparo de las leyes o de los juicios tendenciosos en las disputas jurídicas. Algo que conviene recordar a ciertos abogados, jueces y políticos es el valor de la ética, por más que sus recovecos legales, malabares jurídicos y chacoteos normativos disfracen su deshonestidad.

Si nadie a tu alrededor se da cuenta de la opresión, tendrás que examinarla por ti misma. Se me han subido un poco los ánimos, lo reconozco. ¿Y sabes qué? No es algo gratuito. Me molesta constatar que la ignorancia conduce a las personas hacia un despeñadero moral. Me da coraje que el miedo impida que las personas reconozcan las manipulaciones de las que han sido objetos y que, además, las mantengan a pesar del daño que ocasionan. Me desanima que la distracción de muchos individuos los hace voluntarios inconscientes del sistema injusto que domina en la mayoría de los casos. Me produce náusea observar a los jóvenes sin ideales, copiando los esquemas que algunos adultos descorazonados y enfermos les indican. Me genera repudio que unos sometan a otros, que haya autoritarismo y humillación. Me resulta catastrófica la apatía, la pasividad, la desinformación o la desarmonía, tanto como el descuido mental que propicia descontrol en las calles y ocasiona que las personas terminen desquiciadas en sus casas por la opresión. Sí, darse cuenta de la esclavitud propia y ajena ocasiona que uno quiera cambiar las cosas. Pero ese es mi sentir y he tenido que confrontarlo de muchas maneras. Quizás en algún punto lo tengas que hacer tú. ¿Sabes qué hacer ante tanta impotencia? Date cuenta de las justificaciones que utilizan las personas que se mantienen oprimidas y reflexiona qué tanto lo haces tú.

Llegado a este punto, conviene distinguir la independencia y la indeterminación. Serás más independiente en la misma medida en la que seas capaz de elegir, aun reconociendo la influencia del entorno. Algunos se creen indeterminados porque se sienten por encima de cualquier influencia. Los deterministas, a su vez, consideran que ni siquiera es posible la libertad y que existen sucesos que deben ocurrir. Una persona que acepta el determinismo cree que existe algo o alguien, ya sea el destino, las leyes sociales o a quien considere poderoso, que no permite que las cosas sean modificadas. Otros más adoptan un determinismo metafísico (más allá de lo material) y creen que los sucesos han sido definidos por el destino, o por un Dios al que caricaturizan como el mandamás celestial que somete a los humanos. Te corresponde juzgar si eso es correcto. En mi caso, no he conocido ninguna demostración que confirme semejante orden del mundo. Puede ser que me equivoque y en realidad somos marionetas tratando de ser libres, sin notar que estamos sometidos a una fuerza inexplicable que nos manipula.

No me agrada pensar que nos domina algo externo y más poderoso que nosotros, pero menos me agrada que otros humanos, tan simples como yo, intenten controlarme. Creo que has notado que no soy fan de seguir órdenes, sobre todo si no encuentro sentido en ellas. Eso es así porque no me estimula sentirme determinado. De hecho, me repugna que haya quienes crean que los demás son como peones dentro de un tablero de ajedrez. ¿Te has dado cuenta de que en ese juego uno está dispuesto a que el peón muera, siempre y cuando no sean excluidas las piezas más valiosas? Eso explica que haya ocho peones, pero solo un rey y una reina por bando. ¿Lo notas? Pareciera justificado, desde ese criterio, que las personas no valen lo mismo en la sociedad. Ocho peones no tienen el mismo valor que las piezas a quienes protegen. El peón no tiene independencia y está sometido por el sistema del juego. Todavía peor: el peón no es consciente de que ese es su papel o, incluso sabiéndolo, le parece correcto. Más allá de la figurita de madera o porcelana en el ajedrez, hablamos de millones de personas a las que se las considera prescindibles.

Vayamos un poco más allá. ¿Estás dispuesta? Hemos dicho que el rey y la reina son elementales en el juego, pero el juego continúa a pesar de que haya muerto la reina. ¿Lo habías pensado? El tablero se mantiene expuesto mientras persista el rey. El origen de este juego es un misterio (algunos creen que surgió en la India), pero expone sin tapujos que el peón y la reina, así como el resto de figuras, tienen menor importancia que el rey. Por supuesto que hay otros simbolismos que podríamos analizar, pero eso me desviaría del punto al que quiero llegar. Hasta aquí parece que el rey es quien tiene sometidos a todos los demás, tal como lo creen los poderosos y más influyentes de este mundo. Se equivocan, desde luego, porque incluso el rey es una pieza del juego. Ellos, por más que se crean ajenos a las pequeñeces y tempestades cotidianas, también son humanos y su fragilidad los hace desvariar y depender de distintos satisfactores. ¿Quién mueve las piezas de todo? ¿De verdad es posible la indeterminación? ¿Acaso estamos sometidos a leyes y criterios que no conocemos? ¿Tendrán razón los deterministas?

Por principio de cuentas cabe decir que el primer límite que se tiene en el ajedrez no son las figuritas contrincantes, sino el tablero mismo. ¿A qué me refiero con esto? A que la figura que no está en el tablero no está en el juego, no tiene valor. Así es como muchos justifican sus tranzas, sus fraudes o sus malas obras: están siguiendo las reglas del juego. No obstante, nada que conduzca a la destrucción de otras personas, o que propicie daño en el medio ambiente, podría considerarse regla del juego. En cualquier caso, las únicas reglas de las cuales no podemos escapar son las que se asocian con la condición humana de existir como una más de las especies del mundo animal. ¿A qué voy con eso? A que tenemos un cuerpo que es nuestro propio tablero. Por más independiente que seas, necesitas descansar; por más poderosa que llegues a volverte, requieres de alimento; por más enérgica que te sientas, te es imprescindible respirar. Eso significa que no serás independiente de manera absoluta, en virtud de que necesitas satisfacer varias necesidades que te corresponden por estar en tu propio tablero de carne. Esas dependencias ineludibles nos hacen contingentes o necesitados de satisfactores de diversa índole.

Con lo anterior queda expuesto que no existe indeterminismo. Lo mismo se aplica en la dimensión psicológica. Me explico enseguida, no te desesperes. Así como dependemos del oxígeno y del alimento, también necesitamos sentirnos cómodos con los demás, percibir que nos estiman o que somos reconocidos por alguna cualidad. Si a eso le sumas cierta pretensión de amar y sentir que nos aman, tendrás una idea más completa de las contingencias psicológicas que son propias del tablero humano y psíquico que nos contiene. No podemos ir contra eso o negarlo, tal como tampoco podemos asegurar que es posible vivir sin saciar la sed. Desde luego, no se justifica adoptar cualquier conducta para sentirnos merecedores de aprobación, reconocimiento, amistad o amor.

Lo que digo ahora es muy delicado e importante: todos necesitamos de los demás, pero no es sano usarlos, manipularlos, ultrajarlos o controlarlos. La buena noticia, en todo caso, es que cada vez que haya personas o grupos que te rechacen habrá millones más que estén disponibles. Necesitas amistad, reconocimiento, aprobación y amor, eso te hace humana; lo que no necesitas, por más que a veces la psique te lo haga creer, es obsesionarte con forzar a las personas para que te concedan amistad, reconocimiento, aprobación o amor, lo cual te haría dependiente. No tienes que negar lo que te hace humana para poder ser independiente, pero sí tienes que librarte de la idea o la pretensión de que tienes derecho a obligar a otros a responder como tú esperas.

Recuerdo que un domingo quise llevarte a un restaurante que servía un platillo delicioso que pensé que te encantaría. Al llegar nos dimos cuenta de que estaba cerrado y me sentí frustrado. Luego de varios minutos me dijiste que podíamos comer en cualquier otro sitio. Te centraste en lo importante de la cuestión: el alimento, no el espacio físico en donde se come. ¿Qué pensarías si hubiese dicho que ese día nos quedaríamos sin comer porque el lugar que yo quería estaba cerrado? ¿Acaso no es absurdo? Lo mismo sucede cuando queremos que algunas personas o grupos nos acepten tras mostrar que esa no es su voluntad. Seguir insistiendo no es persistencia, sino terquedad. Hay muchas personas amables, lo cual no solo alude a su cordialidad, sino a su accesibilidad de ser amadas. Tú me pareces amable, así que puedes permitir que te amen quienes tú elijas. Obsesionarte por personas concretas no te conduce al amor, sino a la dependencia; tal como ansiar comer en un restaurante cerrado te dejará con hambre. No sobra decir que hay lugares donde se sirve comida en mal estado o que puede intoxicar. ¿Recuerdas que te pasó alguna vez? Lo mismo sucede con lo que ciertas personas ofrecen, por más que sus mesas y cartas de presentación sean elegantes.

Elegimos la influencia que tendrán en nosotros las personas más importantes de nuestra vida. Las carencias que hayas vivido por tu relación conmigo o tu madre deberás resolverlas en algún momento para no mantenerte dependiente de lo que no hubo o hizo falta. Ese es un proceso que en ocasiones se alarga durante décadas, pero estoy seguro de que lo vivirás con gallardía. Johann Fichte, un filósofo alemán, creía que la autoafirmación o autodeterminación son el paso hacia la libertad. Déjame decirte que concuerdo solo en parte, porque no creo que sea posible determinarse por completo a uno mismo, al menos no en lo que corresponde a nuestra naturaleza física y psicológica.

Si acaso hay un destino, su manifestación más concreta está en que hemos sido humanos y que correremos la misma suerte que muchos otros que habitaron en este mundo y ya no están. Las personas somos falibles (podemos errar), hacemos cosas que no queremos y dejamos a un lado lo que tenemos que hacer, como bien lo dijo Pablo de Tarso hace dos milenios. ¿Será porque somos tontos o más bien porque no somos capaces de determinar con estricto orden y control todo lo que hacemos? Quienes intentan lo último actúan contra sí mismos, según me parece. Fallar es algo humano, tal como acertar o enmendar el error.

El indeterminismo total es una mentira, pero se escucha bastante pomposo y finolis. Recuerdo a un compañero en la preparatoria que solía decir que no recibía ordenes de nadie y que estaba indeterminado (él usaba otra palabra que no me complace reproducir aquí). En cierta ocasión, luego de saborear una dona de chocolate en el recreo, le pedí que me diera evidencias de su poderío e independencia total. Mi amigo respondió que él no dependía de su familia para nada, de modo que hacía justo lo contrario de lo que le pedían que hiciera. Si solicitaban puntualidad, él llegaba tarde; si le pedían comer de manera sana, él se atragantaba de golosinas; si le exigían no juntarse con ciertos muchachos, él lo hacía, aunque no fuesen de su agrado. El recreo finalizó y terminó sus alardeos. La clase siguiente fue de álgebra. Mientras el profesor hablaba de catetos e hipotenusas, concluí que mi compañero no se daba cuenta de que, al creer que estaba siendo independiente, no hacía más que depender de su familia. No hacía lo que él quería, sino solo lo contrario a las órdenes que recibía. Esa es una manera sutil, sigilosa y absurda de esclavizarse. ¿No lo crees? Henri Bergson, un filósofo francés, lo sintetizó diciendo que no hay indeterminismo sin teleología. Dicho más sencillo: cada vez que tengas un fin o una intención, existirá en ti una determinación. Por ello, el solo deseo de ser indeterminados nos condiciona. ¿Lo ves? Querer vivir de manera indeterminada nos determina de inmediato. Un callejón sin salida, lo sé. Por eso he dicho que esto se trata de independencia, no de indeterminación. No dependas de querer ser indeterminada.

Jacobo Rousseau, el eximio filósofo nacido en Ginebra, pensaba que aquel que solo desea lo que es capaz de realizar y que elige hacer lo que le agrada es verdaderamente libre. ¿Te das cuenta? No propone que no deseemos o que seamos ajenos a lo que nos agrada, más bien reconoce nuestra necesidad de satisfacernos. De eso se trata: viaja por el mundo de las opciones y toma la ruta que te indique tu propia intuición. Escucha esa certeza tenue que señala, sin sombra de duda, lo que corresponde hacer. No temas cuando tengas clara una meta, no modifiques tu plan de vida para evitar el menosprecio. La independencia se observa en las decisiones, tal como la absurda pretensión de actuar de manera indeterminada se muestra al no elegir.

Querida hija, ¿crees que he obtenido en la vida la totalidad de las respuestas? Desde luego que no, también soy falible, hay muchas cosas que me determinan y otras que me han quitado independencia. Es por eso por lo que lo puedo expresar, se trata de una película que he visto en mi propio cine interior. Desde luego, tienes que darle *play* a tu propio audiovisual. Un importante filósofo alemán, llamado Friedrich Nietzsche, creía que los independientes son fuertes y temerarios; incluso afirmó que algún día podríamos ser superhombres. Quizá la independencia no se relacione con la temeridad, el poderío o la suposición de ser ingobernables. A diferencia de ello, considero que los independientes son conscientes de aquello que los determina, saben identificar lo que está en sus manos y se alejan de aquello que les provoca daño o les resulta inaccesible. No toda contienda se gana con los músculos, se necesita cierta dosis de prudencia. ¿Quieres saber qué es eso? Ajústate tus agujetas y vamos al siguiente capítulo.

10. Prudencia

Hemos hablado de la importancia de la independencia, pero de poco valdría ser independiente sin un atinado toque de prudencia. La independencia sin prudencia puede llegar a ser peligrosa; la prudencia sin independencia no es suficiente. Por ello, en este capítulo platicaremos de la importancia de ser prudentes.

Para comenzar, conviene distinguir que la prudencia no es inseguridad, no es cobardía y no es falta de energía. Es común que en los medios masivos de comunicación y casi en cualquier ámbito se nos invite a atrevernos, a correr peligros, a ser aventureros o a envalentonarnos y tirar todo por la borda. Entiendo ese sentido osado y atrabancado, pero no siempre es la mejor opción. Si bien es cierto que cuando estamos indecisos es necesario alentarnos para definir lo que haremos, eso no significa que debemos actuar de manera bravía, apresurada o desarticulada. ¿Te has dado cuenta de que casi no se promueve la prudencia? Lo que vemos en los anuncios comerciales alienta la impulsividad, justo porque de eso se valen la mayoría de los vendedores. Muchas compras no se harían si las personas practicasen la prudencia. Desde luego, esto no se limita al ámbito de las ventas, abarca muchas otras áreas de la vida.

Bión, poeta griego del siglo II, consideró que la prudencia supera a las demás virtudes, en el mismo grado que la vista supera al resto de los sentidos. No sé qué opines de eso, pero si me dieran a elegir, preferiría mantener la vista antes que el olfato, el tacto o el gusto. Con ella logro orientarme cuando camino y me ubico en qué sitio estoy. La prudencia desempeña una función similar: nos permite aumentar o disminuir la velocidad en lo que hacemos, favorece nuestra elección y nos conduce a posponer cuando es preciso. En ese sentido, la prudencia es sabiduría práctica que no se limita al ámbito teórico o intelectual.

La prudencia se opone al desenfreno y nos marca límites oportunos, evita que atraigamos problemas o que provoquemos daños que no tienen ninguna razón de ser. Aristóteles, en su *Ética a Nicómaco*, mostró a su hijo que la prudencia debe convertirse en un hábito para actuar y que dirige las conductas hacia el logro de la vida feliz. Visto así, la prudencia nos ayuda a discernir entre los caminos o rumbos que se abren ante nosotros en cada circunstancia. Cuando no estés segura de hacer algo, tu pregunta concreta puede plantearse así: ¿esto contribuye con mi proyecto de vida? Si te cuestionas eso, aun cuando la respuesta sea negativa, habrás sido prudente.

Tomás de Aquino admitió que la prudencia es guía de la justicia, la fortaleza y la templanza, de modo que no se trata de una virtud menor. La prudencia te ayuda a pensar antes de actuar y preguntarte por lo justo; te permite elegir en qué proyecto o tarea emplear tus fuerzas; te conduce al equilibrio de tu ánimo y a templarte para administrar tu energía. De manera operativa, la prudencia te permite lo siguiente: a) recordar tus propias experiencias y actuar de manera congruente; b) ubicar la situación concreta en la que te encuentras para identificar lo que te corresponde hacer; c) tener disposición para escuchar opiniones ajenas; d) prever o considerar las posibles consecuencias de tus actos; e) ser precavida ante los peligros que se derivan de lo que harás; f) optar sin titubeos por una opción tras deliberar.

A la vez, si no desarrollas la prudencia sucederá lo contrario: a) actuarás como si nada de lo que has vivido tuviese importancia;

b) perderás de vista las circunstancias que te rodean; c) te cerrarás ante la opinión de otros o sus propuestas de ayuda; d) actuarás sin visualizar lo que te puede suceder; e) te pondrás en peligro al no ser precavida; f) todo te parecerá igual de bueno, así que no decidirás con claridad. ¿Te das cuenta? La prudencia no es una virtud exclusiva de algunos ancianos o personas mayores, sino de individuos con inteligencia práctica.

¿Prefieres evidenciar que tienes razón o convencer a los demás? Muchos te dirán que la razón es primordial para persuadir a otros, pero a pesar de que me dedico a la filosofía (o quizá por ello) no me parece así. Ser prudente también influye en los demás, a veces incluso más que la razón. Alguien puede tener muchos argumentos para convencer a otros, pero no lo logrará si no muestra prudencia en su manera de expresarse, si no toma en cuenta el estado emocional de sus interlocutores o si deja de lado sus intereses. No basta con tener una explicación razonable, se necesita comunicar con prudencia nuestros mensajes. Me parece que la sensatez filosófica integra la prudencia con la razón. Si eres prudente, harás que los demás se interesen en tus razones.

Hace varios años solía ser intrépido y enérgico al hablar con las personas y mostraba de manera directa sus equivocaciones, muchas veces poniendo en tela de juicio sus pensamientos y señalando sus fallas en público. ¿Era racional el contenido de lo que decía? Sí. ¿Actuaba con prudencia? No. Conforme con mi experiencia, puedo asegurar que la prudencia favorece más la comunicación que el uso agresivo de los argumentos. No es lo mismo decir «te equivocas» que «me interesa saber por qué lo hiciste así». La idea de la propia valía es un tesoro que cada persona defiende a capa y espada. Si los demás creen que aprovecharás sus errores para humillarlos, no estarán atentos a lo que indiques. Saber ofrecer correcciones de manera acertada, si es que te corresponde hacerlo, suele ser preferible que el juicio cortante, ofensivo y descalificador.

Lo que dices tiene mayor valor cuando conjunta un contenido pertinente y una manera equilibrada de presentarlo. Te gusta la música, tanto como a mí, pero por más que sea agradable una melodía, podría ser inquietante si la escuchas con auriculares defectuosos o de poca calidad. Es posible que te encante el helado de vainilla, pero después de comerte dos litros no te dará mucho entusiasmo. La prudencia nos permite modular lo que hacemos.

Hablando de música, te compartiré enseguida una anécdota. Dos religiosos que vivían en una abadía recibieron un iPod como regalo de navidad. Con alegría observaron el artefacto y se preguntaron en qué momento de su apretada agenda tendrían permiso para escucharlo. Uno de ellos, de manera imprudente y emotiva, preguntó al director de la abadía si podía escuchar música al mismo tiempo que cumplía con los rezos individuales de cada día. Como la pregunta se hizo frente a la comunidad, el abad negó el permiso de inmediato. Tras esperar el momento adecuado, que llegó al paso de tres días, el otro monje se acercó con el abad y le comentó en privado tras el desayuno: «Recibí de regalo unos auriculares, así que rezaré con gratitud mientras escucho música». Acto seguido, el abad lo felicitó y dio palmadas en su espalda reconociendo su devoción. Ambos pidieron lo mismo, pero lo hicieron de maneras distintas. Quizá algunos piensen que no es igual escuchar música mientras se reza que rezar mientras se escucha música, pero en ambos planteamientos se mezclan las mismas acciones. El contenido y la intención de la petición fueron los mismos, la diferencia consistió en la manera de expresarse y las circunstancias que rodearon la solicitud.

La prudencia te permite tener estrategias y se relaciona con varios ámbitos de tu vida cotidiana. Conviene ser prudente en la alimentación, por ejemplo. Eso es algo que has aprendido muy bien y creo que incluso podrías enseñar más que yo al respecto. Has logrado entender que cualquier cosa que te llevas a la boca tiene un efecto en tu organismo y que una manera de mostrar aprecio y estima hacia ti misma es ser prudente con lo que te alimentas. Muchos se convencen a sí mismos de que se merecen un excesivo banquete después de algún logro en sus quehaceres, pero pierden de vista que también merecen cuidar su salud. No se trata de negar por completo la justificación de que «un exceso no afecta», pero es más prudente evitar premiarse con desmesura.

En el ejercicio físico conviene ser prudente para prevenir lesiones. Jugar lastimada sería bastante osado, pero poco prudente. No guardar reposo cuando lo indica el médico es necedad y torpeza. Si en el gimnasio levantas cargas excesivas, sin estar preparada para ello, actúas de manera absurda e inmadura. De hecho, lo que distingue a un novato de alguien con experiencia es que el segundo actúa con prudencia la mayoría de las veces. No ha aprendido a madurar en su disciplina quien busca desarrollar una habilidad sin renunciar a las conductas que obstaculizan su progreso.

Es posible que con un toque de prudencia se prevengan lesiones en casa o en la vía pública. Conducir un automóvil mientras se observa la pantalla del teléfono es ofensivo para los peatones e irrespetuoso con quienes viajan en el vehículo. A su vez, varias enfermedades son evitables por mediación de la prudencia, de modo que debería promoverse en los sistemas de salud de cada país. En algunos casos, realizar una cirugía a tiempo, actuando más con prudencia que con temor, logra evitar contratiempos mayores.

Mostrar prudencia en tus relaciones humanas reducirá el número de conflictos y malos entendidos. Baltasar Gracián, filósofo español, propuso en su *Oráculo manual y arte de la prudencia* que elijamos relacionarnos con personas de las que podemos aprender. También aconseja no mostrarnos demasiado satisfechos con nuestros logros, lo cual pondría en evidencia la propia vanidad. Vincularse con personas ofensivas, agresivas o irrespetuosas no tiene mayor sentido, a menos que seamos el profesional al que corresponde ayudarlas. Lo que no aporta provecho hay que dejarlo ir; no importa si hablamos de personas, situaciones, alimentos, pertenencias o conductas.

Ser prudente con las propias expectativas evita frustraciones y molestias. Proponerse metas irrealizables es tan inapropiado como inútil. Conviene que vayas paso a paso, con pequeños logros que te conduzcan a una meta mayor que sea realizable, posible y alcanzable. Respecto a los demás, resulta muy insensato esperar que hagan algo que no concuerda con lo que son capaces de hacer. Sé que esto puede sonar bastante duro, pero no tengo tantas páginas como para andar con rodeos: las personas tienen límites, tanto como los tiene la propia vida. Elige con sensatez lo que esperas de los demás y mantente abierta para aceptar que incluso aquellos a quienes eliges no están dispuestos a ofrecer lo que esperas. Cuando eso sucede, no hay motivos para quedarse inmóvil. El tiempo seguirá avanzando y no se detendrá por tus dudas. Si quien te rodea no muestra intenciones de mejora, no hay por qué insistir o forzarlo. Si alguien no es capaz de ofrecer lo que esperas, no te corresponde imaginar que lo hará. En eso no hay que confundirse: las personas no son simples recursos a tu servicio y no deberían ser despreciados por no proporcionar lo que esperas. Asimismo, tampoco tienes la obligación de mantenerte esperando un cambio de actitud. ¿Te has dado cuenta de que las personas tenemos diferente temperamento, carácter y capacidades? Quizá podías esperar que yo escribiese un libro, pero sería ilógico que tuvieses la expectativa de que me convierta en bailarín profesional (aunque a veces uno se sorprende).

En sintonía con las expectativas, recuerdo la ocasión que corrimos juntos una carrera que organizó tu escuela hace algunos años. Los primeros metros avanzamos emocionados y tenías entusiasmo por seguir el paso de los compañeros mayores. Habíamos entrenado, pero no lo suficiente para mantener tal velocidad, así que te pedí que fueses más despacio, siempre y cuando mantuvieras el ritmo. Así nos mantuvimos la mayor parte del evento. Cuando faltaba un kilómetro, pasamos por delante de varios de los intrépidos que antes habían salido disparados, pero ahora caminaban con lentitud. Algunos incluso se habían sentado en las banquetas, esperando recuperar el aliento. No ganamos la competición, lo cual tampoco era nuestra meta, pero pudimos aumentar la velocidad en los últimos metros y llegamos tomados de la mano. Nunca olvidaré esa ocasión. ¿Lo recuerdas? Fuimos prudentes y se sintió bien, porque el disfrute se encuentra en la prudencia, no en el exceso. Desde luego, no estoy en contra de los que promueven el pensamiento de abundancia, o de los que de manera sistemática apoyan la exigencia a todo galope, pero eso debe ser logrado de manera paulatina y con perseverancia. Además, no es lo mismo la abundancia que el exceso.

Un cierto toque de prudencia será recomendable en tu manera de gastar o invertir el dinero, así como en la administración de tu tiempo y energía. La disciplina es la aplicación concreta de la prudencia. Gracián, al que aludí algunos renglones arriba, señaló que las coronas se consiguen con valor, pero se establecen con prudencia.

En otras palabras: tan importante es obtener logros como mantener el esfuerzo que nos condujo a ellos.

Recuerdo que hace un par de años me dijiste que ya no querías jugar basquetbol. Me pareció raro porque había visto que lo disfrutabas mucho. Elegí mantenerme en silencio, entendiendo que soltar la lengua y ofrecer soluciones de inmediato no siempre es algo que la gente aprecia. Mostré mi apoyo y sugerí que esperaras unos días hasta que estuvieras calmada y pudieras decidir. Así lo hiciste y te mantuviste entrenando. Luego recuperaste el gusto por esa práctica, y ahora se ha vuelto parte de tu vida cotidiana.

Cuando las personas conversan sobresale quien es más prudente. Mi madre me dijo muchas veces que es mejor callar, antes que ofender. De haber seguido su consejo, me habría ahorrado bastantes conflictos. Desde luego, no considero que la prudencia consista en mantenerse siempre en silencio, sino en saber en qué momento y de qué manera se debe interponer un mensaje y sacar a la luz lo que es preciso decir. Eso debe enfatizarse: ser prudente no te exige quedarte callada, sino elegir el momento oportuno y expresar con mesura el mensaje concreto. La prudencia es aliada de la asertividad.

No prestarse a escuchar chismes de otros es una regla saludable, tanto como mantener en el ámbito privado los secretos que alguien te confía. Por ello, si no vas a guardar un secreto, es mejor no escucharlo. Es cierto que saber escuchar es una cualidad, pero conviene ser prudente sobre qué escuchar y a quiénes. Son una gran legión los que se interesan en criticar de manera gratuita lo que otros hacen. Ten presente que las personas heridas tienden a herir. Comprende esa condición y aléjate de quien solo ofrece ofensas. A su vez, será fundamental que elijas con quien compartir tus propios pensamientos y que seas precavida con la información que compartes en redes sociales. Un gran novelista francés, conocido como Stendhal, sugirió que cada uno fuese su propio confidente. Hablar contigo misma, por más raro que a algunos les parezca, tiene mucho sentido. Yo lo hago de manera constante en voz alta, aunque solo mis gatos escuchen.

Resulta útil ser prudente al referir tus logros o, en todo caso, dejar que los demás los observen sin hacer demasiado alboroto por ello. Hay personas que no dejan de hablar de sí mismas, tanto que parecen construir museos sobre sus glorias pasadas. Desconfía de quien no dedica tiempo a escuchar por no saber controlar lo que dice. En esa misma línea, abundan los que se consideran jueces de la vida ajena, así que será elogiable que no contribuyas a engordar semejante colectividad. Si bien es cierto que en ocasiones conviene confrontar lo que otro hace, sobre todo si causa daño o afecta a nuestros intereses o los de otros, tienes el derecho de elegir las batallas que debes pelear y dejar ir las que no.

Sé atenta para ubicar cuando una persona está a punto de explotar o agredir, actúa de manera prudente, sobre todo si la aprecias. Demasiados pleitos se inician con la insana pretensión de ganar una conversación o mostrar que el otro se equivoca. No hablamos para desafiarnos de manera hostil, sino para entendernos e invitarnos a ir más allá. ¿Lo percibes, querida hija? Esto no tiene nada que ver con ser pasiva o cobarde. Es sensato detonar nuevas oportunidades e invitar a otros a que se esfuercen más, pero eso no es lo mismo que retar con la intención de humillar o vencer.

Cada vez que algún impulsivo me toca el claxon mientras conduzco, trato de mantener la calma e imagino que me saluda con emoción. Lo sé, sueno un poco ridículo, pero lo sería aún más si detengo el auto para discutir o pelear. ¿Estás de acuerdo con eso? Son demasiadas las personas que no tienen control emocional, así que en la dinámica social no está de más saber esquivar las disputas innecesarias. La valentía y la prudencia se complementan.

En cada renglón de este capítulo mantuve la idea de cerrarlo con una anécdota que estoy seguro que recordarás. Cuando tenías ocho años, participaste en un festival infantil presentando, junto con tu grupo, una actuación basada en la fábula de Esopo que suele nombrarse *La liebre y la tortuga*. ¿Sabías que esa alegoría tiene más de 2500 años de antigüedad? En ella, el gran autor griego nos cuenta que la liebre se burlaba de la tortuga por su lenta manera de andar. La tortuga aseguró que la vencería en una carrera, así que hablaron con un zorro y acordaron que él marcaría la línea de llegada y sería el juez de la contienda. La tortuga partió de inmediato, sin perder tiempo. La liebre saltó en repetidas ocasiones y enseguida se puso muy por delante de su contrincante. Demasiado confiada en sus habilidades, decidió acostarse sobre la sombra de un árbol y durmió tranquila. Al despertar se acordó de la carrera y salió disparada lo más rápido que pudo, pero cuando llegó a la meta observó a la tortuga celebrando su triunfo. El zorro la consoló diciendo que las carreras se ganan con tesón. Agregaría que el tesón debe combinarse con la prudencia. La liebre tuvo mucho tesón tras despertarse, pero no fue prudente al evaluar a su contrincante y nunca tuvo en mente que quedarse dormida traería consecuencias. La tortuga conocía sus limitaciones y era consciente de sus desventajas; no se dio el lujo de descansar, pero tampoco se obligó a ir más rápido de lo que le permitían sus fuerzas.

¿Lo recuerdas? No diré cuál de los dos animales representaste esa vez, pero traías un disfraz de color verde. Es cierto, la mayoría de las personas tienden a identificarse con la tortuga, pero habrá ocasiones en las que seas hábil como una liebre y no deberás confiarte.

Tanto unos como otros podemos elegir ser constantes y disciplinados día con día. La prudencia, en ese tenor, consiste en mantener la paciencia. Es por ello por lo que que Salomón, quien fue rey de Israel hace tres mil años, concluyó que la prudencia de una persona se demuestra en su paciencia.

Platón consideró que la prudencia debería ser la virtud más importante de quienes gobiernan las naciones. Resulta lamentable que eso sea poco común, a tal grado que el hueco que deja la prudencia ausente es del todo visible. Si el filósofo de Atenas indicó que la prudencia ayuda a gobernar, no hay motivo para que nos restrinjamos al orden político. También es posible gobernar las propias emociones. Si sigues conmigo, abriremos la puerta de esa opción y platicaremos de ello. Mientras tanto, considero prudente que pausemos aquí.

11. Confrontación

Al final del capítulo anterior te propuse que en este hablaríamos del manejo de las emociones. Gobernar lo que sentimos requiere de atención y disciplina. No me parece que las emociones deban reprimirse, en todo caso conviene conocerlas, canalizarlas y expresarlas de manera útil. Hay quienes piensan que las emociones deben ser menospreciadas o que son poco importantes. Me parece lo contrario: influyen en nuestras decisiones, de modo que es primordial utilizarlas a favor. No hay emociones buenas y malas, sino agradables y desagradables; ambas nos muestran con claridad nuestra manera de reaccionar. Las veces que has estado enojada o triste has aprendido algo de ti misma, tanto como podría enseñarte una emoción agradable. Las emociones se manifiestan a través del cuerpo, los sentimientos perduran en nuestra psique.

Es probable que te preguntes qué importancia tiene la confrontación en un capítulo que aborda las emociones. Me parece conveniente que te deslindes de la idea de que confrontar consiste en discutir con otras personas u oponerse a ellas de manera agresiva. La confrontación de la que quiero hablarte te permite enfrentar tus propias ideas. Sí, las ideas que tienes sobre las cosas son algo externo ante lo cual tienes que enfrentarte de vez en cuando. De hecho, las luchas que lleves a cabo contra tus propias ideas, al dudar de lo que es verdadero o falso, serán muy importantes en tu vida. Las emociones se propician por las ideas que nos brotan a partir de los acontecimientos. Confrontar las ideas que nos condujeron a una emoción es mucho más útil que culparse por sentir. Enseguida, iremos poco a poco.

A todos nos ha sucedido alguna vez que, tras enviar un mensaje de texto, nos cause desagrado que el receptor no solo no conteste de inmediato, sino que no lo hace luego de varias horas. El acontecimiento preciso, libre de cualquier interpretación, es que no hemos obtenido una respuesta. Las ideas que nos inundan en el momento, casi de manera automática, son parecidas a estas: «no me quiere contestar», «desea hacerme enojar con su desinterés», «ya no me considera importante en su vida», «me está faltando al respeto». ¿Te ha sucedido? Si tenemos interés hacia esa persona, ya sea porque nos urge su respuesta o porque apreciamos nuestro vínculo con ella, las ideas que nos brotan son más intensas todavía. La emoción viene después de las ideas que detona el acontecimiento, de modo que el enojo, el resentimiento, el coraje o la decepción surgen tras las interpretaciones iniciales que hacemos frente el suceso. Se puede estar en contra del coraje y tratar de sugestionar a nuestra mente de que no estamos sintiendo coraje, pero eso no sirve de nada. Una mejor opción es confrontar las ideas que nos condujeron a ese estado emocional. En el caso referido, no existe ninguna evidencia que ofrezca total certidumbre a las ideas que nos surgieron de manera abrupta.

Confrontar te conducirá a poner en duda tus ideas iniciales, de modo que estarás dispuesta a verificar las circunstancias que antecedieron al acontecimiento. Tras preguntar de manera directa y frontal cuál ha sido el motivo por el que no se te responde un mensaje, recibirás una explicación que detonará una emoción diferente o más fundamentada. Te pondré un ejemplo personal: a mí no me agrada que las personas alcen la voz cuando conversan en los restaurantes o en los pasillos del lugar donde trabajo. Eso suele molestarme, sobre todo porque pienso que «deberían irse a platicar a su casa», «son unos desconsiderados por vociferar de esa manera» o «quieren presumir su autoridad al hablar con tantos decibeles». Está claro que ninguna de las anteriores es una verdad consumada y que semejantes interpretaciones me producen molestia. El manejo emocional se asocia con la prudencia al permitirnos actuar con mesura. La confrontación permite poner en duda las ideas que surgen de manera acrítica a propósito de un suceso. Algunas personas conversan con voz muy alta porque así se acostumbraron, sienten que necesitan hacerlo para ser escuchados, o porque su filtro auditivo no está tan sintonizado como creo que está el mío. Mis ideas iniciales no suelen ser precisas en este tipo de casos, pero logro suavizarlas tras haberlas confrontado.

El gran secreto en estos menesteres consiste en que seas capaz de estar consciente del brote de una emoción y de que tengas la sagacidad de preguntarte qué ideas surgieron en tu propio diálogo interno. Es equivocado pensar que las emociones aparecen de manera directa por los acontecimientos. Estos últimos son la ocasión a partir de la cual se detonan ideas inmediatas que desencadenan emociones. Enfrentar tus propias ideas te ayudará mucho más de lo que puedo expresarte en estos párrafos. La tarea no es discutir con otros, sino revisar lo que sucede contigo misma. Lucien Auger, un psicólogo canadiense, consideró que la confrontación es valiosa para las personas que quieren ayudarse a sí mismas. ¿Cuál es el beneficio de esa ayuda? No actuar de manera descontrolada a partir de emociones cuyo origen no ha sido confrontado.

Tus emociones son un reflejo de ti misma, no por el estado anímico o los sentimientos que te producen, sino por derivarse de ideas que surgen en ti de manera espontánea. Verte en el espejo de las emociones y los sentimientos sin revisar las ideas que han servido para su nacimiento te resultará insuficiente. Tras confrontar las ideas que anteceden a tus emociones, elegirás con prudencia tu reacción a cada suceso. La práctica de la ética se sustenta en detalles como ese. Al desarrollar la capacidad de analizar tus propias ideas, podrás revisar las que tienes respecto a lo que hacen los demás. Visto así, a todos nos conviene confrontar las suposiciones que tenemos de otras personas, así como los juicios desordenados que dirigimos hacia los actos ajenos.

Una breve fábula china, atribuida a Lie Zi, un filósofo que vivió hace más de dos milenios, trata de un carpintero que no encontraba su hacha y sospechó que el hijo de su vecino la había robado. Con esa idea en su mente, espió al muchacho y concluyó que su manera de caminar era propia de un ladrón. Además, miró el rostro del joven y le pareció, según su visión de las cosas, que sus expresiones eran justo las que tendría alguien que se dedica a robar hachas. Además, tras acercarse un poco, lo escuchó hablar y reír con uno de sus amigos y le pareció que reía como un verdadero malhechor. De acuerdo con la interpretación del iracundo carpintero, los gestos y acciones del muchacho mostraban su culpabilidad. Mientras regresaba a su casa, el trabajador de la madera planeó cómo podría vengarse, pero encontró su hacha recargada en un árbol, justo donde la había dejado un par de días antes. Después, estando más tranquilo, volvió a ver al hijo de su vecino y consideró que sus nuevos gestos y acciones eran muy diferentes de las que podría tener un ladrón. ¿Te das cuenta? Nuestras suposiciones nos conducen a elaborar un juicio que intentamos remarcar a partir de lo que vemos. Nuestra visión de las cosas está condicionada por lo que creemos y suponemos saber.

En mi adaptación de esta fábula está representado lo que nos puede suceder en otros ámbitos. Sucesos similares acontecen por millones en el mundo cada día. Cuando alguien desprecia o ataca a otra persona por su color de piel, sus creencias religiosas, sus preferencias sexuales, su ideología política o sus gustos particulares, no hace más que permitir que sus prejuicios conduzcan sus apreciaciones. Si consideramos que nuestras interpretaciones son definitivas, estaremos menos dispuestos a observar los hechos con apertura. Trata de ser alguien capaz de averiguar y escuchar. Sobran los que juzgan y rechazan de inmediato, sin conocer las conductas concretas o los motivos que originaron la conducta ajena.

Otra modalidad de confrontación es la que te corresponderá hacer en torno a lo que la gente diga de ti. Los demás ven una fracción muy pequeña de lo que haces en el día y no te ven todos los días. Cada individuo juzga de acuerdo con sus propios filtros, según su cosmovisión. Lo que los demás creen de ti no representa la totalidad de lo que eres, o no lo representa de ningún modo. Eso no quiere decir que toda opinión ajena sea falsa, pero debes distinguir entre las apreciaciones fundamentadas y los juicios descalificadores, imprecisos u ociosos. Una vez dicho esto, conviene destacar que tal como elaboramos interpretaciones erróneas de otras personas, también podemos tenerlas de nosotros mismos. Con menos palabras: quien juzga a otros de manera injusta también suele hacerlo consigo.

Confrontar las falsas imágenes que hayas fabricado de ti misma te evitará muchos problemas. ¿Cómo puedes darte cuenta de que los juicios que te haces son inapropiados? Percibe si están antecedidos de exageraciones modales: las palabras «siempre», «nunca», «todos», «nadie» o «cada vez». Deberían ser confrontadas este tipo de frases: «siempre me irá mal», «nunca hago las cosas bien», «todos me desprecian», «nadie me quiere» o «fallaré cada vez que lo intente». No obstante, las frases que se disfrazan de optimismo también son inapropiadas: «siempre soy excelente», «nunca fallo», «todos me admirarán», «nadie es mejor que yo» o «todo lo que hago es perfecto». Las cosas no son así y espero que lo percibas.

No se trata de contradecir cualquier frase que suene optimista o pesimista, la confrontación es útil porque enfrenta lo irreal. Me resulta muy llamativo que varios padres de familia, docentes o profesionales de la conducta aseguren a los adolescentes que cada cosa que hacen está bien, que siempre les irá de maravilla, o que todas las personas están dispuestas a ayudarlos. Promover sandeces de ese tipo no es educar, sino perpetuar la ceguera. Cuando uno está desorientado solo ofrece desorientación. Si no existe autocrítica o confrontación de las ideas exageradas sobre uno mismo, las consecuencias no son alentadoras.

Los griegos de la antigüedad obtuvieron su fama, entre otras cosas, por un conjunto de relatos interconectados entre sí que forman parte de su mitología. Uno de esos relatos trata de Narciso, un joven que enamoraba a los demás por su belleza y gustaba de rechazar con frialdad a sus admiradoras. Némesis, considerada la diosa de la justicia, provocó que Narciso sintiera hacia sí mismo lo que los demás sentían hacia él, así que se enamoró del reflejo de su imagen en una fuente. Tras pasar largas horas contemplándose a sí mismo, incapaz de mirar otra cosa que no fuese su propio rostro, terminó arrojándose al agua y murió ahogado. Hasta el día de hoy se les llama narcisistas a quienes no son capaces de apreciar algo más allá de sí mismos y se vuelcan hacia su propio placer. Antes de juzgar si la diosa de la justicia fue congruente con su título al castigar a Narciso, conviene captar el mensaje implícito en la consecuencia final: amar de manera desmedida nuestro reflejo nos ahoga en la propia imagen.

Quizá pongas en duda que alguien pueda estar tanto tiempo mirándose en el reflejo del agua hasta el punto de morir embelesado con ello. No obstante, a pesar de que se trata de un mito y no de un suceso histórico, tal suceso representa la experiencia de bastantes personas que han dejado de observar a quienes están a su alrededor y se centran de manera exclusiva en sus propios intereses individuales, a costa de su salud o de su bienestar. Lo anterior, por más absurdo que parezca, está alentado por una cultura que promueve la vanidad, a partir de la cual se catapulta la necesidad de recibir admiración de los demás al costo que sea. Si se tienen *likes*, pareciera que todo está permitido. Sin embargo, un poco de autocrítica disminuye semejantes riesgos.

Hablando con más claridad, querida hija, te invito a que confrontes aquellas ideas de ti que te alejen de ti misma. Acostumbra mirarte. A pesar de que lo que veas no sea siempre de tu agrado, evita construir castillos en el aire o negar tus virtudes y cualidades. Acepta lo que reconoces en ti, tanto lo que parece agradable como aquello que no lo sea. No basta con conectar contigo misma para mejorar, pero no hay manera de mejorar sin conectar contigo. Es posible que confrontes tus ideas falsas y que eso no te ayude a madurar, pero no madurarás hasta que pongas en duda las cosas falsas que creas de ti. Te corresponde confrontar tus propios juicios inapropiados, ya sea porque resultan descalificadores, triunfalistas o exagerados. Los juicios condescendientes llevan a la pasividad, los demasiado rigurosos conducen a la frustración.

Confrontar las ideas falsas que tienes de ti será aún más efectivo si te preguntas de dónde surgieron o en qué sitio las escuchaste. Por ningún motivo termines engañándote a ti misma, haciéndote creer que eres alguien sin valor, o imitando de manera sumisa las conductas de los demás para ser incluida o formar parte de algo. Confronta el engaño y evita, por encima de todo, engañar a quienes amas. Sé clara cuando necesites poner límites, comunicar un problema o exteriorizar una queja. No promuevas incertidumbres mediante simulaciones o tratando de aparentar cosas que no eres. Decir palabras certeras en momentos precisos evitará que tengas que recurrir a largas discusiones futuras.

No importa si por mucho tiempo has tenido ideas que parecen inamovibles, en ocasiones conviene refrescarlas o cambiarlas. Conozco a hombres y mujeres que temen reconocer su equivocación y mantienen la costumbre de engañarse a sí mismos con un estilo de vida o una manera de pensar que ya no concuerda con lo que son. Jonathan Swift, religioso irlandés, consideraba que no debemos avergonzarnos de las propias equivocaciones, pues son estas las que nos vuelven más sabios. Desde luego, es necesario reconocer las fallas y no seguir pensándolas como aciertos. En ese sentido, más de uno se equivoca por miedo a equivocarse, como dijo Gotthold Lessing, un escritor alemán.

Amada hija, confronta la simulación y las ideas que te hagan pensar que estás obligada a actuar de un modo concreto. Confronta la hipocresía y trata de descubrir los mejores modos de hacerlo. En mi caso, sigo aprendiendo todavía. Recuerdo que antes de la universidad tuve un compañero que solía criticarme porque, según él, dedicaba mucho tiempo a estudiar y no a divertirme. No éramos amigos, pero en un examen me pidió que le compartiera las respuestas. Se trataba de una prueba con opciones múltiples, así que no era complicado recitar los incisos correctos. Me negué a hacerlo y me propuso algo que me molestó: si lo ayudaba a sacar la calificación más alta, actuaría durante una semana como si fuésemos amigos. No me siento del todo orgulloso, pero le dicté una serie de respuestas.

Lo que después supo es que, con toda intención, las mencioné de manera incorrecta. Como era de esperar, mi compañero reprobó y me reclamó. Alegué que no me interesaba simular una amistad, así que, de acuerdo con la regla que él mismo indicó, no tenía que fingir ser mi amigo porque no obtuvo una nota alta. Nunca más solicitó mi ayuda. Si bien en ese momento justifiqué mi acción pensando que confrontaba la simulación, simulé al presentar como verdaderas las respuestas que eran falsas. Mi compañero iba a reprobar, conmigo o sin mí, pero habría sido más genuino no responderle. Quizá estás sonriendo ahora mismo. Pero más allá de la aparente comicidad del suceso, reconozco que me faltó confrontar mi propio orgullo, el cual me dictó que tenía el derecho de hacer algo así ante quien creyó que agradecería su amistad simulada. Actuar alguna vez de manera orgullosa no nos vuelve orgullosos para siempre. Es importante romper las etiquetas que uno se hace de sí mismo.

En distintas tradiciones del pensamiento, e incluso en ciertas religiones, una de las premisas centrales es contrarrestar la falsedad. El sufismo, una práctica espiritual que forma parte del islam, utiliza cuentos didácticos muy elocuentes. Uno de tales alude que, en cierta ocasión, un grupo de discípulos le preguntaron a un sabio quién o qué lo había ayudado a clarificar su camino personal. El sabio contestó con simpleza que un perro había sido su guía. Asombrados con semejante respuesta, los discípulos solicitaron una explicación. El sabio respiró con profundidad y compartió que, a la orilla de un río, se había encontrado con un perro sediento. Cuando el can estuvo a punto de beber del río se asustó al ver su imagen en el agua y se apartó. Cada vez que lo intentó se repitió la escena y la imagen se distorsionó progresivamente con la agitación del agua. El pobre animal creía que otro perro defendía el río contra los intrusos.

Venciendo su miedo, se arrojó al agua y, por fin, sació su sed tras alejar a su contrincante. Del mismo modo, las ideas erróneas que tenemos de nosotros mismos son un obstáculo que debemos hacer desaparecer con valentía. Ese perro mostró el camino que el sabio debía seguir: enfrentar las ideas distorsionadas de sí.

Educar a los adolescentes tiene poca relación con transmitirles reglas, normas o convencionalismos que generan identidades enraizadas en la imitación o el sometimiento. Al hacer eso, promovemos imágenes en el agua. Si la persona ama esa imagen, se ahogará como Narciso, pero si acaso logra combatirla, saciará su sed como el perro valiente del cuento sufí. Querida Sofía, no tienes que reír si no te agrada un chiste, no necesitas creer en lo que te parezca ilógico y no estás obligada a relacionarte con personas que no se edifiquen junto a ti. Me molesta ver cómo se promueve la falsa cortesía cuando se exige que los niños y niñas saluden con un beso a desconocidos, cuando se les pide mentir o se les orilla a ingerir ideologías que no los nutren. Lejos de practicar la ética como camino de descubrimiento personal, se pregona la autoridad de la moral dominante, sin importar su desconexión con la intimidad individual. No se educa al proponer actividades escolares, sino cuando las experiencias se transforman en conciencia. Necesitamos hombres y mujeres capaces de confrontar lo que existe a su alrededor.

Todos vivimos momentos en los que actuamos sin reflexionar lo suficiente. Experimentamos circunstancias que nos alejan de la senda de la congruencia y rompen la sintonía con las propias metas. Es muy probable que algunas veces pierdas el rumbo. ¿Qué es lo que hago cuando me pasa algo así? Honro mi derecho a buscar mi espacio, trato de aislarme para poder escuchar mi voz. El acto de retirarse no deriva de la cobardía, más bien consiste en guardar distancia para retomar conciencia. Apartarse no es un signo de indiferencia o desinterés, sino la muestra de que el ruido social nos ha desorientado. Eso no es algo que hagan los egoístas, como algunos osados señalan, sino que corresponde a quienes necesitan retomar la senda, calibrar el camino, entender su proyecto. Los hombres y las mujeres necesitamos pausas, no por ser defectuosos, o para desentendernos u olvidarnos por completo de los demás, sino para recuperar la audición.

¿Recuerdas cómo se sienten los oídos al salir de un concierto? Se busca un lugar silencioso para poder escuchar mejor. Lo mismo sucede cuando nos hemos saturado de bullicios y estruendos sociales. Busca tu propio espacio. No necesitas trasladarte al desierto egipcio o a las orillas de la Patagonia. No hablo de un sitio, sino de una actitud. Retraerte permitirá que enciendas una nueva disposición. En la soledad te pondrás frente a ti, en eso consiste la verdadera confrontación. Las palabras se esfuman y resuena un silencio desbordante que es capaz de llenarte de respuestas, siempre y cuando hayas alejado la distracción y el aturdimiento. Para conectarte mejor, necesitas desconectarte. Aprende el valor de la desconexión y elige enchufar contigo misma. Asume la valentía de apagar los aparatos y encender tu propio espíritu. Eso abonará la Tierra que te sostiene y germinará el conocimiento de ti. Vamos a eso enseguida, ¿continúas conmigo?

12. Conocimiento de sí

Las confrontaciones de las que hablamos en el capítulo anterior tendrán mayor sentido y beneficio si parten del conocimiento que tengas de ti misma. Por eso corresponde adentrarnos ahora en el amplio ámbito de lo que eres cuando interactúas con los demás. Estoy seguro de que has escuchado aquello de autoconocerse, pero me gustaría desmantelar ese término y sus alcances. No hay tal cosa como el autoconocimiento, porque lo que tú y yo sabemos de nosotros se forja a partir de lo que conocemos de otros y lo que nos reportan tras observar nuestras conductas. Ninguna persona sensata diría que tiene autoconocimiento, a lo más que se aspira es a construir conocimiento de sí. El saber que los individuos tienen de sí no lo elaboraron de manera independiente, así que resulta inapropiado pensar que ese conocimiento es inducido de manera exclusiva por uno mismo. Otros términos, como autoestima y autorrealización, tienen la misma deficiencia y te lo mostraré más adelante.

La invitación «conócete a ti mismo» se inició con un adagio que estaba escrito en la entrada del Templo de Apolo, en Delfos, ubicado en Grecia, hace más de dos mil años. Una propuesta como esa no consiste en centrarse en lo que uno ve de sí, más bien implica conocer la naturaleza, apreciar el mundo y conectar con los seres vivos, entre ellos los humanos y otros animales. Sí, afirmémoslo con precisión: los humanos somos animales. Eso no debería causarte sorpresa o desagrado, puesto que reunimos, entre otras, algunas de las características propias del reino animal: somos seres pluricelulares con comportamiento fisiológico, de nutrición heterótrofa (convertimos la comida en energía), con locomoción y origen embrionario. A su vez, una amplia parte de lo que podemos saber de nosotros también lo podríamos decir del resto de humanos. Si bien nos dividimos en grupos, siempre estamos expuestos a la influencia de los demás.

Sócrates, el gran filósofo de Atenas, pensaba que ignorarse o no saber de sí era el preámbulo de la maldad. Su mensaje no siempre ha sido entendido de manera correcta. Los más absurdos argumentan que, cuando hacemos algo, sabemos con claridad que lo estamos haciendo y que el maestro de Platón se equivocó. Resulta evidente que no distinguen que tener conciencia de lo que uno hace no es lo mismo que identificar por qué lo estamos haciendo, o qué ámbito de nuestra psique nos conduce a creer que deseamos hacer tal o cual cosa. No saber de sí es desconocer esas partes no visibles de nosotros que influyen en nuestras decisiones. Sigmund Freud, un médico austriaco que vivió hace dos siglos, utilizó el término de «inconsciente» para denominar el ámbito del que brotan contenidos desconocidos, casi siempre reprimidos, que influyen de manera persistente en nuestra conducta. ¿Esto significa que hay una parte de nosotros, tanto desconocida como inaccesible, que permanece en la sombra la mayoría del tiempo? Tal cual, por más tenebroso que suene a la primera. Tomando en cuenta la existencia de un conjunto de influencias psíquicas que intervienen en nuestras decisiones sin darnos cuenta, podemos estar de acuerdo en que la mera pretensión de conocernos por completo no es más que una quimera tan optimista como ingenua.

Quizá te preguntes por qué nuestra mente funciona de esa manera, o qué provoca que nuestra psique cohabite con el ámbito de lo inconsciente. Piensa en lo útil que resulta olvidar algunas cosas o mantenerlas sepultadas en el cajón de lo que no nos gusta experimentar. Imagínate cómo sería vivir pensando en todos y cada uno de los acontecimientos que has vivido. Nos saturaríamos de inmediato y sería insoportable. Necesitamos dejar a un lado algunas cosas para poder centrarnos en lo que va sucediendo en el presente. Con esto no te digo que el inconsciente guarde los recuerdos, sino que estos adquieren un código inaccesible que los resguarda la mayoría del tiempo. En ocasiones afloran aspectos que nos parecen desconocidos, pero están en nosotros, latentes y dispuestos para emerger. ¿Por qué no suele hablarse mucho de eso en las escuelas? Porque resulta más conmovedor y poderoso (además de que vende mejor) transmitir a los adolescentes que el mundo está a su disposición y que son los maravillosos arquitectos de su brillante destino. No obstante, eso es falso.

El conjunto de vivencias individuales que recolectamos en el transcurso de la vida se atrinchera dentro de nosotros según su característica o contenido. Algunos pensadores nos invitan a que trascendamos esas especificaciones que nos distinguen o separan y que tratemos de conectar con lo más esencial de nuestro ser. En la filosofía advaita, originada en la India, se sugiere no solo saber sobre uno mismo, sino indagar en torno a la naturaleza íntima de nuestro ser. Si, suena un poco complicado, pero desde este enfoque se cree que existe una naturaleza profunda en nosotros, a la cual accedemos mediante una búsqueda honesta más allá de lo intelectual. En otras palabras, no basta con analizarse u observarse, se requiere contactar con aquello en nosotros que es más que nosotros. ¡Caramba! ¿Cómo estuvo eso? Va de nuevo: se trata de acceder a un Yo metafísico (más allá de lo físico) que es la raíz de todo lo que es. Cuando aludo a este tipo de cosas me ayuda pensar en un gran Mar del que se surgen pequeños ríos. Por más que se dispersen, siguen compartiendo el origen común del que brotaron. Si los humanos tenemos una fuente común, a la manera de un vientre metafísico o Fuente universal, quizá convenga tratar de reconectar con ello y entender que no nos hemos dado la vida de manera independiente.

La inscripción de Delfos resulta útil, pero el «Conócete a ti mismo» es superado por algunas propuestas contenidas en las *Upanisads* o libros sagrados hinduistas. Por ejemplo, la invitación de la *Mundaka Upanisad*: «Conoce en ti aquello que provoca que todo se vuelva conocido». Por favor, retrocede y léela al menos tres veces. Sigue hasta que estés segura de haber captado la esencia del mensaje que se encuentra ahí. Esas once palabras nos estimulan a ir más allá del saber teórico y nos inducen a conectar o, más aún, sabernos dentro de una dimensión que nos contiene. Cuando estamos ahí, al menos mientras dura ese cosquilleo espiritual o intuición de algo mayor, olvidamos la intención de separarnos, de distinguirnos y de superar a los demás. Es por eso por lo que el autoconocimiento no es más que una etapa inocente en el proceso de indagación de sí. El verdadero encuentro con lo que eres no será mediante un conjunto de ideas que te hagan pensar como alguien ajena de los demás, sino mediante la conexión con aquello que ha sido la fuente de cada uno y de todo lo que existe.

La autoestima que se centra en lo individual y se obsesiona con las ideas que nos hemos formado o nos han dicho de nosotros no tiene mayor relevancia. Estimar la maravilla que nos ha depositado en este mundo, apreciar el asombroso vaivén de circunstancias que produjeron la vida en esta dimensión, reconocer el valor de existir y honrar el ritmo jubiloso que palpita dentro del pecho de los vivos es lo que nos conduce a estimar lo que somos. ¿Lo percibes? No se trata de un amor a sí mismo para vencer a los demás, enfrentarlos o destruirlos, sino de captar que estamos navegando en la misma nave cósmica que flota en el espacio.

Muchos siguen la costumbre de separar las ideas del yo y las agrupan en nociones occidentales (casi siempre individualistas) y orientales (promotoras de una visión global), pero no deseo hacerlo de ese modo. Tanto en un lugar del mundo como en otro, existen personas que tienen ambas visiones. De manera general podría hablarse de dos caminos: elegir lo estimable a partir de lo que aprueban los demás, o entender la estima de sí como derivación de estimar la vida y la naturaleza de la que formamos parte. Tu elección no cambia el hecho de que en ti existe algo que te hace ser y que tuvo una fuente.

Cuando Abraham Maslow, un psicólogo estadounidense, propuso la autorrealización como la punta de su famosa pirámide de necesidades, concibió que las personas debían avanzar varios procesos en su vida para poder planteársela. No obstante, abundan los oportunistas que han desvirtuado esa idea al popularizarla con superficialidad. ¿Qué se realiza cuando decimos que nos realizamos? La mayoría se desentiende de esa pregunta y se enfoca en lograr su satisfacción, aumentar su poder de consumo o influir en los demás. En la visión budista, por el contrario, necesitamos despertar a la iluminación, la cual es entendida como saberse realizado. En otras palabras, nada queda por buscar cuando adquieres la conciencia de que eres parte de Todo. Sí, ya sé que ando un poco alocado esta vez, pero quiero destacar esa opción en la mesa de tus posibilidades.

Una vez que tienes conciencia de ti, no necesitas del reconocimiento de otros para saber que actuaste de manera correcta. Por supuesto, la gente aprecia y se emociona cuando recibe reconocimientos, medallas, diplomas, títulos, menciones u ofrendas, pero todo esto es un signo cuya presencia no aumenta los méritos verdaderos que se han realizado. Asimismo, la integridad de un individuo no tiene precio, por más que muchos intenten ofertar por ella. Hija mía, tu integridad no es negociable, no la pongas a la venta. Así como es importante saber lo que quieres, es prioritario que sepas lo que no quieres en la vida. Una vez que lo tengas claro, juzgarás mejor tus propias experiencias y elegirás con claridad lo que te acerca de aquello que quieres o te aleja de lo que no quieres.

Los antiguos nahuas, un grupo de pueblos mesoamericanos, solían plantear una pregunta afectiva e íntima cuando necesitaban orientarse ante alguna encrucijada de su vida: *¿Canin mach nemi noyollo?* [¿Dónde anda mi corazón?]. Esta cuestión revela su interés por conectar con su propia sensibilidad, no solo con el pensamiento. Enfocarse de esa manera constituye un auténtico amor hacia la sabiduría sensible. Sus propias maneras de interactuar con los demás, a través de ritos, cantos o comunicaciones orales, les permitía encontrar su sentido junto con la comunidad. La especulación individual, alejada de las tradiciones o de lo que les habían transmitido sus ancestros, constituía una separación de lo que ellos concebían como el orden de la realidad.

Vives en un mundo cuyos habitantes creen saberlo todo y discuten de manera agresiva con quienes piensan diferente, como si la vida dependiese de que los demás reconozcan que tienen razón. ¿Percibes lo absurdo de ese juego? Quien trata de vencer y humillar a los demás con la intención de mostrarse superior no está siendo consciente de su dependencia hacia la aprobación ajena. A los nahuas les resultaba útil apoyarse en su comunidad más que enfrentarla. Visto así, no es sabio el que sabe muchas cosas, sino el que sabe cosas útiles, tal como advirtió Esquilo, un poeta griego de la antigüedad.

No andaré con rodeos, querida hija, si se trata de saber cosas útiles, te diré una que me habría hecho mi vida menos escabrosa: no estás obligada a ser comprendida para tener valor. La estima de sí es superior que la autoestima. Te estimas cuando asimilas que estar viva te ofrece un sentido que nadie puede robarte. Quererse a uno mismo solo es sostenible cuando se entiende o intuye que hay un plan detrás de todo lo que observamos y nos rodea. Rosa Parks, una activista que apoyó el Movimiento por los Derechos Civiles en los Estados Unidos, decía que su única aspiración era la de ser recordada como una persona libre. ¿De qué hay que liberarse además de la opresión social y las injusticias? De fundar el propio valor en la opinión que otros tengan de ti.

Las personas te identifican de varias maneras, pero tu esencia íntima está más allá de tu nombre, de tu nacionalidad, de tu aspecto físico, de tus habilidades, de tus metas, de tus miedos, de tus pertenencias, de tus triunfos, de tus fracasos, de tu condición social, de tu poder económico, de la imagen que los demás tengan de ti y hasta de la que tienes de ti misma. La gran mayoría de los hombres y mujeres encuentra su valía en alguna de las anteriores, pero todas son prescindibles. Tu nombre puede ser cambiado, al igual que tu nacionalidad. Tu aspecto físico está en movimiento constante, por eso pareces otra persona de la que eras hace cinco años. ¿Has visto una fotografía tuya de cuando eras niña? ¿Dónde está esa niña ahora? Está y ya no está. Muchas de las células que formaban parte de tu cuerpo tuvieron que morir para dar paso al nacimiento de otras nuevas. Tus huesos han aumentado de tamaño y tu cerebro, esa gran máquina pensante, ahora contiene muchas más imágenes e ideas.

En este momento cuentas con habilidades más desarrolladas, pero en el futuro quizá no tengas algunas de las que muestras en el presente. Del mismo modo serás tú, incluso si pierdes la facultad de hacer tal o cual cosa. Cualquier miedo que tengas ahora lo adquiriste en algún momento, así que no naciste con él y no forma parte de ti. Las metas son cambiantes, lo que antes te generaba interés quizá no lo haga hoy. ¿Lo percibes? Incluso tus triunfos y fracasos no existen por sí mismos, son una idea que se relaciona con tu cumplimiento de expectativas o tu alejamiento de lo que has creído que debes lograr. La idea que los demás tienen de ti es cambiante y lo que sepas sobre ti no es todo lo que eres.

Visto así, es posible que surja en ti la gran pregunta sobre cuál es tu yo. Un filósofo español, José Ortega y Gasset, decía que el yo siempre está acompañado de circunstancias y que somos seres situados. Es notable su distinción entre el yo y las circunstancias, sin caer en el error de identificar o fusionar el yo con lo que se ha vivido. Es el yo quien vive las circunstancias, pero no las es. Estoy de acuerdo con él, pero aún permanece la pregunta sobre quién eres. En el Éxodo, la zarza ardiente dijo a Moisés: «Soy el que soy». Estas cuatro palabras son congruentes con lo que la zarza representa en ese pasaje bíblico: lo absoluto no tiene una definición más allá de su afirmación. Cualquier cosa que se diga distorsiona lo que Él es. Samkara, un notable pensador de la India, va más allá y diluye la idea de Dios como un Él para dar paso al Eso. ¿Qué relación tiene con lo que hablamos ahora? Que somos Eso. Esta no es solo la idea de un pensador, sino que forma parte de la tradición advaita y es apreciada por muchos budistas. Te prometo que en otro capítulo nos adentraremos con mayor amplitud en el asunto de Dios.

Kitaro Nishida, un filósofo japonés que vivió durante el siglo pasado, decía que no somos lo que creemos ser y que nuestras ideas son meras ilusiones. Su frase «no soy el que soy» advierte que él y todos los demás somos algo distinto de lo que pensamos. Reconoció que somos una especie de misterio porque hay aspectos en nosotros que permanecen en la sombra. Además, pensaba que aquello que en realidad somos está situado en una dimensión diferente de la que conocemos, puesto que somos parte de la Fuente de la que te hablé algunos párrafos antes. Ramana Maharshi, pensador hinduista, no da demasiadas vueltas y nos recomienda de manera concreta: «Sé lo que eres». Desde luego, para cumplir con esa consigna es necesario adentrarse en el terreno de lo que solemos desconocer. ¿Qué es lo que somos según su propuesta? Somos la realidad, así que no necesitamos esforzarnos por alcanzarla: vivimos siendo ella. De ese modo, la respuesta está aquí y ahora, ante tus ojos, a pesar de que no la sepas ver. Habrá un momento en tu vida en el que te parecerán graciosos e inocentes tus esfuerzos del pasado y encontrarás una sabiduría que ha sido parte de tu propio equipaje desde el principio. Ese camino, amada hija, tienes que recorrerlo ensuciándote un poco los pies.

No estás sola contra el mundo porque el mundo no está en tu contra. No tienes que enfrentar a todos los demás, porque la gran mayoría no son enemigos. La confrontación y la búsqueda debes hacerlas contigo misma. Te encontrarás con el ser que eres, porque lo eres ya. Dirás la respuesta porque la respiras desde ahora. Emergerán las soluciones porque navegan contigo. Verás la luz porque iluminas. Ten a la mano tu propio espejo, así evitarás que se vuelva imprescindible la vista de otro sobre ti. No se trata de un simple esfuerzo por obtener poder, sino de reconocer la energía que se aloja en lo que está vivo. Tampoco se trata de robar el poder de otros para tenerlo tú, sino de honrar el que te corresponde. Mary Wollstonecraft, filósofa y escritora inglesa, propuso que era más importante que las mujeres tuvieran poder sobre sí mismas más que sobre los hombres. Esto es importante: debe combatirse el abuso de poder, pero no para convertirnos en nuevos abusadores, sino para encaminar de manera fructífera el poder que cada miembro de la ciudadanía puede aportar para el bien común.

En el judaísmo, el conocimiento de uno mismo tiene sentido cuando va más allá del mero saber y se aplica en acciones, conductas o iniciativas que promueven la mejora de la vida de las personas. Esa visión no solo es práctica, sino útil y necesaria: nos lleva más allá de la mera satisfacción de conocernos como se conoce un concepto y nos conduce a experiencias transformadoras. Keiji Nishitani, otro gran filósofo japonés, reconoció que ese enfoque práctico ha estado ausente en algunos practicantes del budismo. De tal modo, como podrás notar, conviene equilibrar las opciones. Si bien es cierto que regocija saberse parte del universo y uno con la naturaleza, es prioritario que esa conciencia nos impulse a favorecer la mejora del sistema que habitamos por medio de acciones concretas.

Puedes conocer seis o siete significados distintos de la risa, pero solo sabrás lo que es cuando rías hasta que te duela el estómago. Podrías aventurarte en dedicar la vida a conocerte y explorar una interminable lista de opciones conceptuales, pero solo al fluir con tu propio andar comprenderás lo que eres. Si logras captar que eres diferente de lo que puede ser dicho con palabras, sabrás apreciar las caricias auditivas del silencio. Te veo como mi hija, pero eso no te describe por completo. Soy tu papá, eso explica una parte de genética y ofrece valor a las experiencias que hemos vivido juntos, pero conmigo o sin mí eres alguien que no está sujeta a mis ideas o conceptos.

Eres el ser, conformas el universo y la fuente de Todo se ha vertido en ti. Al mismo tiempo eres un suspiro concreto, una mujer que respira y absorbe estas letras de un modo que nadie más puede hacerlo, pues la manera en que lo comprendes es solo tuya. Tanto tú como yo somos un himno que se canta en el aire y que ha brotado de maneras inexplicables. Cuando nos vayamos quedará el eco de nuestro canto en aquellos que lo escucharon. El conocimiento de ti conduce a la vivencia de ti. Eres una gota que forma parte del inmenso mar de lo existente, tal como el mar habita en la gota particular que eres. El universo es una gota. Goteamos todos. Saber eso y entender nuestra condición humana nos orilla a cuidarnos. ¿Qué es el cuidado de sí? Demos vuelta a la página.

13. Cuidado de sí

Se habla mucho de quererse a sí mismo, pero se invita poco a manifestar ese querer mediante el cuidado de sí. De poco sirve decir que uno se estima si sus conductas son riesgosas o se pone en peligro de manera deliberada. ¿De qué trata el cuidado y cómo debe hacerse? No podemos evitar que sucedan hechos desagradables o perjudiciales en nuestra vida, pero sí podemos prevenir y sustraer la posibilidad de que acontezcan varios de ellos. Cuando haces algo con cuidado, pones atención en los detalles de lo que estás realizando. Un jugador de basquetbol puede tirar sin cuidado y sin atención, pero será difícil que enceste cuando lo hace así. La estima que tienes hacia ti misma se manifiesta en los aspectos de tu vida que requieren de máxima atención y cuidado.

Michel Foucault, un filósofo francés del siglo pasado, aseguró que quien cuida de sí evidencia su propia ética. Cuidarte no significa que debas volverte hipocondriaca o temerosa de la enfermedad, pero vale la pena que estés en contacto con las expresiones de tu cuerpo y sus necesidades. La habilidad de tener focus (enfoque) te permite centrarte en lo importante y trabajar tu atención para distinguir lo que cada momento exige de ti. De esto se desprende la capacidad de relacionarte contigo misma y volverte responsable de tus acciones. ¿Has escuchado que algunos jóvenes culpan a los demás de lo que les pasa y aseguran que ellos no buscaron los problemas? Lo creen así, pero es posible que en varios casos les haya faltado visualizar las consecuencias de sus actos u omisiones. Si un conductor argumenta que no vio al peatón al que atropelló, no queda exento de la responsabilidad de manejar en estado de ebriedad o de distraerse mientras conducía. Del mismo modo, es un descuido de sí culpar a los demás sin tomar en cuenta lo que uno hace.

Cuidarte a ti misma no alude de manera exclusiva a las cuestiones de salud, más bien incluye la habilidad de dimensionar las derivaciones de lo que haces o dejas de hacer. En ese sentido, te corresponde cuidar las ideas que tienes porque son las que te fortalecen o debilitan en la práctica. Repetirte mensajes desagradables no te pondrá de buen humor, por más que tengas muchas cosas y circunstancias agradables a tu alrededor. No te estoy invitando a que seas una optimista descerebrada, sino a que tengas mentalidad proactiva y a que, en la medida de tus posibilidades, forjes tu estado de ánimo a partir de tu voluntad. Deseo honrar lo que creo que es verdad y no disfrazar lo que sucede en la vida, por eso te digo con toda claridad: vivirás muchos sinsabores, habrá momentos tristes y ocasiones en las que te defraudarán las personas en las que más confíes. Eso no sucederá por la maldad de los implicados, sino porque la condición humana nos conduce a ciertas incongruencias y volubilidades que se manifiestan de manera repentina. Cuando eso suceda, recuerda que necesitas cuidarte a ti misma, apreciar tu vida, buscar reconfortarte y proteger tu integridad.

Necesitarás ser creativa y elaborar un plan para salvarte en los momentos en que todo parece hacerte sufrir. Algunos convierten el dolor en creatividad y elaboran piezas de arte. Otros se orientan a la actividad física o al trabajo, lo cual es un interesante esfuerzo de canalización del malestar. Lo que no conviene es distraerse y pensar que con ello se ha superado el dolor. Hay algo que se llama duelo, el cual es un proceso que debe permitirse para significar las cosas de manera diferente e integrarse con perspectivas frescas a la nueva situación. Deberás vivir el duelo, no solo cuando mueran personas a las que quieres, sino cuando se marchen las que hayan sido importantes en tu vida. El cierre de esos vínculos no siempre es predecible y en algunos casos nos sorprende, pero el ritmo que está inscrito en las relaciones siempre lleva a un desenlace natural. ¿Recuerdas cuando terminaste la educación primaria y te despediste de tus compañeros y docentes? Igual sucede con la finalización de la secundaria y otras etapas escolares, laborales o afectivas. En ocasiones es triste, pero son cambios necesarios para seguir adelante y abrir la puerta a vivencias nuevas.

Otra de las manifestaciones del cuidado de sí consiste en conocer y comunicar los propios límites, lo cual puedes expresar de manera franca y sincera diciendo «no» a los requerimientos que no estás dispuesta a cumplir o que te reconoces incapaz de afrontar. En mi caso, de manera muy concreta, decidí no tener más hijos tras entender que tengo los que quiero tener y que no deseaba responsabilizarme de la educación de alguno más. Podría parecer una simpleza, pero es importante que sepas hasta dónde quieres llegar en ese tipo de cuestiones. ¿Acaso decidir eso así me hizo perder algo en la vida? Desde luego, ha traído diversas consecuencias, pero me corresponde afrontarlas. Del mismo modo, trato de mostrarme cordial con las personas con las que he compartido algún trecho de mi vida afectiva. Lo anterior no se debe a ningún tipo de bondad personal, sino al cuidado de mí que practico al mantener esos vínculos en el terreno de lo amistoso. ¿Lo percibes? Cuidar de ti implica sanar tus relaciones con las personas que se encuentren vinculadas a ti por uno u otro motivo. Tu madre y yo hemos hecho un buen equipo para atenderte y relacionarnos contigo, lo cual también favorece el cuidado de sí que nos corresponde. Cada uno ha hecho lo que sabe mejor y eso nos permite complementarnos. No conozco a ninguna persona que disfrute de tener conflictos todo el tiempo. Hay quienes no frenan su temperamento, pero viven agrediendo y recibiendo agresiones. Se muestran valientes y furiosos, a pesar de que los desgasta vivir de ese modo. El cuidado de sí no es lo mismo que ser sumiso ante los demás, consiste en ser inteligente y evitar molestias innecesarias.

Cuidar de sí incluye la actitud de fortalecer el cuerpo por medio del ejercicio, así como evitar explotarlo al punto de que se dañe o lesione. Por montones se cuentan los que se perjudican por querer moldear su apariencia física de manera artificial, sin dedicar tiempo suficiente al ejercicio, lo cual no supone virtud o equilibrio. Confucio, un filósofo chino que vivió hace veinticinco siglos, pensaba que debía amarse la virtud por encima de la belleza física. Creo que tenía razón, pero la mayoría de las personas se centra solo en lo que ven de manera inmediata. Si agudizamos la visión, podríamos darnos cuenta de varias bellezas distintas que habitan en la mesura y la sensatez.

No siempre es posible cuidar de sí de manera solitaria, por lo que conviene que seas capaz de pedir ayuda. En ocasiones, el orgullo nos detiene y nos confina a un alejamiento social innecesario. Pide ayuda, en primer lugar, a las personas que están más cerca de ti. En los casos en los que no tengas confianza suficiente para hablar del problema que enfrentas, busca a personas de mayor experiencia, aunque estén menos cerca. A la vez, habrá casos en que las personas de experiencia no te ofrezcan la ayuda que necesitas, de modo que tendrás que recurrir a quienes sean capaces de brindarte su sensibilidad. Esto es importante: no todas las personas, aunque sean de tu agrado, son hábiles para escuchar sin ofrecer consejo o dar sermones sobre lo que es correcto. En momentos de crisis se necesita auténtica apertura y sensibilidad. Si ninguna de las modalidades anteriores resulta eficiente, entonces pide ayuda a profesionales que se hayan especializado en aquello que necesitas y que tengan saberes concretos que no sean meras opiniones.

Un consejo lo puede dar cualquiera, por eso son gratis. Un diagnóstico, una sugerencia profesional o una observación acertada la ofrecen quienes se han preparado para ofrecerlas. El tipo de ayuda que solicites dependerá de la situación y el grado de especialización que se requiera. Recuerdo el caso de un joven que compartió información íntima con una de sus tías, confiando de manera desmedida en su prudencia; a la vuelta de tres días recibió consejos y regaños de todos sus familiares. Desesperada e incapaz de mantenerse en silencio, la susodicha compartió en secreto la información. Lo digo con más claridad: no basta con que alguien te quiera para que su ayuda sea eficiente. ¿Te das cuenta? Cuidar de ti se manifiesta al deliberar con quien compartes tus propios secretos o vivencias. Lo mismo sucede si compartes imágenes de ti que te exponen. Cuidas de ti al evitar compartir fotos o videos que no quieras que sean vistos por todo el mundo. Habrá quienes intenten aprovecharse cuando estés vulnerable, así que mejor cuida de ti en esos casos. Cada día son más las jovencitas que descuidan este tipo de cuestiones, llegando incluso a exponerse de manera deliberada. No estoy abogando por una moral puritana, sino por el sano cuidado de sí que corresponde mostrar. Que alguien diga que te quiere no lo exenta de estar mintiendo o de poder dañarte mediante una traición. Deberás discernir el grado en el que confías en cada ocasión.

Si bien he dicho que es necesario pedir ayuda en ciertos casos, ninguna ayuda será suficiente si no te convences del cambio que necesitas, o de las modificaciones que debes realizar en tu manera de proceder. Lucio Séneca, un excepcional filósofo romano, consideró que una gran parte de la curación se encuentra en la voluntad de sanar. No basta con saber lo que necesitamos hacer para mejorar, sino que es menester practicarlo. ¿Acaso alguien desarrolla su técnica en el piano sin poner sus dedos en las teclas? ¿Podemos guisar de manera suculenta si nunca prendemos la estufa? El problema no es ignorar lo que es mejor, sino elegir no quererlo. Es como saber el daño que produce fumar y pasarse el día fumando, o como memorizar los nutrientes esenciales de cada fruta y no comerlas.

Es útil cultivar la mente y desarrollar el intelecto, pero los beneficios de esa sapiencia son mayores si se agrega el cuidado del cuerpo y la salud. Esto lo sabía Juvenal, un poeta romano, quien propuso la máxima de desarrollar un espíritu sano en un cuerpo sano. Por ello, basta con observar las conductas de las personas para percibir el cuidado de sí que practican. Uno puede hablar por horas sobre conocerse y quererse, pero se desvanecen las palabras bellas y las teorías perfumadas cuando se corren riesgos innecesarios o uno se pone en peligro.

Querida hija, haz las cosas apreciando el momento y visualizando el futuro que te atrae. Cuidar de ti te permitirá cumplir con tu misión y dejar un legado a los que han nacido después de ti. Estudia para saber responder las preguntas de la vida, no para un examen. No te cuides para sobrevivir un instante, sino para vivir muchos días más. Pon atención a tus relaciones, tal como lo haces al cruzar la calle, no solo para evitar ser atropellada, sino para poder disfrutar de mayor bienestar y calidad en tu vida. No digas que no solo por miedo, sino para disponerte a hacer lo que de verdad quieres en la vida. Nútrete de manera sana, pero no solo para mejorar tu digestión, sino para contar con los nutrientes que te permitan hacer lo que deseas. Aliméntate de conversaciones interesantes y provee ingredientes sazonadores cuando tomes la palabra. Come para disfrutar el alimento y para mantener saludable tu vida. El cuidado de sí es el punto de partida para contar con el tiempo y la energía que necesitas para lograr y disfrutar lo que desees.

No evites fumar para salvarte del mal olor, sino para disminuir las posibilidades de adquirir una enfermedad pulmonar. Si evitas excesos al beber alcohol, no solo lo hagas para dormir cómoda esa noche, sino para evitar daños a tu organismo, o actuar de manera peligrosa estando ebria. Si excluyes las drogas de tu vida no solo ahorrarás el gasto que requieren, sino la adicción que arrastraría tu existencia a un precipicio. Si rechazas las relaciones sexuales sin protección, no solo evitarás embarazos no deseados, sino lidiar con enfermedades mortales. Si decides reducir al máximo tus vínculos con personas peligrosas, malhumoradas o de conciencia laxa, no será por despreciarlos, sino para exentarte de problemas o conflictos. Algunos dirán que necesitan de tu ayuda, pero lo que requieren es asistencia profesional. Y si eres una profesional de la salud física o psicológica, no convendrá que ayudes a tus propias amistades, pues eso condicionaría tu ejercicio ético.

Podría parecer ilógico que las personas muestren conductas de riesgo y se pongan en peligro de manera voluntaria, pero es así. La condición humana no nos garantiza actos metódicos y sesudos, por el contrario, nos avienta al frenesí y al exceso si no cuidamos de la vida y de la salud. ¿Notas que Sócrates tenía razón? No actuamos de manera estúpida porque no sepamos la tontería de las cosas que hacemos, sino porque no hemos reflexionado con suficiente conciencia y atención, de manera honesta, plena y sensible, en torno a la insatisfacción, frustración o tristeza que nos conduce a la incongruencia. No adornaré las cosas: la mayoría de las personas que habitamos en este mundo cargamos costales de melancolía, bolsas de descontento y amplios colguijes de sufrimiento. Las personas que no han manejado su ira tienden a lastimar. Las lágrimas crean tormentas, o se pudren por dentro cuando no son expresadas, las palabras no dichas se vuelven gritos, las aclaraciones no expresadas y las disculpas no recibidas se convierten en alaridos y ofensas que desgarran la garganta.

Poseer un poco de consideración hacia los demás podría conducirte a promover el cuidado que ellos mismos necesitan reservarse. Lo que las personas manifiestan no expresa solo lo que piensan, sino también lo que han sufrido. Toma en cuenta eso antes de juzgar a quien dice algo que se considera indebido. Te corresponde colaborar con la prevención del daño propio y ajeno. Hay quienes cargan una bomba que podría explotarles en la mano en cualquier momento. Hemos perdido el sentido de la maravilla de estar vivos y la noción de que habitamos un mundo que es hermoso y frágil a la vez. Si todos sufrimos, necesitamos proveer alternativas. Rabindranath Tagore, escritor nacido en Calcuta hace casi dos siglos, consideró que hemos sido llamados al concierto de este mundo para tocar de la mejor manera. Visto así, requerimos afinar nuestro instrumento y proveerlo de cuidados para que ejecute con calidad lo que queremos transmitir a través de él.

Mi instrumento son las letras y, durante muchos años, me esforcé por darles brillo o pulirlas. Después entendí que debía pulirme a mí mismo, de modo que no tendiera a ensuciarlas cada vez que viajaban por el filtro de mi expresión. Las palabras están para todos y expresan significados que les pertenecen, lo importante es ordenarlas y adaptarles un lugar en el baile que ejecutan todas juntas al estar vertidas en la pista de fondo blanquecino. Amada hija, nosotros también somos letras, requerimos de un sitio preciso en el cual aportar un significado a la frase que construimos junto con otros. Cuidar de ti, al ser una letra, es elegir con atención la palabra, la línea y el párrafo del que formarás parte.

Coincido con Oscar Wilde, escritor irlandés, en que amarse a sí mismo es el comienzo de una aventura que dura toda la vida. Cada uno es responsable del cuidado de sí y no hay nadie más que pueda hacerlo para exentarnos de ello. Escribir este libro no me permite garantizar que cuidarás de ti, así que he dejado a un lado semejante pretensión. No obstante, en buena medida cuido de mí al entregártelo, sobre todo porque prefiero sentir confianza en tu criterio que juzgar mi ausencia de mensajes. Me esfuerzo por mostrarte que cuido de mí. Sé que el testimonio es más didáctico que las palabras, pero en este caso mis palabras buscan ser un testimonio de lo que he debido cuidarme para llegar a este punto.

No me parece que el mundo sea solo un valle de lágrimas como algunos pretenden que creamos. Habitamos instantes que son reflejo de nuestro eco en la existencia. Nuestra civilización será juzgada según su capacidad para contrarrestar los obstáculos y las peripecias que hemos propiciado con tanto descuido. No es congruente que al cuidar de nosotros olvidemos a quienes nos acompañan en esta travesía, tal como tampoco es oportuno hacer a un lado las propias necesidades mientras colaboramos con otros. La solidaridad no solo construye sociedades saludables, sino que nos permite aportar lo que somos y lo que sabemos para favorecer el cuidado de otros sobre sí. ¿Bailamos el siguiente vals mientras charlamos de esa posibilidad?

14. Solidaridad

¿Has sentido alguna vez la satisfacción de ayudar a alguien? No se trata de un orgullo falaz o superfluo, sino de un sentimiento de congruencia. Desde luego, no hay ningún castigo para quien decida no prestar su ayuda, y eso explica que la solidaridad sea voluntaria. Realizar algo que el otro no puede hacer por sí mismo es distinto que suplirlo en lo que sí es capaz de hacer. En el primero de los casos, la ayuda tiene justificación; en el segundo, cuando sucede de manera reiterada, ocasionamos que el otro no se haga cargo de lo que le corresponde. Dicho de otro modo: el cuidado de los demás, o la ayuda que brindamos, no debería impedir el cuidado de sí que corresponde a cada uno.

Ser empática con los demás no implica que cargues con ellos o te responsabilices de sus conductas. La compasión es padecer junto con otro, lo cual es más profundo que empatizar. Por supuesto, ser empática y compasiva no es algo sencillo en un mundo en el que la mayoría de las personas están centradas en sí mismas o en el logro de sus propios intereses. La compasión es producto de la sensibilidad que uno cultiva en sí mismo. Sentir el dolor de otros no se suscita por arte de magia y no es del todo placentero. No basta con saber de manera intelectual que eres parte de un universo que incluye a todos los humanos; el paso siguiente es conectar con los otros y captar lo que les causa molestia. Sensibilizarse con el sufrimiento ajeno provoca, en algunas ocasiones, el intrépido impulso de hacer algo para mejorar las condiciones existentes. Los budistas comprometidos no solo viven la compasión hacia otras personas, sino hacia la totalidad de los seres vivos, por eso es por lo que muchos de ellos eligen dejar de comer carne de animales, en el entendido de que eso provoca una industria que les causa dolor. Elegir la opción vegetariana no es algo exclusivo de los budistas, en ciertos casos resulta benéfico adoptarla por temporadas o de manera definitiva según lo elija cada cual.

La solidaridad conduce a la colaboración con otros individuos para el logro de objetivos comunes. No solo se comparte lo material, también puede ofrecerse comprensión, apoyo o sostén emocional. Si bien el nombre de varios partidos políticos del mundo alude de manera directa a un supuesto carácter solidario, no siempre se asocia una cosa con la otra. Desde luego, resulta llamativo que en la política se incite a la solidaridad, pero solo podrá aludirse de manera genuina si los partidos ven más allá de sus propios intereses y proponen o defienden el bienestar de la ciudadanía cuando han llegado al poder.

Émile Durkheim, un gran sociólogo francés, distinguió que cuando la solidaridad es orgánica existe interdependencia entre los individuos que conforman la sociedad, de modo que cada uno aporta sus habilidades y entrelaza sus saberes con los de otros. Tal como un ser vivo requiere de órganos que cumplan funciones específicas, la sociedad se desarrolla cuando cada individuo ofrece lo mejor de sí. Cuando no existe concordancia o simetría se produce anomía, lo cual significa que la sociedad se ha vuelto incapaz de ofrecer lo necesario para el bienestar de los individuos. La desarmonía social conduce al desánimo personal, a menos que surjan lazos de solidaridad colectivos. La idea detrás de esto es que cada uno tiene habilidades y talentos diferentes, de modo que podemos servirnos unos a otros ofreciendo lo que sabemos hacer.

Ser congruentes con lo que debemos hacer nos conduce a la colaboración. La armonía se reproduce cuando existe coincidencia entre el propio talento y las acciones que ejecutamos. Si vives satisfecha, no tendrás que competir de manera destructiva u obsesiva, sino que apreciarás los logros ajenos. En el mundo de la música existen dos compositores que han sobresalido por su especial capacidad: Joseph Haydn y W. Amadeus Mozart. Resulta encomiable que, a pesar de que ambos habitaban en Viena durante la misma época, no tuvieron rencillas entre sí. Haydn era un adulto cuando Mozart, aún adolescente, comenzó a sobresalir. A pesar de saber que el nuevo prodigio podría superarlo, invitó al padre de Mozart, llamado Leopoldo, a desarrollar el inigualable talento de su hijo. Sin nimiedad alguna, aceptó que ese muchacho era el mejor compositor que había conocido en la vida. Años después, Mozart otorgó a Haydn el título honorífico de «Papá», lo cual muestra el respeto que sentía hacia él. ¿Te das cuenta? No necesitamos menospreciar a otros para engrandecernos. La estatura del talento personal no requiere de comparaciones. Tu propia medida es tratar de superar lo que vas logrando cada vez. La única rúbrica es retarse y avanzar. El triunfo de otros no supone una desventaja, sino una motivación.

El respeto, como expresión de solidaridad, no solo se muestra al honrar las capacidades ajenas, sino absteniéndose de violentar el ritmo del otro. Resulta sensato esperar que cada uno actúe conforme a lo que es capaz de hacer. Exigir que los demás muestren habilidades que aún no poseen es irrespetuoso. Te contaré enseguida una fábula que nos muestra la cualidad de la que hablamos. Cierto día, un gran león dormía a la sombra de un árbol. Un diminuto ratón pasó corriendo y, por descuido, tropezó con una de las garras del rey de la selva. El león despertó y miró al roedor asustado. Sin pensarlo demasiado se dispuso a comérselo, pero el ratón le prometió que, si lo dejaba vivir, lo ayudaría ante alguna necesidad. Orgulloso de su fuerza, el león no pudo más que reírse de la petición del ratón, pero decidió no comérselo en virtud de su ocurrencia. A los pocos días, el león quedó atrapado en una red que habían colocado algunos cazadores. Luego de mucho esfuerzo, no logró liberarse y cada vez se enredaba más. De manera casual, el ratón lo encontró en esa fatídica circunstancia y se acercó para ayudarlo. Con maestría, el pequeño animalito cortó las cuerdas con sus afilados dientes y salvó al enorme felino. A pesar de haberse reído de él, el león reconoció que debía su vida a las habilidades de un pequeño ratón.

Como podrás notar, la narración de Esopo muestra que nadie es tan pequeño como para no hacer algo grande. Algunos a quienes hayas ayudado te brindarán su colaboración en los momentos en que tú lo necesites. Esto no es regla, siempre habrá quienes volteen su mirada en tus situaciones de apremio, por más que hayas entregado tus energías para sus causas. El amigo cierto se prueba en los acontecimientos inciertos, solía decir Fernando de Rojas, escritor español. Otras veces, aunque muy contadas, surgirán personas por quienes no hayas hecho algo concreto y aun así te ayudarán sin esperar recompensa. Asimismo, la ocasión de actuar como ángel en el camino de los demás se presentará varias veces en tu vida si estás atenta a percibirla. Suena heroico hacerlo siempre así, pero necesitas ser precavida y dejar que en algunos casos el otro se ayude a sí mismo. Dar espacio a los demás también es un acto solidario, pues algunas veces los ayudamos al no interrumpir su desempeño. Solo un buen amigo es capaz de comprender que su presencia puede llegar a molestar, según afirmó Noel Clarasó, guionista de cine español. ¿Ha habido momentos en los que necesitabas estar sola para aclarar las cosas que estabas pensando? Estás en todo tu derecho de hacerlo así, tal como los demás cuando lo requieran.

Querida hija, los demás no están forzados a caminar por los sitios que tú conoces, permite a cada cual encontrar su camino. Tampoco es buena idea obligar a las personas a hablar de sus problemas o conflictos cuando no están listas, o exigir su decisión cuando no han logrado pensar las cosas de manera suficiente. Nadie que ame a otro le exige ser distinto de quien es. Eso sí, todos podemos mejorar y puede incitarse a que eso suceda, pero eso es diferente a forzar al otro para que modifique de raíz su manera de ser. Si alguien te exige, en nombre del amor, que realices conductas con las que no te sientes cómoda, o que hagas algo que entorpecerá tus planes, quizá puedas poner en duda el amor del que se haga mención.

Encontrar personas con las que compartes intereses comunes es muy disfrutable. Esforzarte de manera conjunta por un plan colectivo te permitirá obtener nuevas fuerzas y no procrastinar. No trates de relacionarte solo con quienes piensan como tú, pero cuida que aquellos que te rodean no actúen en tu contra. Pon atención a tus intenciones y si alguna vez encuentras motivos para ofender a otra persona, piénsalo dos y hasta tres veces. Te favorecerás a ti misma si controlas el impulso de agredir, a menos que no quede otra opción y se trate de una legítima defensa. En general, según mi experiencia, nos arrepentimos de algunas cosas que hacemos, pero mucho más de las ayudas que no brindamos en los momentos adecuados. Una palabra amable, una visita oportuna, una sonrisa reconciliadora, una palmada de apoyo o un reconocimiento sincero son riquezas que puedes ofrecer a los demás y que son bien recibidas la mayoría de las veces. Dar regalos de ese tipo no te empobrece, sucederá lo contrario. Me ha sorprendido que algunos amigos recuerdan, tras varios años, algún gesto amistoso de mi parte o una frase con la que reconocí sus cualidades. Un apoyo sincero o una grata muestra de aprecio se adhieren en la conciencia ajena con el más fuerte de los pegamentos.

Tú sabes bien lo que significa ser parte de un equipo y las ventajas que otorga recibir el apoyo de otras personas. Del mismo modo, cada vez que hagas algo por alguien te fortalecerás. Ahora bien, si esa ayuda es desmedida, puede existir un vaciamiento de ti, así que necesitas estar atenta y saber clarificar tus límites. Ser solidaria con quienes congenias no te será muy complicado, pero existe aún mayor virtud en hacer cosas favorables por quienes no son parte de tus propios grupos. Desde luego, tal como advirtió Aristóteles, los que intentan tener muchas amistades y se muestran íntimos con todos terminan por no ser amigos de nadie. Es natural que se tenga alguna predilección por quienes tenemos afinidades.

Si bien es llamativo competir de manera deportiva con otros países, como sucede en las Olimpiadas o en los mundiales de Soccer, no debería ser regla considerar al nativo de otro país como alguien extraño y mucho menos como enemigo. En virtud de que todos somos humanos que habitan el mundo, sería lógico y esperable que respetemos los derechos de los demás, que señalemos las injusticias y que nos manifestemos en contra de la desigualdad. Algunos países se muestran solidarios cuando aportan recursos a las naciones que sufren desgracias naturales, lo cual es un testimonio que podemos replicar entre los individuos cuando somos capaces de comprender la desgracia ajena sin importar la nacionalidad. Es lamentable, querida hija, que la ausencia de solidaridad impida que eso suceda en la mayoría de los casos.

Construir lo que ha sido destruido y colaborar en la edificación de la sociedad nos ofrece sentidos para la vida. No solo destruimos a otros cuando los dañamos, sino que desperdiciamos el propio talento. En ocasiones, es fácil juzgar que algunas personas merecen ser lastimadas, o nos inducen a ello de varias maneras, pero recuérdalo: el dolor que provoques regresa a ti no porque sea una regla de justicia universal (que algunos llaman karma), sino porque al lanzar un dardo desaprovechas el potencial constructivo de tu mano. Todo esto no significa que debas ser amiga de todas las personas, puesto que las amistades requieren atenciones y no es posible ofrecer lo mismo a todos los que te rodean. Incluso William Shakespeare, escritor inglés, consideró que mucha amistad es simulación y mucho amor es locura. Por supuesto, afirmar algo así no nos invita a perder el respeto por las personas o desear su malestar. Estoy seguro de que no tienes afinidad hacia todos (porque nadie lo vive así), de modo que no te desgastes intentando ser dadora de amor universal. Nadie tiene el tiempo y la energía para amar a todas las personas, así que quien se presenta de esa manera no es más que un farsante. No te pases la vida tratando de satisfacer la interminable lista de exigencias de todos los que desean ser amados. Respeta a los más posibles, desea lo mejor para todos, pero sé amiga de quienes elijas y ama a quien logre que no puedas evitarlo.

A un paso más allá de la solidaridad se encuentra la lealtad. En este caso hablamos de una entrega mayor y mucho más profunda hacia quienes forman parte de un grupo con el que hemos construido una relación enriquecida de varias maneras. La lealtad cabe tenerla hacia la familia sanguínea o las fraternidades que elaboramos con el paso del tiempo. ¿Has tenido alguna vez la convicción de que pase lo que pase tendrás disposición para ayudar a ciertas personas o instituciones? Eso, querida hija, es la manifestación de tu lealtad. Cuando somos leales no necesitamos que las personas vivan sus mejores momentos para estar con ellas, sino que las acompañamos incluso en las peores tempestades.

Una interesante anécdota al respecto, contada por Walter MacPeek, formador de *boy scouts* o infantes exploradores, alude a dos hermanos que luchaban en un combate. A pesar de defenderse entre sí, uno de ellos cayó herido por el enemigo en el campo de batalla. El resto de la tropa escapó tras percibir que estaban en desventaja. El que salió ileso se percató de que su hermano no había llegado al sitio de resguardo, así que pidió autorización al oficial para regresar por él. No obstante, el militar le respondió con frialdad que no tenía caso hacer eso, puesto que lo más probable es que su hermano hubiese muerto. A pesar de ello, tras mostrarse insistente, se le permitió al soldado intentar su cometido. Luego de un rato regresó con su hermano a cuestas, pero al poco tiempo de recostarlo lo observó fallecer. Con poco tacto, el oficial lo regañó por arriesgar su vida en un caso perdido. Sin embargo, el soldado explicó que no actúo en vano, pues su hermano le dijo antes de morir: «Sabía que vendrías». El valiente joven se aseguró de que su hermano no se sintiera abandonado en su último suspiro.

Sofía, siempre habrá alguien que esperará algo de ti y confiará en tu lealtad. No te pido que hagas actos similares porque estoy seguro de que los harás por tu cuenta. Cada vez que has ayudado a tu hermana, sabiendo que te necesita, has aumentado tu nobleza y agudizado tu sensibilidad para captar la urgencia ajena. Ella sabe que la ayudas y aprecia lo que haces a su favor. No tengo ninguna duda de que, aunque no siempre lo exprese, en su interior experimenta satisfacción y felicidad por saber que cuenta contigo. El soldado agonizante supo que su hermano regresaría por él y que no lo dejaría a merced de las tropas enemigas. Estaba seguro de que no sería abandonado y no lo fue. Estando ensangrentado y adolorido, no festejó con efusividad la llegada de su hermano, pero percibió su lealtad en lo que hizo por él. Tu hermana siente algo similar cuando utilizas la fuerza de tu cariño para complementarla o colaborar con ella en lo que necesita. Ella estaría segura de que irías por ella en medio de una batalla, a pesar de las más estruendosas bombas o las más agudas ráfagas.

Si los hermanos y hermanas ofrecieran sus cualidades entre sí, con entera y genuina lealtad, te aseguro que las sociedades funcionarían de mejor manera. Las familias en las que los pequeños compiten por ser los más queridos, muchas veces alentados de manera torpe por sus progenitores, terminan divididas tarde o temprano. Papá y mamá siguen errando cuando dicen que aman a sus hijos de la misma manera, pues el amor no tiene longitudes o métricas comparables: cada uno necesita sentirse amado según su personalidad. Los infantes que crecen sin sentirse amados, o que viven con incertidumbre respecto a su propio valor, terminan siendo adultos que no sintonizan con las actitudes solidarias. Por supuesto, hay quienes aprenden a lograrlo a través del sufrimiento, conectando con quienes han vivido cosas similares, pero antes debieron nutrirse de distintas maneras a sí mismos. En caso de que algún día elijas ser madre, ama a tus hijos e hijas de manera personal y muestra con tus actos lo importantes que son para ti. Escúchalos, oriéntalos y no intentes convertirlos en robots que van en busca de logros para sentir que son dignos de cariño y comprensión. Incluso si no eres madre, entiende a los adolescentes a partir de este precepto y ama a quien elijas por lo que es, no para forzarlo a convertirse en el ideal que tengas en mente.

Querida hija, no deseo que pienses que te estoy invitando a ser santa, a que te olvides de ti o seas un ejemplo de bondad nunca antes visto. Lo que me interesa es mostrarte que eres una persona capaz de destruir y construir. Tienes un par de manos que pueden edificar o demoler. Tus palabras tienen la fuerza de causar agrado o de inhibir. Puedes encontrar oportunidades para ayudar u ocasiones para lastimar. Posees la opción de crear soluciones o causar problemas.

El lugar que habites no estará oscuro si portas la luz, pero se volverá tenebroso si destrozas las velas. No espero que seas una especie de Robin Hood en versión femenina y debe quedar claro que favorecer al infeliz no implica desgraciar al afortunado, según indicó Baltasar Gracián. Muchos consienten que el fin justifica los medios, pero también los medios deben ser evaluados.

¿Crees que pueda haber algo aún más allá de la lealtad? Se llama devoción. Una persona devota muestra profundo respeto hacia las virtudes o la integridad de una causa, institución o persona. Eso debe elegirse con supremo cuidado. ¿A qué le soy devoto? A Eso que me permite despertar cada mañana, al milagro que permite mi existencia y que me dota de conciencia para vivir las experiencias de cada día. Eso que no tiene nombre y que me satura con su misterio. Soy devoto de la opción humana de mostrar devoción hacia aquello que elijamos. Hay quienes son devotos irreversibles de sus creencias y apoyan sin medida a quienes no lo merecen. Por eso es tan importante distinguir entre la devoción y el fanatismo, el cual se caracteriza por dejar de razonar al estar obsesionado por la causa que se apoya. Cada vez que se comienza a perder el piso resuena la necesidad de ser flexibles.

Distinguiéndose de lo rígido, lo flexible se modifica sin perder la esencia de lo que es. ¿Has notado que las ligas regresan a su posición original luego de estirarse? El mismo principio opera en los grandes puentes del mundo: no son por completo estáticos, sino que han sido diseñados para adaptarse a las ondulaciones del suelo. Así como la liga y los puentes ejercen su flexibilidad para no romperse o derrumbarse, las personas requerimos ser flexibles para aceptar o provocar los cambios necesarios a fin de mantener la vida o conservar la cordura. Te invito a que hablemos de la apertura en la sección que sigue.

15. Apertura

Una de las distinciones más claras entre la actitud ética y el rigorismo moral es que con la primera se muestra mayor flexibilidad en los juicios y en las maneras de entender las cosas. Cuando alguien es flexible ofrece su disposición para conocer ideas diferentes. No se trata de que al conocerlas se acepten, pero al menos se toman en cuenta. Si bien la flexibilidad y la disposición son importantes, ambas se fundamentan en la apertura de la persona hacia lo que se encuentra a su alrededor. Desde luego, hija mía, la apertura no es solo la condición de ser afectados por lo exterior, lo cual nos corresponde como humanos. Lo que sucede en el entorno nos afecta, así que en cierto modo nos caracteriza una apertura inevitable. No obstante, la vulnerabilidad que hemos adquirido al nacer, exponiéndonos de manera continua al ambiente, no es lo mismo que estar dispuestos a encontrarnos con algo o alguien más.

La apertura nos empuja a trasladarnos hacia lugares diferentes, entendiendo que la vida es un viaje. Desde luego, eso no se satisface con subirse a un tren, un avión u otro medio de transporte, sino que requiere de la actitud de aventura y aprendizaje que corresponde a los viajeros. A diferencia del turista, que se interesa por estar en lugares emblemáticos que atraen a la mayoría de la gente, un viajero anhela absorber algunos de los saberes que han sido cultivados por los que residen en el sitio al que visita. Cuando te abres a una cultura diferente, te vuelves capaz de enriquecer tu visión de las cosas, además de engrandecer tu propio foco de percepción. Saborear matices diferentes en la comida, así como escuchar música distinta y regodearte con los colores de una ciudad desconocida, activa en nuestra mente conexiones tan intensas que incluso años después recordamos los sucesos como si solo hubiesen pasado unos días.

Si lo analizas de manera global, nuestra vida es un viaje que dura más tiempo: el que marca nuestra presencia en este planeta. ¿Lo habías pensado? Quizá venimos de otro sitio y nuestra manera de ingresar a este mundo es a través de un cuerpo compuesto de carne, músculos, vísceras y sangre. Tal como entregamos el pasaporte cuando viajamos, al final de esta existencia devolveremos nuestra indumentaria terrestre. Visualizar la vida como el tiempo de un viaje no solo te invita a tratar de gozarla más, sino que te hará entender que la felicidad es una actitud para viajar, nunca una meta. La verdadera meta del viaje es morir, entendiendo que ese es el cierre o el culmen del viaje. De tal manera, tener como meta ser felices no resulta lógico. ¿Vale la pena esperar hasta el final del recorrido para disfrutar? Me parece preferible gozar el trayecto que elegimos, no solo el lugar al que nos conduce.

También puedes manifestar apertura al buscar respuestas diferentes de las conocidas. Ese es el fundamento de cualquier proyecto de investigación. He conocido académicos que llevan a cabo investigaciones cuya respuesta conocen desde el principio. ¿Observas la simulación? No alcanzan a distinguir la diferencia entre buscar razones para mantener las mismas ideas y encontrar respuestas sólidas que confronten y contradigan lo que han pensado. La investigación rigurosa es la segunda porque en ella no se condiciona el resultado mediante la voluntad del investigador.

Cuando tenía dieciocho años era militante de una religión en la que se me formaba para convertirme en predicador. A otros y a mí nos enseñaron que nuestra razón para estar vivos era anunciar a los demás lo que se encontraba en un libro sagrado. Recuerdo que un director espiritual, como se les suele llamar en esos ámbitos, me preguntó qué era lo que más deseaba en la vida. Él esperaba que yo repitiera lo que se nos había enseñado, pero se inquietó cuando afirmé que quería dedicarme a buscar la verdad. El religioso me dijo, con expresión solemne, que la verdad ya había sido expresada en la Palabra de Dios, de modo que cualquier búsqueda posterior era inútil e innecesaria. Algo así cerró a otros la puerta de su indagación, pero en mi caso intenté mantenerla abierta. En ese momento respondí que Dios no nos habría creado si su intención fuese remitirnos de manera exclusiva a un libro. Alegué que no existiría la belleza del mundo y que no nos encontraríamos con los demás si no estuviese ahí la respuesta de diversas cuestiones que complementan lo que dice la doctrina. Señalé que conocemos lo absoluto a partir de lo pequeño y que no deberíamos desperdiciar el regalo del raciocinio que el Señor nos había ofrecido. No te contaré la mirada que recibí de mi asesor, pero tras dos décadas continúo recordándola y la he visto repetirse en varios rostros más. Hija mía, lee con atención: si la fe cierra puertas, no es fe. Si la creencia nos vuelve tan obstinados como para excluir a quienes no profesan nuestro credo, nos hemos convertido en fanáticos. Si suponemos que poseemos toda la verdad posible, no somos más que ignorantes. En vez de repudio y rechazo, nos corresponde mostrar apertura e interés genuinos.

Una tercera muestra de apertura es abrazar la inspiración o prepararse para crear. Varias personas afirman no ser creativas, como si su destino fuese padecer esa carencia. En cualquier caso, existen personas que muestran apertura y otras no. Algunos permiten que los destellos de genialidad lleguen a ellos, otros se justifican ante su indisposición. No creas que basta con tener voluntad, la inspiración consiste en trabajar todos los días, según reconoció Charles Baudelaire, poeta francés. Algunas otras veces te sorprenderá que salir a dar un paseo, caminar o contemplar la naturaleza te aportará la focalización que necesites.

En la mitología griega existen divinidades inspiradoras que son capaces de orientar a los creadores de arte. Las musas de antaño se han jubilado y la inspiración no se reduce a voces que llegan desde el exterior de nuestra mente. Sean doncellas que bailan con sensualidad o temibles monstruos nauseabundos que buscan destruirnos, lo que creamos se asocia con lo que hemos vivido o deseado, de modo que es necesario abrirse a reconocer lo más recóndito que anida en los abismos de lo que somos. Jorge Luis Borges, escritor argentino, solía decir que la imaginación está hecha de lo que aporta la memoria. Visto así, necesitamos aceptar lo que brota de nuestro pasado para lograr imaginar. Si hacemos eso, se volverá poco importante si las musas son quienes conectan nuestros recuerdos, o si es por ellos por los que creemos en las musas. Lo significativo es que el ingenio necesita del carácter que nos abre de par en par hacia quienes somos de verdad y hacia lo que sentimos.

Quien se ha abierto a la inspiración también lo hará a las nuevas ideas. Ahora mismo, cuando digo nuevas, no afirmo, como varios lo hacen, que todo lo dicho por los autores del pasado ha sido superado; considero lo contrario: necesitamos nuevas maneras de aprovechar lo que otros han dicho en sus escritos, así como frescas adaptaciones de lo vertido con anterioridad. Concluir que la filosofía ha muerto es una evidencia de la confusión de quienes lo dicen sin conocerla. Pensar que su antigüedad la ha vuelto obsoleta es cegarse ante la movilidad de sus beneficios. Sigue habiendo motivos para reflexionar y mostrar criticidad, pero el común afán por lo novedoso e inmediato desestima los aportes que se añejan en los rincones del olvido. Demasiada sabiduría ha sido abandonada en las bibliotecas o rechazada por no existir en versión digital. Es triste que algunos niños no sepan lo que es un libro.

El problema de la falta de lectura no se reduce a que las personas no tengan pasatiempos edificantes, sino que se desperdician ideas brillantes que podrían ser rescatadas del olvido para aplicarse en la resolución de problemas actuales. Julio Verne, novelista francés, pensaba que aquello que un autor puede imaginar sirve para que otros lo hagan realidad. Es irrespetuoso esperar que el valor de una idea se reduzca a la aplicación que de ella haga quien la ofreció. Cada ciudadano tiene un mar de respuestas a su alcance, solo necesita adecuarlas a la situación que vive.

La sola noción de que podemos aprovechar miles de años de escritura y el testimonio de tantos autores que han dejado la herencia de sus letras debería ser suficiente para romper nuestra inercia apática. Me desgasta pensar en la multitud de personas para quienes solo es verdad lo que está en las redes sociales o lo que se exhibe en YouTube. Hay tanto arte que sigue subterráneo y tanta vanguardia excluida que provoca pena encontrarse con adolescentes que reproducen la basura comercial que pulula y se ofrece al precio de un solo clic. ¿Habrán pasado de largo que hasta Hagrid le pide al pequeño Harry Potter, en el famoso libro de J. K. Rowling, que tenga apertura para aprender de su estancia en Hogwarts? Incluso Hermione tiene disposición a conocer lo que transmiten los libros más empolvados y con ello salva varias veces la vida del protagonista. Las hazañas maravillosas no se realizan a través del músculo o mediante la noción de haber sido elegidos por un gran ser superior, sino a través de la apertura hacia lo desconocido y el ingenio que a ello nos convoca. No necesitamos ser magos para descubrir que somos magia que se orquesta a cada latido.

En caso de que elijas inspirarte o acceder a ideas novedosas, necesitarás mostrar apertura ante las distintas maneras de entender la vida. La gran mayoría sigue estándares comunes y adecúa su existencia a lo que observa que hacen los demás. A esas personas les parecerá inusitado, incluso raro, que pienses o actúes diferente, pero jamás hubo un gran ingenio sin un poco de locura. Séneca, el filósofo romano que aludió lo anterior, entendió que no atarse a las maneras convencionales de regir la propia vida ocasiona al mismo tiempo recelo y admiración. Querida hija, habrá momentos en los que necesitarás elaborar nuevos proyectos que sustituyan a los anteriores, ya sea porque notaste que no deseas mantenerlos, o porque percibiste que dejaron de ser convenientes. Si logras adaptarte a las circunstancias que surjan de manera imprevista, podrás evitar contratiempos y fluir con mayor disposición. Cambiar algunos proyectos no significa que seas cobarde, significa que eliges visualizarlos de manera distinta. En otros casos no necesitarás cambiar tus proyectos, sino ajustar algunos detalles para su realización. En suma, puedes tener planes y no lograrlos, pero si no tienes ningún plan, no podrás evaluar hacia dónde diriges tu vida.

Si optas por mantener algunos de tus proyectos, te será útil estar abierta a distintas opciones de concretarlos. Algunas de tus reglas podrán adaptarse a las circunstancias de cada ocasión. Esa flexibilidad no te conduce a tergiversar tu proyecto, más bien te permitirá sostenerlo en momentos de tempestad. Te toparás con muchas personas que creen tener respuestas para todo, pero la verdad es que no ha nacido alguien que pueda decir tal cosa de sí.

Albert Einstein, uno de los más notables científicos, consideró que la imaginación es más importante que el conocimiento, incluso en los momentos de crisis. Lo anterior no debe entenderse mal, el conocimiento nunca debe ser excluido, pero es insuficiente sin cierta dosis de imaginación y creatividad. Si cuentas con apertura para conocer, crear e imaginar, bastará con mantenerte activa y enfocada. Pablo Picasso, pintor español, dijo que solía aprovechar la inspiración porque al llegar lo encontraba trabajando. Si no estás en lo que debes de estar y no atiendes el llamado de la inspiración, se irá para buscar alguien más que la acompañe.

Te será más fácil mostrarte abierta ante creencias diferentes si aprendes que no hay reglas definitivas para la propia vida. ¿Cómo puedes encontrar tus propias reglas? Intentando, errando y corrigiendo. No hay recetas supremas que sirvan a todos del mismo modo. La vida de cada uno es una historia que se cuenta solo una vez. Tal como nuestro paladar reacciona distinto a los ingredientes de cada banquete, las vivencias reportan sensaciones que son vividas de manera particular. Cuando saboreas tus alimentos favoritos, los degustas de un modo que solo tú experimentas. Aunque varios disfruten del mismo platillo, la vivencia de cada bocado acontece en cada individuo. Del mismo modo, las creencias se saborean diferente en cada boca. No te invito a juzgar las creencias de los demás, sino a evaluar cuál de tus creencias debe mantenerse o cuál es mejor que se diluya. El mandato de que las creencias son para siempre es también una creencia. Habrá que entenderlo de una vez por todas: nada es para siempre, ni siquiera el universo y mucho menos nuestra vida.

Tras abrir esa puerta conviene aludir al enorme espacio inhabitado de lo que desconocemos. No solo me refiero a lo que existe en el plano cósmico, sino a la serie de misterios que no hemos podido descubrir o explicar. ¿Dónde o qué habitábamos antes de nacer o a qué sitio vamos al morir? Algo así se preguntó Octavio Paz, escritor mexicano, cuando afirmó de sí que estaba vivo entre dos paréntesis. ¿Acaso no es grandiosa esa expresión? Somos un breve espacio que está circundado por los abismos del antes y el después. Sé que para muchos no tiene sentido disponerse a saber sobre este tipo de cosas, pero también merecen nuestra atención, por más que nos distraigamos con tanta información cotidiana. ¿Alguien sabe dónde estaremos al morir? Quizá los que ya han partido podrían comunicarnos algo, o quizá no. Estar abierta a lo desconocido te permite mantenerte alerta ante lo inesperado que adviene a la vida diaria.

Nadie puede esperar lo que no prevé. Aun así, es importante mostrar apertura ante una enfermedad que acontece sin avisar, una lesión que acaba con los planes o una contrariedad que obstaculiza lo que deseamos. Estamos sometidos a contingencias de varios tipos, tanto situaciones inesperadas como necesidades que detonan sin que estemos prevenidos. Basta con mencionar la pandemia que se produjo en nuestro planeta desde finales de 2019, la cual modificó hasta las más estrictas agendas, incluyendo el festejo de tu décimo quinto cumpleaños. Ahora mismo escribo frente a la pantalla sabiendo que el número de contagios aumentó en varias partes del mundo. ¿Acaso existe un orden detrás de eso o tan solo se trata de caos? Resulta peculiar que las próximas generaciones evaluarán qué cosas tomaron un nuevo rumbo a partir de este ahora y cuáles otras dieron paso a nuevas maneras de proceder. Mostrarse inflexible ante circunstancias que escapan de nuestra planeación no solo es rigorista, sino absurdo. Estar abierta ante lo inesperado activará en ti una pequeña compuerta para comprender los contextos y proceder conforme a ellos. No se trata de someterse al vaivén de los acontecimientos, sino de tomarlos en cuenta e incluirlos en el escrutinio sobre lo que te corresponde decidir.

Deseo que tengas las agallas y la valentía de abrirte a lo inesperado. Es muy probable que no me encuentre a tu lado cuando surja alguna situación compleja o desafortunada. En caso de que ese sea el tenor de las cosas, recuerda que la apertura será más útil que la obstinación o la inflexibilidad. Obsérvate con calma y asume el rol de quien sabe en qué momento tomar medidas drásticas y en cuál otro esperar. Reconócete audaz y percibe los detalles o matices que a otros les parezcan invisibles. En el caso de que te equivoques o lo pierdas todo, acéptate como alguien que tiene el derecho de volver a intentarlo. Cada persona en este mundo experimenta preocupación ante los problemas, pero estos se vuelven insufribles si les sumamos incomprensión y rechazo por falta de aceptación. Abrirse al hecho de que cometemos errores no es lo mismo que desear el fracaso, por el contrario: implica el compromiso de corregir lo que hemos hecho de manera inapropiada.

He dicho que es importante mostrar apertura hacia lugares, respuestas, creencias, ideas y maneras de actuar diferentes, así como a la inspiración, hacia lo desconocido y lo inesperado. No obstante, cada una de tales será parcial si no agregamos una de las más importantes: mostrar apertura ante otras personas. Bastará con que solo una de ellas sepa escucharte para que aprecies el valor de salir de tu propio cuartel. Te resultará motivador que otros muestren interés por lo que dices y tengan genuina apertura hacia ti. Cuando recibas algo así, trata de responder con tu propia disposición hasta el límite que elijas.

Habrá quienes no estén de acuerdo contigo y no tengan intención de abrirse hacia ti, así que no intentes abrirlos a la fuerza como si fuesen nueces, mejor acepta su distancia y encuentra tu bienestar. Quienes no piensan como tú no están ni errados ni cerrados, tan solo están abiertos a cosas distintas. En cada ciudad hay personas que no llevan a cabo acciones en favor de los demás o de la comunidad y que generan división o desean acaparar todo para ellos. Incluso en esos casos complejos y difíciles, muestra apertura para comprender el motivo de su indisposición.

Por último y muy importante: cuando la apertura es total o poco selectiva, se corre el riesgo de volverse vulnerable. Ciertos daños son inevitables al vivir en sociedad, pero te pones en mayor riesgo si de manera habitual te abres por completo en todos los momentos y ante todas las personas. Vivir con otros nos expone, lo cual es inevitable. Mostrarnos abiertos ante quienes desean lastimarnos nos acerca demasiado a la ruina. La amargura y los destrozos serán menores si la precaución modera tu apertura. La criticidad colabora con la prudencia, y esta hará que las puertas se cierren cuando el peligro es latente. ¿Recibes el mensaje? La apertura es útil, pero se torna imprudente si es indiscriminada.

En un relato que Homero contó en *la Ilíada*, hace casi 3000 años, se dice que los guerreros aqueos habían perdido una contienda con los troyanos. Días después, reconociendo su derrota, los aqueos presentaron ante las puertas de Troya un gran caballo de madera. Sintiéndose halagados, los troyanos pensaron que se trataba de una petición de tregua e introdujeron el gran caballo en la ciudad. Algunos de los astutos aqueos estaban escondidos en el hueco interior del enorme artilugio de madera y a medianoche descendieron de ahí para asesinar a los guardias troyanos que dormían plácidamente. Tras abrir las puertas de la ciudad, el ejército aqueo venció de manera definitiva a sus adversarios en la ciudad de Troya. Esta narración, luego expuesta por Virgilio en *la Eneida*, se alude para señalar la trampa que está detrás de las apariencias.

Si bien algunos aún discuten la posible veracidad de estos hechos, suele ser casi unánime la conclusión de que se trata de un mito. Lo anterior no disminuye el valor de las moralejas. ¿Qué causó el descuido de los troyanos? Los engañaron a través de una caricia a su orgullo. Igual sucede en el mundo cotidiano: la mayoría de los embaucadores hacen creer a la víctima que es merecedora de alabanzas, elogios y premios. Es comprensible abrirse ante ese tipo de tratos, pero el daño y las verdaderas intenciones emergerán en algún momento. No es casualidad que en el mundo cibernético existan programas o aplicaciones que son llamados troyanos y que infectan las computadoras a pesar de mostrarse inofensivos cuando algún incauto los descarga.

La cualidad de saber cerrar las puertas no te vuelve elitista, sino selectiva. Algo que siempre está abierto pierde su razón de ser. No es útil una puerta o una ventana que se mantiene sin uso, si tal fuese el caso sería mejor removerla. La boca nos permite pronunciar discursos maravillosos, pero habrá ocasiones en que resulte conveniente mantenerla cerrada. La mosca entra en las bocas abiertas. Los ojos que no se cierran sufren resequedad. No es posible estar siempre alertas, necesitamos dormir para que el sueño nos desconecte o nos apague por un rato. Aislarse por un tiempo de las redes y el internet, por más inaudito que parezca a algunos cibernautas, es tan sano como necesario. La apertura absoluta no siempre es buena consejera.

Es probable que ahora mismo me preguntes cómo podrías distinguir qué es lo que merece de tu apertura y ante qué cosas es mejor construir un muro. Si bien la sabiduría nos conduce a la apertura, también clarifica las ocasiones en que debemos cerrar las puertas de nuestra ciudad interior. ¿De qué trata la sabiduría y cómo se obtiene? Si muestras apertura, tal como espero, me dará gusto encontrarte de nuevo en el siguiente capítulo.

16. Sabiduría

Sofía, tu nombre proviene del griego y significa sabiduría. La manera en que eres llamada es una invitación a ser sabia. No obstante, ¿confiarías en quien afirme ser sabio? A mí me detendría algo así. Son demasiados quienes creen poseer la completa sabiduría. No obstante, se necesitan saber varias cosas para aceptar que se ignoran muchas más. Confiar en quien cree saberlo todo nos expone ante alguien que no reconocerá cuando se equivoque. Cuando una persona piensa que ha adquirido toda la sabiduría, no está dispuesta a aprender un poco más. La sabiduría de la que hablo no ayuda a responder las preguntas ajenas, sino a testimoniar la manera en que respondemos las propias.

Claude Lévi-Strauss, antropólogo belga, pensaba que el sabio no es el que proporciona las verdaderas respuestas, sino el que plantea las verdaderas preguntas. Como podrás ver, apreciada hija, la sabiduría se relaciona más con el interés de indagar que con la presunción de creerse erudito. De hecho, la erudición y el conocimiento intelectual no es lo que caracteriza a un buen maestro, sino su anhelo de sabiduría y su interés por conocer un tipo de luz que no niega la oscuridad. Algunas personas suponen que a los filósofos les encanta provocar problemas donde no los hay, pero estar en este mundo detona preguntas que necesitan contestarse. Desde luego, la filosofía se vuelve innecesaria para quienes se contentan con las respuestas comunes. Ver la realidad como un problema no es un defecto de perspectiva, sino una invitación a indagar con entusiasmo.

Quien aprecia la sabiduría asume que no la obtendrá de un día para otro, así que se mantiene persistente. Los problemas de la ciencia pueden tener solución, pero los de la filosofía se mantienen durante toda la vida porque se modifican de manera constante. Si bien es verdad que algunas cosas pueden regalarse, los aprendizajes se obtienen a partir del propio esfuerzo. Algunos estudiantes atesoran calificaciones que no son congruentes con lo que aprendieron y no son garantía de que saben lo que necesitan.

Es posible que nos roben los objetos materiales que tenemos, lo que compramos, o incluso que nos arrebaten el sitio que nos hemos ganado en el ámbito laboral, pero no hay manera de que alguien nos sustraiga lo que hemos aprendido. La mayor de las riquezas se encuentra en nuestros saberes. Dedicarse a aprender es una ocupación disciplinada que requiere de nuestra atención continua. Así como se elaboraron las grandes obras, cada día podemos sumar unos pocos renglones a nuestro avance personal. Las más largas distancias se recorren paso a paso, siempre y cuando no claudiquemos. Nada puede ser dado si uno no lo gana. Por más pacientes que seamos, ningún logro llegará por su cuenta. Si en tu camino no buscas la sabiduría, no serás alumbrada en tus pasajes oscuros.

Cuando era adolescente solía pensar que accedíamos a la sabiduría al final del camino, tras un largo recorrido en su búsqueda. Pensaba que las respuestas se encontraban yendo hacia delante. Con el paso del tiempo intuí que lo más avanzado no siempre está enfrente, sino en al inicio del recorrido, en retrospectiva. Aquello que deseamos encontrar no se ubica en el sitio al que vamos, sino en el punto del que partimos. Estar aquí, en cierto modo, es haber accedido a la vida y a la dimensión de lo existente. No siempre hemos estado en este ámbito, de modo que llegamos hasta aquí. Lo que nos rodea es todo lo que conocemos, pero este mundo no siempre ha sido nuestra casa. Darnos cuenta de que todavía hay cosas por descubrir nos posiciona en el punto de partida. No se trata de encontrar la sabiduría como si fuese un objeto, sino de anhelarla y trabajar para acceder a ella. Para desear sabiduría partimos de la premisa de que no la tenemos, pero dar el primer paso nos pone en el viaje.

Existe cierta sabiduría cuando reconocemos que las cosas no siempre son bellas y alentadoras. Nosotros mismos, como entes humanos, no solo estamos dotados de luz. Reconocer la oscuridad propia y ajena es un aliciente efectivo para encontrarnos de verdad, de golpe, con quienes somos. La sombra surge a partir de la propia luz, pero puede suceder que una oscuridad mayor cubra la iluminación que ofrecemos. Sí, los humanos también actuamos de manera destructiva e incongruente, pero eso no representa todo lo que somos. Te encontrarás a quienes piensen o les guste imaginar que los humanos somos seres idílicos, llenos de colores y motivación, pero esa noción deriva de la etapa del recorrido en la que se encuentran. Cuando te topes con individuos que no han sabido captar la grandeza de su pequeñez, quizá quieras enseñarles u orientarles. Sin embargo, querer que otros aprendan de golpe lo que sabes, sin captar que algunos de tus saberes requirieron largos procesos personales, puede ser irrespetuoso. Hay áreas que a cada uno le corresponde explorar y existen saberes que los demás no quieren aprender. Del mismo modo, no pretendas aprender en una tarde todo lo que otro sabe.

No estoy seguro de que la regla deba ser «enseñar al que no sabe», sino más bien enseñar a quien anhela saber. Corresponde instruir a quien desea aprender, a aquellos que con su esfuerzo se hacen merecedores de lo que sabrán. A todos nos cuesta, así que al menos debe pagarse el precio de la disciplina y la disposición.

Forzar a los demás para que aprendan lo que uno cree que necesitan saber no hace más que estropear su capacidad de indagación y nos posiciona, de manera errónea, como sabedores de lo que otros requieren. ¿Te has dado cuenta de que los planes de estudio no son elaborados por las personas que los van a estudiar? Es oportuno mostrar los beneficios de aprender, pero ningún libro debe ser leído a la fuerza o por obligación.

Una característica de quien se adentra en el remolino de la sabiduría es que logra ubicar lo esencial y enfoca su atención en ello. ¿Qué pensarías de alguien que derriba un árbol frutal y construye con la madera un reclinatorio para pedir a Dios que caigan frutas? En ocasiones no percibimos que poseemos justo lo que necesitamos. Suena inverosímil que un creyente elimine palmeras para edificar un santuario y rogar por comida, pero existen demasiadas personas en el mundo que están arriesgando su vida y su salud para poder comprar artefactos o llenarse de lujos que no son necesarios para su bienestar. Es usual que se menosprecie el hallazgo de estar vivos, puesto que no hemos hecho algo concreto para lograrlo. Tu existencia tiene valor porque aconteció y sigue aconteciendo. No necesitas estar moribunda para valorar la vida, si bien algunos lo aprenden a partir de eso.

Así como es absurdo que un pez gaste su vida buscando el agua o un ave se ocupe de saber dónde está el aire, resulta llamativo que los humanos acumulen significados, cuando ellos mismos son significado de algo. Agotar la existencia buscando sentidos nos vuelve ciegos al sentido que se aloja en nosotros desde que nacemos. Séneca solía decir que el gozo que viene de afuera, hacia fuera se irá. Nuestros ojos nos confunden porque miran al exterior de nosotros, cuando varias respuestas se ubican detrás del gran globo ocular. Es necesario mirar con una vista diferente, palpar las cosas con otra sensibilidad, renovar la persona que somos y relacionarnos desde esa fresca perspectiva.

Es menos sabio quien piensa que la sabiduría consiste en conocer conceptos. Ni todo es racional ni es razonable intentar que así sea. Tener una perspectiva holística te permitirá captar que todo lo que existe se encuentra conectado entre sí. El holismo es un enfoque desde el cual se evita individualizar las cosas y se las analiza en su conjunto, de manera articulada. ¿Te has dado cuenta de cómo el comportamiento de una persona puede influir en quien la observa? ¿Has percibido que las conductas de quien vivió hace cincuenta años pueden tener efectos diversos en la actualidad? Basta con que pienses que no estarías aquí si tu abuelo no hubiese conocido a tu abuela. Tampoco leerías este libro si su autor no hubiera nacido. Resulta asombroso que incluso la existencia de algunas canciones favoreció la maduración de ciertos romances de los que después nacieron hijos que influirán con sus conductas a otros más. Parece una larga cadena, pero lo maravilloso es que no siga un orden lineal y que tampoco se circunscriba a un sencillo sistema de causa y efecto. Existe una inestimable red que nos conjunta de maneras que no logramos percibir.

Desde luego, la importancia y el efecto de algunos hallazgos son más notables, como la invención de la escritura hace más de tres milenios, la fabricación de la máquina de imprenta hace casi seis siglos o incluso el inicio de internet en 1983. La influencia que esos tres sucesos han ocasionado en nuestra manera de aprender no es siquiera imaginable. El mundo sería diferente si esos acontecimientos no hubiesen sucedido, tal como algunas cosas serían distintas sin la presencia de sucesos sociales, luchas colectivas, invasiones, conquistas o revoluciones. Algunos países celebran su independencia cada año, pero no deberían creer que su autonomía es absoluta. Encontrar la conexión de las cosas entre sí, así como aceptar nuestra inevitable vinculación con las personas del mundo es consecuencia de la visión holística.

Un poco más allá del reconocimiento de los sistemas que nos configuran se encuentra la visión fractal de la realidad. Bien, vamos despacio. Un fractal es un objeto cuya estructura forma parte de algo mayor, de modo que se repite o reitera en diferentes tamaños. ¿Recuerdas que solíamos iluminar mandalas? Algunos de ellos seguían la lógica de los fractales y mostraban contornos que eran idénticos, pero variaban un poco en cuanto a su dimensión. Pondré un ejemplo más comestible: si observas con cuidado un brócoli, incluso con una lupa, verás que tiene pequeñas porciones que son semejantes entre sí. ¿Acaso un arquitecto ha hecho eso de manera directa? Puedes pensar que sí, o que la naturaleza ha hecho su trabajo, tal como lo hizo en las ramas de los árboles, las huellas dactilares (la que ves en tu dedo índice es irrepetible), las formas internas de un trozo de champiñón o los parecidos entre la estructura del cerebro y las formas de una nuez. Un tipo de belleza en el mundo es visible, pero hay otra modalidad estética que apenas podemos intuir. Existen patrones y reglas físicas que interconectan lo existente hasta el punto de que es ridículo pensarnos separados. ¿Acaso tú y yo somos un fractal de algo más? Los estoicos, de quienes te hablé antes, pensaban que la sabiduría individual es un fragmento de la sabiduría cósmica, de modo que la sabiduría es heredada y no nace de nosotros.

Quizá te preguntes a dónde nos llevará todo esto. Espero que estés prevenida: es útil la sabiduría que obtenemos al observar lo visible, pero es inferior que la derivada de intuir lo invisible. Tal como una cámara produce fotografías poco nítidas si su lente se desenfoca, nuestra visión de las cosas nos engañará si no regulamos su precisión. Ver lo que no se ve podría parecer contradictorio, pero es lo que hacemos cuando captamos algo que otros no logran percibir, aun cuando miran lo mismo. ¿Te ha sucedido que notas emociones en los demás que no han sido identificadas por otros que los ven? ¿Has tenido alguna vez la certeza de que todo va a estar bien, aun cuando las personas que te rodean solo se lamentan? ¿Has experimentado la sensación de estar incluida en un plano distinto al convencional, como si lo que sucede en el mundo fuese parte de una gran película a la que asistes como testigo?

La sabiduría de lo invisible te permite comprender que cada cosa que sucede es justo lo que se necesita en ese momento, por más inexplicable que pueda ser. De tal modo, tras saber algo así, resulta menos complicado perdonar a los que pensamos que nos han hecho mal; incluso puede decirse que han cumplido con una función o una tarea. Todos los momentos de tu vida son comienzos de algo, por más que parezcan desenlaces. ¿Es posible que mires el efecto de algo sin darte cuenta de la causa? Desde luego, sucede todo el tiempo, basta con pensar en cómo observamos las cosas gracias a la luz del sol, sin tener que voltear y encontrarnos con el gran astro que nos mira desde arriba.

Reconocer el mundo que es invisible, notar el patrón fractal de las cosas materiales y percibir las inevitables interconexiones de lo existente nos conduce a la humildad. No me refiero aquí a la actitud de menosprecio y minusvalía personal, sino al entendimiento de que somos una pequeñísima parte de algo absoluto que nos integra. La vanidad, o la pretensión de ser más de lo que somos, no es más que un juego triste e inútil que es preciso abandonar. Al saber que estamos interconectados se vuelve menos complejo mostrar un poco de lealtad social e interés por el bien común. Lo que sucede con nosotros acontece con quienes habitan este mundo. ¿Puede cada persona explicar el misterio que la ha traído hasta aquí? No me refiero a recitar razonamientos sobre el origen de la vida, sino a responder el por qué de esta vida, el sentido de este tiempo o para qué nos ha correspondido vivir. ¿Podrías responderlo tú, apreciada hija?

Es imprescindible ubicar tu propio sitio. Demasiados optimistas pregonan que el universo entero fue hecho para que los humanos habitemos en él. Quizá esos entusiastas no se planteen la pregunta que deriva de ello: ¿para qué existe el vasto universo que queda sin uso más allá de la pequeñísima fracción que ocupa el planeta que nos contiene? Carl Sagan, un astrofísico estadounidense, afirmó que el universo no tiene por qué estar en sintonía con nuestra ambición. A muchos les encanta pensarse herederos del cosmos, pero nada lograrán si no saben aceptar su levedad y pequeñez. ¿Existe alguna respuesta que todavía desconocemos y que quizá se asocie con algo más allá de lo humano? No tenemos evidencia suficiente. No obstante, como el mismo Sagan aludió, la ausencia de evidencia no significa que no exista una respuesta.

¿Acaso sabernos pequeños provoca que perdamos la libertad? De ninguna manera. La persona que cultiva su sabiduría entiende que la libertad que le corresponde no consiste en hacer lo que desee, o controlar lo que sucede, sino en aceptar con serenidad la fatalidad e incongruencia que habita en el mundo. De semejante aceptación surge una útil postura práctica que se manifiesta en la atención a los detalles, la cautela en las conversaciones, la moderación en los placeres y la sensatez en las decisiones. Visto así, la estatura de la sabiduría es proporcional a la prudencia que se manifiesta en las conductas. ¿Te das cuenta? Decimos más cosas con lo que hacemos que con los discursos, si bien algunas palabras siempre son gratas y oportunas. No te agobies queriendo comprender todo lo que te rodea, también existe cierto gozo al aceptar la incomprensión. De hecho, si tu ánimo ha sido indagador, tarde o temprano surgirán descubrimientos involuntarios e inesperados cuando estés en reposo. Eso se llama serendipia.

La sabiduría práctica nos ayuda a conocer lo que debe hacerse, pero también requerimos habilidades para saber cómo proceder y precisamos cierta virtud para no procrastinar o dejar para después lo que necesita hacerse. Se tiene mucho a favor cuando la sabiduría, la habilidad y la virtud van juntas, tal como sugería Arturo Ortega, escritor mexicano. Es posible cultivar varias habilidades, pero alguna de ellas debe elegirse por encima de las demás. Hay quienes aprenden a tocar de manera virtuosa distintos instrumentos, pero son especialistas de alguno en especial. Fuera del ámbito de la música, también resulta complejo dedicarse a varios oficios al mismo tiempo. Es propio de sabios elegir lo que nos produce gozo o ejecutar aquello por medio de lo cual plasmamos lo que somos. Heráclito, un filósofo de la antigua ciudad de Éfeso, aludió que el saber múltiple no garantiza sabiduría. En ese sentido, la meta no consiste en llevar a cabo una simple suma de saberes, sino en penetrar de manera intensa una parte de la realidad.

Comprender de manera profunda la realidad va mucho más allá del afán intelectualista. Partiendo de esa premisa, Xavier Zubiri, un filósofo español del siglo pasado, explicó el valor de la inteligencia sintiente, la cual trasciende a la que se funda en los discursos o la teorización fría y estéril. Que la inteligencia sea sintiente no la dota de sentimentalismo, sino de apertura sensorial al mundo, a las cosas que se viven y se experimentan. Si quieres desarrollarte como pensadora, recuerda que eres un ser vivo dotado de naturaleza y sensorialidad.

Si la filosofía intelectual progresa hacia una que se edifique en lo sintiente, será posible intuir una sabiduría perenne que no dependa de la opinión o los vagos esfuerzos individuales. No hemos venido a trabajar hasta el límite de nuestra capacidad, sino a traspasar esos límites. Lo anterior solo es posible si conocemos lo que otros han logrado y atesoramos el producto de sus esfuerzos, a la vez que entendemos que en el código de las cosas existen respuestas implícitas, más allá de lo que podamos expresar con palabras precisas.

El gozo de adentrarse en esos ámbitos está al alcance de quienes tengan la osadía y deseen aventurarse, no es exclusivo de algunos elegidos. Entre saber o no saber, varios prefieren no saber, pues ese estado nos vuelve despreocupados. De eso quiero hablarte ahora: la ignorancia no nos hace felices, sino solo indiferentes. No hay ignorancias plenas, sino plenas ignorancias. Si tuvieses una enfermedad mortal, ¿preferirías saberlo o ignorarlo? Piensa con cuidado tu respuesta. Si no te enterases de un padecimiento, no podrías hacer algo al respecto y sufrirías las consecuencias. Si lo supieses, cabría buscar una alternativa para curarte. Resulta preferible conocer las encrucijadas. La sabiduría no nos ofrece respuestas bonitas o frases tranquilizadoras, nos arroja hacia el plano ineludible de lo real, nos guste o no. Es probable que el esfuerzo, la disciplina y la constancia que se necesitan para convivir con la sabiduría no merezcan el aprecio de la mayoría. Si la sabiduría nos lanza en la cara la conciencia de que hemos sido tontos, ¿acaso dejaremos de serlo por negarla o hacerla a un lado?

Muy amada hija, observa de una vez por todas que la auténtica plenitud proviene de tu entendimiento y tu esfuerzo personal.

Recuerdo que cuando tenías un año de vida te llevé tomar clases de natación. Al estar por primera vez en una alberca detestaste el agua y lloraste con efusividad. Luego de tres sesiones desarrollaste la habilidad de flotar y unos meses después sonreías al desplazarte mediante pequeñas brazadas llenas de energía. Aprendiste a nadar y disfrutaste del agua. De igual modo sucede cuando comprendemos para qué estamos aquí. La sabiduría en torno a la vida nos permite disfrutarla, a pesar de que no evita que nos mojemos o nos quedemos fríos al salir de la gran piscina.

Como podrás darte cuenta, la sabiduría no solo trata de las cosas que aprendemos. En ocasiones necesitamos dejar de saber algunas cosas, o elegir cuál de nuestros saberes ya no resulta útil. Soltar los saberes innecesarios, enfocarte en aprender algo diferente y dejar ir la creencia de que tienes la respuesta definitiva son habilidades que puedes desarrollar poco a poco. Cuando elijas desaprender, necesitarás desapegarte de los aprendizajes que juzgues improductivos o incluso obstaculizadores. De eso trata el desapego. ¿Qué te parece si lo abordamos en el siguiente capítulo? Nademos juntos.

17. Desapego

Estoy seguro de que has vivido la experiencia de desprenderte de algo, ya sea una cosa material, una actividad o incluso una persona. El desprendimiento puede ser ejercido luego de una pérdida o incluso antes de ella si somos quienes elegimos la separación. En ocasiones sentimos una mejora paulatina tras la ruptura, pero en diversas ocasiones no es así y experimentamos malestar. No todas las veces en las que nos desprendemos de algo nos hemos desapegado. En sentido estricto, el desapego implica romper la dependencia hacia aquello que poseíamos o hacia quien estaba con nosotros. La dependencia es mayor cuando pensamos que el objeto de apego es indispensable para el bienestar, a tal grado que admitimos que su lejanía no nos permite vivir de manera plena.

El desapego se distingue de la renuncia en que acontece de manera más íntima. Permíteme contarte mi versión de un cuento de Liu Zongyuan, escritor chino que vivió hace doce siglos, para exponer este aspecto con mayor claridad. Hubo una vez cinco personas que viajaban en una pequeña lancha y debieron lanzarse al agua para nadar hacia la orilla cuando una tempestad volteó su embarcación. Uno de ellos no avanzó al ritmo de los demás, así que cuando todos pisaron tierra se dieron cuenta de que su compañero seguía en el agua. Al mirarlo con atención observaron que cargaba una mochila con varias monedas de oro cuyo peso impedía que se mantuviera a flote. Por más que lo incitaron a soltar su carga, el nadador no quiso soltar el peso y siguió esforzándose a pesar de que el cansancio lo invadía. Todos lo recriminaron por empecinarse de ese modo y gritaban que de nada le serviría el dinero si perdía la vida. Uno de los que estaba en la orilla se lanzó de nueva cuenta y trató de soltar la mochila de la espalda del obstinado. El avaro nadador golpeó con todas sus fuerzas a quien deseaba salvarlo, pero al final desistió. Al poco rato, la mochila se hundió en el río y ambos evitaron ahogarse. Tras llegar a la orilla, el que había sido salvado se puso de rodillas, lamentó su gran pérdida y maldijo a quien lo ayudó. ¿Acaso este cuento nos recuerda la importancia de mostrar gratitud? Puede ser, pero la moraleja principal apunta al desapego.

Si el hombre se hubiera desapegado de las monedas de oro, no se habría lamentado de manera tan rotunda. Alguien lo obligó a desprenderse de su mochila, pero ese desprendimiento fue físico, no mental. ¿Lo percibes? El desapego es una modalidad de desprendimiento que se asocia más con la desconexión mental que con la separación física de un objeto o sujeto. No basta con forzar nuestra renuncia sin asumir de manera consciente la separación, requerimos desvincularnos de la prisión que ejerce la mente. Sí, la mente humana es capaz de crear ilusiones, fantasías y quimeras, para luego hacernos sentir culpables de no creerlas. Si no controlas tu mente, tendrás al enemigo en tu cabeza. El desapego es un desprendimiento íntimo, mental y emocional. La renuncia consiste en el acto de dejar ir o soltar. La renuncia es un desprendimiento práctico, pero nos conduce al sufrimiento si no está precedido del desapego correspondiente. Visto de manera operativa: si nos hemos desprendido emocionalmente, lograremos mantener la renuncia. De no ser así, el alejamiento físico no nos garantizará la desvinculación emocional. Si la separación física sucede sin que exista desapego emocional, este deberá ejercitarse de manera inversa.

Como podrás notar, querida hija, solo se renuncia a lo que se tiene o se puede tener. No se puede renunciar a lo que no es propio, a menos que se trate del deseo de poseer algo. Podrías tener el deseo de convertirte en inmortal, pero no puedes desprenderte de la inmortalidad porque no la posees. Sin embargo, si te frustra no poder consumar el deseo de vivir para siempre, entonces necesitas desprenderte mentalmente o desapegarte de ese deseo edificado en la falsedad. En ese caso, asumir la mortalidad podría conducirnos al aprovechamiento del tiempo que nos corresponde, en el entendido de que somos seres que venimos al mundo y tendremos que morir. Somos seres para la muerte, como explicó en su propio tiempo Martin Heidegger, un filósofo alemán.

Existen casos en los que una persona se desprende de manera mental de algo o alguien y aun así no ejecuta el desprendimiento físico. En tales situaciones corresponde revisar qué es lo que está deteniendo a la persona, pues quizá se trate de miedo o algún otro tipo de bloqueo. Si el desapego ha sido posible, nos conduce a la renuncia. Desde luego, tanto el desapego como la renuncia requieren de una finalidad para poder tener sentido. No se trata de renunciar a algo que nos produce beneficio, solo por el ejercicio estéril e improductivo de obstaculizar el propio bienestar. Deberás estar atenta para percibir si tus renuncias se deben al miedo o a la cobardía, en vez de orientarse a evitar el daño o alcanzar un bien mayor. Si bien es útil renunciar a algo agradable en vistas de un bien superior, debe analizarse con cuidado cómo estamos entendiendo el vínculo de una cosa con la otra. Cuando las personas no logran controlar su tendencia a comer de manera desproporcionada, recurren a dietas que las conducen a la renuncia de ciertos alimentos, pero si no experimentan el desapego hacia la comida, dejando de utilizarla como instrumento compensador de sus carencias en otros ámbitos, repetirán la conducta que trataban de erradicar.

Si la renuncia no está acompañada de desapego se presentan consecuencias indeseables. Una sugerencia concreta para desarrollar el desapego es postergar el premio o la satisfacción. Walter Mischel, un psicólogo austriaco que vivió en este siglo, investigó la conducta de varios niños cuya voluntad fue puesta a prueba mediante un malvavisco. Sentó a los niños en una habitación y depositó frente a ellos tal golosina. Si los niños lograban esperar cierto tiempo sin comerse el malvavisco, serían premiados con otro más y podrían comerse ambos. Los resultados mostraron que la mayoría de los infantes no eran capaces de retrasar su gratificación o controlar su impulso por comer el malvavisco. Incluso sabiendo la posibilidad de obtener un bien superior, consistente en dos unidades de malvaviscos, prefirieron satisfacerse de inmediato degustando el que estaba enfrente.

Piensa en la gratificación como si fuese un malvavisco: relación con personas, conductas, gustos o cosas materiales. Por supuesto, la vida nos muestra muchos «malvaviscos», todos apetitosos y deseables, pero no siempre corresponde lanzarse a ellos de manera desaforada para comerlos de un bocado. Desear es muy sencillo, pero no nos hemos entrenado para saber esperar a que las condiciones de la consumación del deseo sean las óptimas. Lo anterior es un problema mayor, por ejemplo, cuando el malvavisco no es higiénico o, peor, cuando algún abusivo ha puesto una aguja dentro de él. ¿Comprendes la metáfora? Las mejores apariencias no garantizan una adecuada alimentación. Será muy importante que distingas la pertinencia de saber esperar o, en su caso, renunciar con desapego.

Renunciamos a las cosas que nos hacen daño, al menos deberíamos. Dejar pasar la opción de robar, a pesar de estar en condiciones favorables para hacerlo, no solo manifiesta virtud, sino que evita consecuencias desagradables. Renunciar a lo que no es útil o no reporta ningún beneficio puede resultar sencillo, pero lo complejo es renunciar a aquello que nos brinda algún tipo de gusto o satisfacción inmediata. Necesitas estar atenta para distinguir el bien mayor del menor o para separar el largo plazo y lo inmediato. Mientras mayor sea el egoísmo, mayor será la dificultad para renunciar. ¿Recuerdas a Narciso, quien se hundió en el agua donde se reflejaba? Cuando estamos centrados de manera exclusiva en el propio deleite, resulta más complicado captar que debemos alejarnos. Necesitamos conectar con lo que sienten los demás, o el daño posible que acarrea lo que hacemos, para despertar un poco.

Es acertado renunciar a los hábitos improductivos, tales como la queja, la murmuración (que no es lo mismo que la crítica) o la victimización. De igual modo, resulta necesario romper la inercia de algunas conductas: llamar la atención a toda costa, evidenciarse superior ante los demás, o desacreditar y humillar a los que no saben o pueden menos. La renuncia a la avidez de lo innecesario o de lo superfluo constituye un buen punto de partida. Si alguien tiene pocas monedas, puede elegir la opción de comprar algo que le nutra o desperdiciarlo en bebidas alcohólicas. Parece mentira, pero en ocasiones se elige lo segundo. Si bien el dinero puede obtenerse por diversos medios, el recurso que más importa es no renovable: el tiempo. Nuestra manera de hacer uso de él habla más de nuestros desapegos y renuncias que cualquier sermón que podamos ofrecer al respecto.

Además de las renuncias que ejerzas hacia las cosas, conductas o personas, existen otras que consisten en desprenderte de ideas o aprendizajes que ya no te son útiles o que incluso obstaculizan tu progreso. Heráclito, de quien te hablé en el capítulo anterior, aseguró que lo único permanente es el cambio, por lo cual resulta inapropiado desear que no se modifique lo que nos rodea. El maestro de Éfeso ejemplificó que el agua que fluye por un río nunca es la misma, a pesar de que pensemos que se trata del mismo río. No obstante, a muchas personas les angustia el cambio porque las hace sentir intranquilas y fuera de control. Querida hija, debes asimilar lo siguiente: tenemos control de muy pocas cosas en la vida, si bien podemos influir en la mayoría.

Se vuelve benéfico renunciar a saberes que son inútiles, tal como creencias que se vuelven un peso innecesario. Quizá te cause sorpresa que te recomiende desaprender, justo cuando en otras partes te he invitado al aprendizaje. La cuestión es que uno de los aprendizajes centrales consiste en saber qué cosas ya no necesitas considerar verdaderas. La renuncia a la falsedad o a los saberes dañinos no supone que te alejes de todos los saberes. Creer todo lo que los demás te dicen, incluso sus lineamientos morales, podría ser innecesario en algunos momentos de tu vida. Haz a un lado las actividades que absorben tu valioso tiempo y te hacen desperdiciarlo. No hay ningún motivo para perder energía en aquello que no encienda una luz. ¿Tienes idea de cuánto tiempo de la vida de las personas se desperdicia en superficialidades? No quiero posicionarme en un trono y dictaminar lo que es apropiado, o qué tipo de quehaceres son los que merecen la pena, pero te invito a que hagas a un lado las conductas que no te conduzcan a sentirte plena y congruente.

A todos nos viene bien dar un cambio de timón y redireccionar la propia existencia. Sin embargo, esa elección requiere de carácter, de seguridad y de vigor. Desapegarse no es tarea fácil, sobre todo porque tendemos a justificar las propias incongruencias con el argumento de que somos libres. Mantente atenta a las señales y date cuenta de tus posibles conductas de riesgo. Si algún día haces algo que sientes que debe ser mantenido en secreto, o que te apene que otros sepan, quizá requieras examinar con calma y honestidad la pertinencia de seguir haciéndolo.

Algunos cambios de nuestra vida deben ser elegidos, como un cambio de trabajo, de residencia, de amistades, de régimen alimenticio o de pareja. Te recomiendo, antes de saltar de un cambio a otro, que te permitas momentos de pausa para considerar las modificaciones que estás eligiendo en tu vida. Algunos cambios y pérdidas requieren de tu certeza y tranquilidad. En cierto momento hay que soltar a los hijos, no porque uno los tenga amarrados, sino porque deben crecer y dejar de ser aquellos que ideamos en nuestra mente. Ahora mismo recuerdo cuando eras una bebé y te arrullaba por las noches al llegar del trabajo. Fuiste una pequeña creatura de menos de dos kilos al nacer. Todo el universo estaba contenido en ti. Sentí miedo, lo confieso. No estaba seguro de ser un buen padre, de poder responder a tus inquietudes, o de cuidarte de la manera apropiada en todo momento. Ni siquiera sabía si era una persona tan completa o del todo sana para poder educar a alguien, cualquier cosa que eso signifique.

He tenido que deshacerme de esas dudas e incluso soltar la noción de que eres indefensa, justo porque sería contraproducente que te viese así. Las hijas absorben para sí lo que sus padres piensan de ellas, así que renuncié a mis ideas de que eras dependiente y a la etiqueta de mí como incapaz. Heme aquí, escribiendo este libro que celebra tu adolescencia y te invita a la responsabilidad. Eres la pequeña a la que tranquilizaba cuando no podía dormir, pero al mismo tiempo ya no lo eres, te has transformado. No renuncié a mi hija, sino a una idea de ti que ha quedado atrás. Muchos otros padres afirman que siempre ven a sus hijas como si fuesen un bebé, no me cuentes entre ellos.

Es mucho más difícil desprenderse de una idea cuando se encuentra arraigada a nuestra psique. En tales casos, ya no se trata de soltar, sino de arrancar, con todo y el despellejamiento interno de las sensibles paredes de nuestra emocionalidad. Intento ser metódico y ordenado, pero también soy una persona que siente y que ha llorado a lo largo de su vida. Me he decepcionado, he sido traicionado y más de una vez he cometido errores de los que no me siento orgulloso. Todos sufrimos, por más que queramos ocultarlo detrás del muro de nuestras fortalezas. De tal modo, aquello de lo que más cuesta desapegarse es de lo que nos genera sensaciones agradables o sostiene nuestras seguridades. Aquí entramos, de lleno, en el mundo de las relaciones humanas y en el de las ideas que elaboramos sobre cómo deberían tratarnos las demás personas. De manera general puedo decirte que es mejor que no estés cerca de quien no te respeta. El dolor de cualquier proceso de desapego te ayudará a reconstruirte, por más inverosímil que parezca. Nietzsche, el gran filósofo alemán, aseguró que aquello que nos lastima, pero no nos mata, nos vuelve más fuertes. Cada vez que sufras por una ruptura o estés en el proceso de despegarte, recuerda que el dolor es evidencia de que sigues viva y que estás saliendo adelante en la batalla.

La mayoría de las personas temen la soledad, como si fuese mejor tener compañías perjudiciales. Hija mía, ser una isla no es tan malo en ciertos momentos, sobre todo cuando necesitas recobrar el mapa de tus emociones y elaborar una nueva ruta. Ser incapaz de soltar un proyecto o deshacerse de relaciones conflictivas atrae demasiada frustración. En la novela principal de J.K. Rowling, Harry Potter se encuentra embobado con el espejo de Oesed, el cual reflejaba la materialización de sus propios deseos. Dumbledore, el flamante director de Hogwarts, aconseja a su estudiante que evite dejarse arrastrar por sus sueños irreales y que se enfoque en vivir lo que es posible. ¿Te das cuenta? El problema no es tener sueños o metas, sino que algunos de ellos se vuelven perjudiciales cuando no los soltamos a pesar de ser inalcanzables. Puede que alguna vez sientas demasiada incertidumbre ante lo novedoso y te contentes con seguir añorando el pasado, pero eso no atraerá lo que quedó atrás. No tenemos control de lo que sucedió, tan solo de nuestra actitud ante eso.

Cuando el desprendimiento se vuelve aún más tosco y complicado, será digno de encomio que consideres algunas pautas que ofrece el budismo. No creas que se trata de una religión, sino de una disciplina de pensamiento en la que se integra la comprensión de la naturaleza, de lo que somos y de lo que nos rodea. Entre las enseñanzas derivadas de la espiritualidad filosófica del Buda se desprenden un conjunto de saberes que están presentes en textos provenientes de la Inda, China y el Tíbet. Las cuatro nobles verdades del budismo hacen alusión a los apegos. A partir de esas verdades se explica la realidad del *dukkha*, un término que hace alusión al malestar, la pena, la aflicción, la insatisfacción, la angustia, el estrés, el descontento e incluso la frustración. De manera usual se asocia con el sufrimiento, pero no de manera exclusiva.

La primera verdad expone que el *dukkha* existe y que se manifiesta de diversas formas. Es importante que distingas que el mal no es transmitido por una especie de diablo, sino que se vincula con un estado íntimo y anímico que atrae hacia nosotros calamidad. Existir en este mundo nos vuelve vulnerables al malestar, de modo que es inevitable. Esto es muy significativo porque implica que todas las personas han experimentado el sufrimiento al menos una vez.

La segunda verdad expresa que el motivo del malestar o sufrimiento es el deseo desordenado, el cual puede tener por objeto un tipo de placer, una manera de manifestarse o la aniquilación de algo o alguien. Como verás, los motivos son diversos, pero todos tienen algo en común: queremos que suceda lo que deseamos. El apego surge por querer consumar la realidad que concebimos o estar obsesionados por satisfacer los deseos sin importar las consecuencias. No se trata, por tanto, de erradicar el deseo, pero sí de moderarlo o clarificar con mesura aquello que deseamos. Antes te hablé de la importancia de desear la sabiduría, pero eso es muy diferente de estar apegado a que todo lo que sabemos sea la única verdad, o que sea impuesta a los demás. El deseo de la aniquilación ajena no supone un apego, pero es muy destructivo. Hay veces en las que queremos destruir o dañar por mero instinto, así que la naturaleza de ese impulso produce malestar en uno mismo. Nadie que dañe a otro queda impune dentro de sí.

La tercera noble verdad alude a la opción de extinguir el deseo, lo cual no acontece de manera gratuita. Los acontecimientos nos muestran que ni a la realidad ni al universo les importa lo que deseamos. Las desilusiones son útiles porque nos muestran la falsedad de la ilusión que hemos mantenido, a la vez que nos expulsan de la burbuja de fantasía en la que pretendemos persistir. Identificar la causa del malestar, sin negarla o esconderla, nos conduce a enfrentar el apego. Nadie que de verdad sea adulto podrá negar, a menos que mienta, el poder del deseo y el efecto que ha tenido en su vida. De poco vale pensar que hemos renunciado a un deseo sin haber realizado el esfuerzo de erradicarlo o desapegarnos de él, pues aquello a lo que renunciamos emergerá una y otra vez, atrayéndonos de maneras más rotundas y contundentes. La renuncia tiene efecto permanente cuando deriva del desapego y rompe la dependencia que tenemos hacia el objeto, sujeto o suceso por el que surgió el deseo.

Los budistas recomiendan meditar, contemplar y reflexionar en torno a nuestras dependencias y a los daños o consecuencias de actuar conforme a ellas. Por el camino contrario, en los medios masivos de comunicación se glorifica el desenfreno, las experiencias insensatas o la imprudencia en todo su esplendor. No somos valientes por dejarnos llevar por un deseo, sino por clarificar su daño potencial, percibir el desajuste que presenta hacia nuestros fines últimos y renunciar al goce momentáneo que nos ofrece. Cuando la extinción del deseo es permanente, uno ingresa al estado de *nirvana* o de superación del odio, la avaricia y la ignorancia.

En ese sentido, la cuarta noble verdad sostiene que existen caminos concretos para la extinción del apego. Como podrás ver, esto nos invita a explorar largos itinerarios. El budismo propone ocho nobles senderos que están cimentados en la rectitud y la honestidad. Requieres discernimiento para entender con rectitud las cosas, sin tergiversarlas, así como para pensar con claridad, sin mentirte o quererte convencer de algo irreal. Necesitas ser virtuosa para cuidar tu manera de hablar, vivir con equilibrio, construir bienestar y alejarte de la aniquilación. Por último, será muy oportuno que tus esfuerzos sean nobles en su intención y que mantengas la atención para centrarte en lo esencial de cada momento o circunstancia. De esto último se desprende lo que actualmente se conoce como *mindfulness* o atención plena al presente.

Las cuatro nobles verdades podrían resumirse en que el malestar existe, que su base está en el deseo y que en este se fundan los apegos; además, que las personas podemos esforzarnos en extinguir el apego y que existen senderos para lograrlo. Si lo quieres más resumido: el dolor existe, tiene una causa y es posible extinguirla. Los ocho senderos concretos para lograrlo tienen su base en la rectitud, de la cual se desprende una manera de entender, pensar, hablar y obrar. Además, la persona recta busca ganarse de manera honesta los medios para vivir, liberarse de ideas insanas, poner atención y centrarse. Suena o se lee fácil, pero de ningún modo lo es. Existen bastantes distracciones que obstruyen nuestra captación del malestar. Al no percibir el malestar, no logramos clarificar la causa de su surgimiento, de modo que vivimos engañados, pensando que actuamos con sensatez. Quizá pienses que es ilógico que algo haya mal en una persona y que esta no sea consciente de ello, pero así sucede cuando no estamos atentos.

El ajetreo de la vida cotidiana y las múltiples ocupaciones nos mantienen sumidos en un agujero de inconsciencia e ignorancia que nos dispersa cada día. El punto de partida es que tengas focus, que percibas con atención, que despiertes tus sentidos y tu capacidad de darte cuenta. Para ello se requiere de algo que cada vez es más difícil de encontrar: paz. Si estás dispuesta a luchar por ella, acompáñame al siguiente capítulo.

18. Paz

Me da mucho gusto que sigas leyendo este libro. Has salido bien librada de los apegos del capítulo anterior. Antes dije que no hay manera de manejar los apegos sin el ingrediente indispensable de la atención. A la vez, resulta complicado estar atentos sin una bocanada de paz. No me refiero a la ausencia de violencia, sino al sosiego y tranquilidad que no derivan de la sumisión, de la esclavitud o del sometimiento, sino de la congruencia. Es preciso dejar de confundir la paz con la quietud, puesto que todo está en movimiento. La paz no es sinónimo de estancamiento, sino de fluidez. Quienes se fuerzan a sí mismos para mantenerse inmóviles en nombre de la paz no hacen más que traicionarla. Desperdiciar el tiempo sin hacer algo productivo no tiene relación con la paz.

De manera contraria a lo que podría pensarse, los movimientos para la no violencia son ejercicios activos que nada tienen que ver con la pasividad o el conformismo. Da por hecho que estar en paz te exigirá muchas batallas. A su vez, una persona pacífica no es apática y no trata de excusarse ante las encrucijadas. Algunos se contentan con la ilusa suposición de que por existir un marco legal para la paz se garantiza su reinado. Las normas de cada país buscan legitimar el castigo de aquellos que son detenidos por infringir lo que está establecido. No obstante, promover la paz va más allá que enunciar leyes o normas, si bien estas son necesarias para aspirar al orden. No se obtiene paz si se reprimen las justas demandas de los pueblos o se boicotea su libre expresión.

Solo desconociendo la paz se la podría despreciar. Por más que haya quienes justifican las contiendas llenas de violencia, jamás hubo una guerra buena o una paz mala, tal como dijo Benjamin Franklin, político estadounidense. Una idea similar manifestó Cicerón, filósofo romano, al reconocer que preferiría una paz injusta a la más justa de las guerras. La paz es como el silencio, no siempre se encuentra por completo, pero incluso de manera parcial resulta útil. ¿Sabes qué es lo llamativo? Nunca ha habido un momento en la historia de la humanidad en el que no haya existido alguna guerra en el mundo. Quizás el principal motivo de ello sea nuestra incapacidad para coexistir de manera pacífica sin que las diferencias religiosas, culturales o políticas representen un conflicto. Conviene destacarlo: las diferencias no son el problema, sino la falta de voluntad para aprender de ellas o convertirlas en una oportunidad para el diálogo y el encuentro. Otro de los obstáculos ha sido la avaricia de quienes han querido sustraer las riquezas o recursos de los demás, ya sea que se trate de individuos o naciones enteras.

En su libro *Sobre la paz perpetua*, Kant establece que el principio de la paz es el derecho que las personas tienen sobre sí y sus cosas, de modo que las mayores injusticias acontecen cuando tal premisa no es respetada. Algo similar fue enunciado por Benito Juárez, político mexicano, al establecer que el respeto al derecho ajeno conduce a la paz. Muchos siglos antes, Tomás de Aquino, un filósofo medieval, explicó en la *Suma Teológica* que los dirigentes de las naciones deberían centrarse en que hubiese suficientes bienes para la ciudadanía y que, a partir de ello, podría lograrse el orden necesario para construir la paz. De tal modo, el orden no es producto de la improvisación, así como el respeto no surge de una bondad espontánea, antes es prioritario que cada uno satisfaga sus propias necesidades. Si lo anterior no es propiciado en la sociedad, se siembran las semillas de la violencia. En esa misma línea, Martin Luther King, un activista estadounidense, asoció la paz con la justicia, de modo que una paz sin justicia no es más que apariencia de paz, por más que se presente con adornos y fanfarrias detrás de un micrófono dictatorial.

En el ámbito social, no han sido del todo suficientes los meritorios esfuerzos por promover una educación para la paz. Rabindranath Tagore, nacido en Calcuta hace casi dos siglos, propuso que las leyes estudiantiles promovieran la convivencia pacífica; a partir de esa intención fundó una escuela para la paz en la población de Santiniketan, en la India. A su vez, Lev Tolstói, escritor ruso, sugirió educar para conocer y manejar las emociones. En el mismo tenor, Rousseau consideró que la paz se pierde cuando aparece la codicia, la cual nunca se satisface por completo. Por ello, cualquier saber aprendido en el aula requiere del compromiso y la actitud vigilante de cada uno consigo mismo. Platón aludió en su libro *Menón*, escrito hace más de dos milenios, que no podemos hacer que las personas sean virtuosas mediante la educación. Además, el aludido texto expone, en boca de Sócrates, que corresponde a cada adolescente ser responsable de elegir la virtud, de manera independiente de la influencia de sus padres. Si bien los detonantes pueden venir desde fuera, el cambio auténtico debe forjarse mediante la voluntad personal. Los adultos actuaríamos de manera más sensata si en vez de pregonar la importancia de la paz la pusiéramos en evidencia con nuestros actos prudentes. Me parece que en eso no hemos acertado del todo, al menos la mayoría de nosotros. Quizá puedan hacerlo los de tu generación o, de no ser así, te corresponderá intentarlo de manera individual.

Todo lo anterior concierne a la construcción de la paz en la sociedad, pero deseo referirme con mayor énfasis a la paz individual que es preciso buscar y atesorar. Si no tienes paz, perderás tu rumbo poco a poco y querrás convencerte de que sabes lo que quieres cuando en realidad te estás distrayendo. ¿Te has dado cuenta de que las personas pierden la razón cuando se enojan? Esa no es una simple anécdota, constituye el punto de partida para reconocer que ninguna lucha puede ganarse cuando se ha perdido la calma. La ira es enloquecimiento voluntario. En momentos como esos, no se tiene la capacidad de tomarse un respiro y se asfixian las preguntas oportunas. Al construir tu paz mental contribuyes a la paz de los que te rodean y, en cierta manera, a la paz de tu comunidad.

Si la idea es mantener o construir tu propia paz, convendrá que estés alerta ante la llegada de tres enemigas fundamentales: la envidia, la culpa y la frustración. Cada una de estas se funda en ideas distorsionadas que te asecharán cuando estés distraída. Si no pones atención, estas ideas crecerán de manera paulatina hasta convertirse en verdaderos obstáculos para tu plenitud. Recuerdo que una vez me dijiste que te sientes en paz cuando logras vencer las barreras que hay en tu mente. Tuviste bastante razón, muchos de los problemas se inician ahí, en la azotea de nosotros mismos. Además, varios de los males que nos afligen se deben a la codicia, la cual nos ciega. No encuentro problema en que desees más de lo que tienes, pero el problema empieza cuando ningún logro te ofrece satisfacción. Al sobrepasar ciertos límites, existe el riesgo de convertirte en prisionera de intereses desmedidos o metas desproporcionadas. Si logras disminuir la codicia, sin obligarte a controlar la realidad para que siga tus decretos, encontrarás mayor paz.

Optar por la paz atrae beneficios que valen cualquier esfuerzo. Marco Aurelio, emperador romano, consideró que la felicidad personal depende de la calidad de los pensamientos, así que es prioritario poner atención al contenido de las ideas que elaboras. Cuando las personas se enfocan y revisan lo que piensan se mantienen pacíficas ante lo que las rodea porque encuentran su centro en sí mismas. Al estar en contacto con las emociones y lograr expresarlas, se obtiene una paz que está por encima de la incongruencia y la mentira. Como verás, estoy lejos de afirmar que se trata de algo sencillo, pero omitir el esfuerzo ocasiona mayores complicaciones. Quizá sea por eso por lo que la primera condición para la paz es la voluntad de lograrla, según enfatizó el filósofo español Juan Luis Vives. En la misma línea, concuerdo con Marie von Ebner-Eschenbach, escritora austriaca, quien sentenció que cada uno obtiene la paz que desea proporcionar a los demás.

Es inobjetable que algunas ideas erróneas sobre la paz suelen ser expuestas por individuos que intentan justificar su evasión y ausencia de compromiso social, lo cual conduce a que se vuelvan indiferentes ante la necesidad de derrocar la opresión. Sofía, debes ser fuerte para tener el derecho de ser pacífica, según lo dijo Amado Nervo, poeta mexicano. Nunca estará de más que trates de expresarse con asertividad, diciendo lo que de verdad piensas, para poder lograr acuerdos o consensos. Se logran muchas cosas por medio del diálogo. En ese sentido, de la mano de Gabriel García Márquez, escritor colombiano, puede reconocerse que lo importante no es hacer la paz, sino estar haciéndola, entendiendo que es un proceso continuo que nunca termina. No obstante, desesperarse por la injusticia social y la ausencia de paz en las comunidades no debe conducir al descuido de sí. No se trata de olvidarse de uno para luchar por las causas de otros, sino de fortalecerse para poder forjar juicios ecuánimes que ofrezcan la energía y convicción que se necesitan para sostener la solidaridad.

Un camino para promover tu propia paz lo obtienes mediante el yoga o serenidad de la mente. La paz y la libertad interiores te permitirán hacer frente a la perturbación social. En sánscrito, *ahimsa* significa no agresión. Cuando se practica la *ahimsa* se favorece un estado de ecuanimidad que enfrenta el odio, la ira, el miedo, la codicia y el egoísmo. En tal estado mental, es más factible que elijas hacer lo correcto, tanto si implica el uso de la fuerza como si no lo requiere. Para la *Bhagavad Gita*, un texto sagrado hinduista, la violencia podría justificarse en defensa propia o ante la posibilidad palpable de ser dañados por otro. El texto propone que cada persona debe encontrar su deber en el mundo y actuar conforme a tal. Por ello se propone la acción por encima de la pasividad, entendiendo que un practicante de yoga tiene que actuar con una mente calmada e impasible.

Mahatma Gandhi, pacifista indio que solía ser llamado «padre», representa un ejemplo sorprendente de líder espiritual y político que sabía aplicar el principio de *ahimsa* ante los conflictos sociales. Su resistencia civil fue pacífica pero activa. Sugirió el uso de la máquina de hilar para que sus compatriotas fabricasen su propia vestimenta y no favorecieran el enriquecimiento de la industria textil británica que dominaba en la India. A pesar de haber sido asesinado, el legado de Gandhi se mantiene vivo y puede ser adoptado de diversas maneras en cualquier contexto. En ese mismo tenor, según el ayurveda, un sistema medicinal de la India, cada vez que respondemos con violencia hacia otra persona estamos promoviendo más violencia. En las *Leyes de Manu,* un antiguo texto proveniente del mismo sitio, la no violencia es considerada indispensable para llevar una vida recta.

Los *yogasutra*, o principios de yoga, escritos por Patañjali hace más de dos milenios, proponen abstenernos de todo tipo de violencia física, verbal e incluso mental, hacia uno mismo y hacia los demás. Cabe decir que Patañjali tenía noción de algo similar al subconsciente, más de veinte siglos antes que Freud. Consideró que existía un nivel mental en el que quedan almacenadas, como si fuesen semillas, las impresiones (*samskaras*) de nuestras experiencias anteriores. Tarde o temprano, estas impresiones pasan de su estado latente hacia su manifestación, aflorando bajo diversas formas que impulsan actos. El efecto de la meditación, según Patañjali, es que las impresiones ordinarias van siendo reemplazadas por otras más puras que destruyen el dolor, las aflicciones y otras tendencias destructivas.

Los *Vedas*, una amplia colección de textos escritos hace más de 3500 años, son el pilar de la sabiduría de la India. De ahí se desprenden varias fábulas. Una de ellas alude a un monje errante que al entrar en una aldea se encontró con una enorme y amenazadora serpiente. El ofidio aterrorizaba a los habitantes de la aldea y los mantenía intranquilos. El monje habló con la serpiente y le enseñó la no violencia. La serpiente escuchó con atención y guardó la enseñanza en su corazón. Un año después, el monje volvió a encontrarse con la serpiente, pero ahora estaba demacrada y llena de magulladuras. Debido a que ya no era amenazante, los niños se burlaban de ella y solían tirarle piedras. Ahora tenía miedo de alejarse de su escondite y se había desnutrido por dejar de cazar. El monje sacudió la cabeza y le explicó que practicar la no violencia no le implicaba renunciar a su cascabeleo. Algunas serpientes se protegen a sí mismas al cascabelear, pues con eso advierten a quienes las asechan que harán lo necesario para protegerse.

La fábula te enseña que la práctica de la *ahimsa* es congruente con el cuidado mental y físico ante las injustificadas agresiones de los demás. Tu cuerpo, tus emociones y tu mente son valiosos regalos que sostienen tu evolución y no hay razón para dañarlos o dejar que otros lo hagan. Cada vez que venga un pensamiento de violencia hacia ti misma o hacia los demás, sustitúyelo por un pensamiento pacífico. Si logras entrenarla, tu mente te sanará y te dará paz. Eso es justo lo contrario de aceptar que otro te lastime, o de pretender amar a los enemigos, lo cual es tan inverosímil como improbable. No te invito a que respondas con violencia, sino a evitar envolverte en situaciones violentas. No existe ninguna justificación o argumento sensato (ético, psicológico, cultural o religioso) para consentir o aceptar ser lastimada por otro ser humano.

En el Decálogo de Moisés, apreciado por judíos y cristianos, se encuentran cuatro mandatos que se vinculan con la paz: no matar, no mentir, no robar y no codiciar lo que es ajeno. Estoy seguro de que deduces que no hay manera de estar en paz si engañas a través de mentiras o deseas de manera ferviente lo que otro posee. La culpa por mentir no ofrece sosiego. Estar insatisfechos y al pendiente de lo que otro posee no hace más que desenfocar y distraer. Si bien pareciera que estos preceptos se asocian con la religión, en realidad pertenecen al tipo de elecciones que corresponden al ámbito de las relaciones humanas y la ética.

En buena medida, la incomodidad ante la vida surge del desprecio hacia lo que uno es, lo cual sucede cuando no se conoce con precisión el propio valor. A algunos no les agradan determinadas cosas de su pasado, pero es fundamental que puedan reconciliarse con las vivencias anteriores para que eso no les reste paz. No deberíamos matar nuestros propios talentos, robar el tiempo que tenemos para nuestros proyectos, mentirnos sobre lo que somos, o pensar que estamos necesitados de todo aquello que carecemos, como si lo poseído fuese insuficiente o inútil. ¿Lo ves? No funcionará lo que queramos construir a través de los demás si no atendemos lo propio.

Querida hija, te invito a reflexionar sobre aquellas cosas que te han quitado paz en el pasado y que hagas las paces con esas vivencias, no con la intención de que disfrutes su recuerdo o las consideres correctas, sino para verlas como una asignatura de aprendizaje. Del mismo modo, me encantaría que desarrolles la habilidad de percibir tu propio enojo cuando apenas nace, sin esperar a que sea tan gigantesco que no puedas manejarlo. Te aliento a liberarte de aquellas prisiones que en el futuro te hagan sentir intranquila. No existe paz en medio de la angustia, el agobio o la ansiedad.

A mí me ocasiona malestar sentirme invadido o percibir que otras personas desean controlarme. Es por ello por lo que no me interesa hacerte sentir de esa manera al ofrecerte estas sugerencias. Algunas personas necesitamos experimentar serenidad en el momento de tomar decisiones, así que quizá también lo vivas de ese modo. Cuando decidí de manera impulsiva, obré de manera poco ecuánime. Si alguna vez estás desbordada por alguna emoción o te sientes aprisionada por la inquietud, necesitas esperar a que regrese la calma y no entorpecer tus decisiones. Antes de elegir, sobre todo en los aspectos importantes de tu vida, asegúrate de estar en paz contigo misma y que no exista presión en tu mente o tu corazón.

Una vez, siendo niño, sentí mucho coraje cuando mi madre me regañó por algo que consideré injusto. No me agradó sentirme excluido de su cariño, así que me senté frente a un pequeño tocador que se ubicaba en una sección de la casa y apreté con fuerza mis puños. Sobrevino la idea de que debía expresar mi coraje y golpee con mi mano el espejo que estaba frente a mí, ocasionando un sonoro estruendo cuando cayeron los vidrios. Mi padre estaba cerca de ahí y corrió para constatar que no me había lastimado. No se habló del asunto hasta varias horas después y tuve que reconocer que había perdido el control. Ambos me dijeron que tuve suerte de que ningún vidrio me hubiese lastimado los ojos. No obstante, al perder mi paz quedé cegado por lo que sentía.

Ahora percibo que esa manera de reaccionar fue del todo reprochable, pero me permitió enterarme de que tenía un temperamento explosivo y que era mi deber comprenderlo para actuar con cautela cuando algo me exaspera. Entendí que, de haber dado un golpe así en el rostro de alguien, le habría ocasionado mucho daño. Comprendí que quienes no manejan su ira, al descuidarla mientras emerge, son susceptibles de ocasionar estragos. A partir de ahí me responsabilicé de mis ideas, contrarrestando una especie de voz interna que algunas veces me aconseja manifestar mi coraje sin ninguna ancla. Mi querida hija, los demás no son culpables de las emociones que vivimos. La paz es un fruto que se cosecha día con día y cada uno es su propio granjero. Poner en orden mis ideas me brinda un poco de paz, por eso escribo. Cada quien necesita encontrar su manera de encontrar sosiego.

La no violencia puede ser un concepto hasta cierto punto sencillo, pero las dificultades de practicarla son considerables. No me agradan las recetas y me parecen disparatadas muchas reglas porque no siempre están vinculadas con los contextos particulares de quien las lee. Esa es mi manera de percibirlo, pero podría no ser la tuya. Centrado en ello, te propongo algunas exhortaciones que no tienen la ambición de convertirse en normas. Si así lo eliges, podrían ser de utilidad si las consideras. Me parecería muy noble que entre tus propósitos se encuentre pacificar tu propia vida, así que apelo a que pongas atención a lo siguiente:

a) Vigila lo que piensas sobre ti misma. Cuando sientas que estás entrando en un pozo de pensamientos negativos, detente y date cuenta de lo que está sucediendo. Por ejemplo, puedes cambiar la idea «no voy a poder conseguirlo» por otra que diga «voy a intentarlo con entusiasmo».

b) Observa lo que piensas sobre los demás. Ver inferiores a otros se traduce en un trato despectivo. Cada persona lleva un proceso distinto y tiene alcances diferentes.

c) Detecta cuando te estás forzando demasiado. Da lo mejor de ti, pero sin hacerte daño, no vivas con prisa o comparándote con los demás, muestra paciencia y respeto hacia tu cuerpo y tus ritmos.

d) Saca lo mejor de ti en las situaciones difíciles, sin ponerte trampas a ti misma. Valora tus cualidades y aprecia lo que aportas a otros, tanto como lo que recibes de ellos.

e) Trata de que tus acciones surjan de un estado mental ecuánime y desapegado. De tal modo, podrás distinguir si debes recurrir al uso de la fuerza para protegerte a ti misma, o si es apropiado seguir al pie de la letra los principios de la no violencia.

f) Descubre la raíz de tus impulsos violentos y arráncalos cada vez que sea posible. No basta con abstenerte física o mentalmente de ejercer violencia contra los demás, aguantarse nunca es suficiente.

g) Practica la filosofía, vive de manera íntima tu anhelo de sabiduría y atesórala cuando la experimentes. Mientras menos ejerzas el derecho a filosofar o a encontrar razones congruentes para tu vida, habrá más motivos que te empujarán al odio y la agresión. Meditar también es una estrategia para lograr la no violencia.

h) Trata de estar en el centro de ti. Ahí se asfixia la violencia.

i) Avanza a contracorriente de la violencia y el abuso que emergen a cada momento en el mundo. Confía en algunas personas o forma un grupo de apoyo con quienes tengan ideales similares.

Llegado a este punto, caigo en la cuenta de que no quiero darte demasiada guerra hablándote de la paz. Solo deseo advertirte que seguir lo que aquí se indica no evitará que experimentes fricciones con otros. La paz no es lo contrario del conflicto, sino la herramienta que permite su manejo inteligente a través de la templanza. No podemos esperar solo cosas buenas de la vida, así que no podemos negar lo que no nos gusta. De ahí surge un par de cualidades más: integrar las cosas que suceden y adaptarse. De eso hablaremos enseguida. Por ahora me despido, pero antes quiero decirte que imaginar que estas letras te resultan favorables me produjo paz.

19. Integración

La paz es un estado deseable, pero nos equivocamos al pensar que puede mantenerse todo el tiempo. Existen situaciones inevitables que condicionan la propia paz. No obstante, incluso durante tales sucesos podemos mantener la sensatez. ¿Cuál es la herramienta que puede ayudarte en esos casos? Integrar lo agradable y lo desagradable, sin que eso te agobie o perturbe. Muchos hablan de mantener el equilibrio, pero me parece que no es el término apropiado. Aristóteles hablaba del justo medio, aunque es complejo saber cuál es esa medida exacta al enfrentar lo ordinario y trivial de las cosas. No avanzamos sobre una soga que cuelga de un edificio a otro, de modo que no necesitamos estar equilibrando todo el tiempo. No existen abismos a cada lado de nosotros, por eso me parece que el equilibrio es una figuración. Las balanzas se equilibran porque tienen dos extremos que pesan lo mismo, pero no todas las cosas de nuestra vida muestran la misma proporción que su contrario. Me parece más sensato ejercer la templanza, la cual es contraria al exceso y conduce a la moderación.

La templanza es distinta que el equilibrio. La primera nos exige apertura y criticidad en cada momento, la segunda implica un criterio fijo y estar situados en el medio de la balanza. El equilibrio alude a dos áreas contrapuestas que deben mantenerse en el mismo peso; por el contrario, vivir de manera templada no reduce la realidad a dos lados o fuerzas, sino que integra varios aspectos a la vez. Asocio lo equilibrado con lo tibio, por eso prefiero sugerirte la templanza, porque con ella no se niega la variabilidad. Las veces en las que te sientas afectada por un exceso tendrás que regresar a la templanza. Su contrario, la destemplanza, deriva de una ceguera que nos enloquece poco a poco.

Alguien podría comer y beber en exceso, equilibrando lo sólido y lo líquido, pero eso no es recomendable. La noción del equilibrio plantea las cosas como si fuesen contrarias, pero la templanza se centra en integrar varios aspectos, sin exagerar la importancia de los extremos. No recomiendo visualizar en todos los casos una especie de línea horizontal que nos exige estar en el punto medio, sino tener la habilidad de imaginar que esa línea hace una curva y forma un círculo donde no existen extremos, sino continuidad. La clave es integrar las cosas de la vida de un modo que sea útil, sin anhelar tener todo controlado. Lo anterior no es una simple prestidigitación geométrica, sino una visión holística que conviene desarrollar.

De manera diferente al ascetismo, centrado en sacrificios que tienden a la abstinencia y a la limitación innecesaria, la templanza no elude el gozo. Jaime Balmes, escritor español, consideró que la templanza es el más fino y delicado de los placeres, justo porque no nos lleva al hartazgo y nos permite degustar aquello que nos complace. Nuestra capacidad de templarnos se hace evidente cuando integramos lo que nos sucede y comprendemos que existe un orden implícito en lo que parece caótico. Integrar el aparente caos nos conduce a templar la vida mediante la aceptación de lo agradable y lo desagradable, aprendiendo de ambos extremos y percibiendo su continuidad. Si partes de una actitud así, dejarás de juzgar a través de dicotomías, las cuales surgen cuando ves las cosas separadas, como si fuesen contrarios que se enfrentan tratando de vencerse.

¿Te has puesto a pensar que la mañana y la noche en realidad son modalidades de un mismo día? Ambos extremos lo conforman y son necesarios para que el día sea lo que es, aunque parezcan contrapartes. Sucede lo mismo cuando piensas en el inicio y el final de un viaje: ambos son oportunos y confluyen para integrar una experiencia de desplazamiento de un lugar a otro. Cada vez que botas un balón suceden dos momentos: lo impulsas hacia abajo y lo recibes tras su impacto en el suelo. El bote es una continuidad que requiere de ambos momentos. Lo mismo sucedió la última vez que comiste, en virtud de que experimentaste hambre y saciedad, sin que estos sean aspectos o experiencias independientes. Otro ejemplo de esto son los actos de dormir y despertar: si no despiertas habrás muerto y si no duermes no puedes despertar. Acercarse y separarse, iniciar y terminar una labor, estar acompañada y luego quedarte sola, todas esas son situaciones que parecen existir por sí mismas, pero conforman e integran una continuidad cíclica.

Si trazas una línea horizontal, sería absurdo esperar que la sección ubicada de la mitad hacia la derecha constituya una línea diferente a la que está en la izquierda. Ambas son partes de una sola línea. Desde luego, puedes pensar que serían divisibles y que, si trazas un corte vertical, las verás divididas, pero en realidad ese último trazo se integraría en la imagen y formaría una especie de cruz. Piensa ahora en el renglón que está encima del que ahora lees. Puedes encontrarte con la palabra que está a la izquierda y a la derecha del centro de tu marco visual, pero, a pesar de ello, ambas conforman un mismo renglón, el cual se integra en una página que forma parte de un capítulo de los que integran este libro. No es que la primera palabra esté más integrada en el texto que la última, cada una forma parte de este; de manera similar, cada letra integra la palabra en la que está insertada.

Ahora bien, estoy seguro de que percibes que entre las palabras ha sido necesario mantener espacios que a simple vista no tienen sentido, o parece que no desempeñan ninguna labor, pero esos huecos son fundamentales para que la lectura sea comprensible. ¿A qué quiero llegar con todo esto? A que incluso lo que piensas que no forma parte de tu historia personal se integra en ella de maneras que no siempre serás capaz de descubrir. Si vives la integración y aceptas lo que llega a ti, perderás menos paz que cuando quieras excluir o borrar sucesos que ya sucedieron.

La salud y la enfermedad se integran a la vida, a tal grado que nadie que haya existido se privó de ellas. El bien y el mal son derivación del juicio con el que evaluamos las cosas, los sucesos, las conductas o incluso a las personas, pero es mucho más sensato entender que todos tenemos la potencialidad de dañar y de construir, al mismo tiempo. La violencia es útil porque nos permite aspirar a la paz, pero eso no significa que debamos consentirla, más bien nos corresponde contrarrestarla, luego de integrarla y comprenderla.

De acuerdo con este orden de ideas, incluso la muerte puede ser asumida como una parte irrenunciable de la vida, puesto que todo lo que vive tiende a su desaparición tarde o temprano. Lo diré de otra manera: la muerte no es lo contrario a la vida, sino su consecuencia lógica, su desenlace natural. Querer ir en contra de lo natural no hace más que disminuir nuestra paz y nos desacopla de la realidad que nos corresponde.

Al entender que somos individuos que forman parte de un gran círculo humano cuyas secciones se integran entre sí, se vuelve absurdo jerarquizar a las personas según el territorio en el que nacieron. La discriminación y el racismo son producto de una visión fraccionaria de las cosas, centrada en la tergiversación de la continuidad que todos integramos como especie. Cuando se habla de la evolución de los humanos, no nos referimos a los que viven en ciertas zonas, sino que todos integramos ese proceso. La humanidad se enriquece por su variedad. Eso es algo maravilloso: somos iguales en que nos distinguimos, pero las distinciones no nos deberían generar enemistad. Somos el gran círculo de lo humano, sin importar en qué época vivamos, porque incluso al morir seguiremos siendo parte de esa magna colectividad, tal como en ella se integran los que ahora mismo no están entre nosotros.

Además de la circularidad de lo que existe, me gustaría hablarte de la naturaleza cíclica de la materia. Sí, ya sé que suena complicado a la primera leída, pero te aseguro que es bastante comprensible. ¿Te has dado cuenta de que lo que está a tu alrededor se divide en secciones? Una parte de tu habitación es el techo, otra es el piso y otras más son las paredes que te rodean. Quizá en alguna pared exista una ventana y en ella hay partes que la conforman. Todo eso que existe ahí se aglomera e integra tu habitación. No obstante, años atrás esa habitación no había sido construida y no existía. Llegó su ciclo de existencia y ahora duermes ahí. Si quieres una muestra más precisa de la importancia de los ciclos pon tu mano en el pecho y percibe los latidos de tu corazón. Cada latido representa un ciclo en el que se sincroniza la parte derecha con la izquierda. Como verás, tus latidos están constituidos por dos momentos: 1) se relaja el miocardio, un músculo que manda sangre a las venas y cavidades del corazón; 2) se contrae el miocardio y la sangre es eyectada del corazón hacia las arterias. La importancia de los ciclos se observa dentro de ti.

Si observas hacia arriba, estando al aire libre, verás que existen condiciones cíclicas en la naturaleza cósmica. La fuerza gravitacional de la luna ocasiona las mareas al atraer el agua de los océanos. ¿Acaso no es fascinante? La luna favorece el cumplimiento de ciertos ciclos en el mar. ¿Te has preguntado cómo surgió la luna o de dónde salió? Hace 4500 millones de años, un planeta se estrelló con la Tierra y causó que varios de sus restos se esparcieran alrededor. De algunos de estos bloques se formó la luna y también brotaron porciones que contenían hidrógeno, nitrógeno y carbono, permitiendo la fusión de lo que ahora conocemos como caldo vital. Se sabe que nuestro planeta se enfrió alrededor de 700 millones de años después de aquel impacto y generó vapores que se condensaron en los océanos. La luna propició las mareas que combinaron diversos y, en la mezcla de esas condiciones, aunadas a otras más, la vida se originó hace 3800 millones de años. Como podrás ver, no es exagerado decir que nuestra existencia se debe a la luna. ¡Ahora podemos afirmar que todos somos lunáticos!

La luna es cuatrocientas veces más pequeña que el sol, pero acontece un efecto óptico muy particular cuando parecen del mismo tamaño durante un eclipse. Resulta impactante que, de manera coincidente, la luna se encuentra alrededor de cuatrocientas veces más cerca de la Tierra. La luna está en movimiento, tanto es así que su órbita alrededor de la Tierra se completa cada 29 días. Más allá de aludir a datos interesantes, mi intención es mostrarte el ciclo de la existencia y los momentos secuenciales que están en todo lo que ves. Incluso el universo tiene un ciclo que terminará, tal como el tiempo de nuestra vida.

Por la noche puedes acceder a maravillas portentosas si volteas hacia arriba y encuentras las estrellas que sobresalen del gran manto oscuro. Si observas a tu alrededor, te encontrarás con ciclos precisos en la naturaleza terrestre. No es un simple cúmulo de teorías, lo puedes notar en la mariposa que vuela tras dejar de ser oruga y cumplir su ciclo de gestación, o en el pájaro que deja el nido una vez que se ha fortalecido y aprende a volar. Tras dejar el sitio de su nacimiento, las aves se transportan de un sitio a otro según sean las condiciones del ambiente. Las estaciones del año son ciclos en los que se manifiestan diversos sucesos naturales que se reiteran cada año. Ciclos similares se cumplen cuando en cada hogar parten los hijos e hijas tras haberse desarrollado y volverse capaces de cargar consigo mismos.

Si pones atención, te darás cuenta de que el desarrollo de tu vida ha estado inmerso en un sistema de ciclos. Has vivido una etapa de gestación en el vientre de tu madre, naciste y has adquirido nuevas características cada día, te convertirse en una niña tras cumplir tu ciclo de bebé y, ahora, eres una adolescente. Quizás, si tengo suerte, vuelvas a leer este libro más adelante, siendo una persona adulta en un ciclo diferente de la vida y con nuevas perspectivas para comprender lo que está escrito. ¿Puedes identificar el momento exacto en el que dejaste de ser niña? Yo no lo percibí por completo. De pronto, sin notarlo, nos adentramos en ciclos diferentes. Todos nos formamos, crecemos, tenemos facultades, envejecemos y morimos. Si tratamos de evadir ese ciclo, nos frustramos demasiado. A los ciclos no les interesan nuestras ideas sobre el equilibrio, así que nos corresponde integrarlos tras reconocer que están presentes.

Te invito a que imagines lo que hay debajo de ti, más allá del piso en el que te apoyas. Dentro de sí, la Tierra tiene ciclos que se manifiestan en rutas y ondas sísmicas que subyacen en el interior del gran globo terráqueo. A su vez, la temperatura de los minerales y de las rocas que están dentro de la Tierra modifican la presión que es ejercida sobre ella. El campo magnético que emerge del núcleo interno de la Tierra y brota hacia la superficie tiene ciclos y variaciones. El calor dentro de la Tierra es variable, tal como sucede con los relieves costeros y volcánicos. Incluso las erupciones de los volcanes tienen que cumplir ciertos ciclos difíciles de prever.

Todo lo que existe está en movimiento a partir de ciclos. Ni siquiera el acomodo actual de los continentes del mundo ha sido siempre el mismo. Hace 300 millones de años, los continentes no estaban separados y formaban un solo bloque al que se nombró Pangea o toda la tierra. Este bloque estuvo aglutinado por el movimiento de las placas tectónicas, las cuales también ocasionaron su desarticulación y acomodaron a los continentes de la manera que hoy vemos en cualquier mapa. Ese ciclo se inició hace 175 millones de años. ¿Crees que ha terminado? No, en realidad los continentes siguen separándose. Lo mismo sucede con el universo, el cual sigue expandiéndose y en algún momento tenderá a su reducción hasta que haga implosión. Desde luego, no estaremos ahí para constatarlo.

Si te observas a ti misma, notarás que integras dos aspectos que muchas personas perciben separados o ajenos. Tu mente y tu cuerpo están interconectados, de modo que eres una persona que experimenta vivencias psíquicas que se manifiestan de manera corporal. Si estás nerviosa, sientes que te sudan las manos; si estás triste, derramas lágrimas; si estás feliz, tus labios toman la forma de una sonrisa; si sucede algo divertido, emites sonidos graciosos a los que conocemos como risa. La lista puede continuar: cada vez que te sientes cansada, tus ojos solicitan cerrarse; en las ocasiones que algo te asusta, quizás surja un grito estruendoso y las veces que sientas temor quizás experimentes escalofríos. La cuestión es que la conexión de tu mente y tu cuerpo es mayúscula, a tal grado que varias enfermedades, e incluso su posible sanación, tienen su punto de partida en el tipo de emociones que permites, así como en los estados anímicos que derivan de lo que piensas.

Al igual que integramos el cuerpo y la mente, podemos integrar aspectos que parecen dicotómicos o contrarios. Nunca he entendido a los que ponen en disputa el arte con la ciencia, como si hubiese que elegir alguno de los dos. Tampoco es lógico suponer que la pasión debe disminuir a cambio de ser inteligentes, o que existe algún motivo para creer que los hombres no lloran y que las mujeres no deben manifestar su fuerza. Todo puede ser integrado, incluso los extremos que parecen forzarnos a elegir una cosa u otra. Carl Jung, un psicólogo suizo, refirió que las personas son capaces de integrar conductas tiernas, emotivas y sensibles (a las que llamó *anima*) con otras enérgicas, determinantes y contundentes (que refirió como *animus*).

Cuando era adolescente, conocí a una compañera que me agradaba. Con el paso del tiempo, decidí decirle que sus ojos eran como un mar en el que me gustaría nadar. Puso cara de extrañeza y me dijo que debía ser menos sensible. Tomando en cuenta la sugerencia, investigué una explicación científica de la atracción y me familiaricé con las endorfinas, unas sustancias que elabora el cuerpo y ocasionan bienestar. Me presenté de nuevo ante la afortunada y le dije que estaba muy agradecido con ella por generarme líquidos placenteros. Quizá no es necesario explicar que eso no le agradó; incluso sugirió que debía ser más sensible. Comprendí el valor de la integración. Al balancearme hacia una modalidad de expresión, sumado a mi eventual torpeza, descuidé la templanza. Integrar la sensibilidad con la contundencia podría ser mejor herramienta.

Si observas lo que sucede en tu propio cuerpo, verás que hay ciclos naturales, algunos incluso muy puntuales. Todos vivimos etapas en las que estamos más felices y satisfechos, tal como en otras nos agobian momentos de tristeza y desanimo. Ten en cuenta que la vulnerabilidad nos conduce a obtener fortaleza y que las tristezas nos permiten apreciar con mayor detalle las alegrías. Confía en que más allá del dolor se avecina algún gozo y que el gozo no nos aleja del dolor. Si integras los opuestos y aprecias los ciclos que están implícitos, obtendrás una paz que es superior a la de quienes la observan como algo que solo existe en los buenos momentos. Un hipocondriaco, quien de manera constante piensa que puede enfermarse, se quita la paz a sí mismo, no solo porque no acepta la vulnerabilidad que le corresponde, sino porque la sobredimensiona y la vuelve irreal. A pesar de ello, en congruencia con la conexión entre la mente y el cuerpo, sus pensamientos pueden conducirlo a sentir los síntomas que tanto teme.

Si analizas lo que sucede en tus relaciones con los demás, verás que también existen ciclos y polos que es útil saber integrar. En otras palabras: incluso las relaciones humanas tienen ciclos. Conviene que aceptes las etapas complicadas en las que te distancias o te molestas con amigos y amigas, pues en algún momento llegará la reconciliación si de verdad merecen seguir teniendo ese nombre. Hay que saber descubrir lo fructífero en lo desagradable, así como lo desgastante que puede ser lo que nos agrada. Incluso puedes verte a ti misma como alguien que se encuentra en constante variación. Hay células de tu cuerpo que mueren para dar paso a otras nuevas, tal como sucede con algunos de tus recuerdos, los cuales son desplazados más allá de tu memoria para que puedas poner atención a ideas y aprendizajes nuevos. Son multitudes las que creen que siempre están progresando, o que es sensato evaluarse de manera ascendente todo el tiempo, pero en realidad nuestro desarrollo no es tan constante, tal como tampoco lo es la historia de nuestra vida. Subimos y bajamos, porque eso es parte de nuestra existencia cíclica.

Así como es importante la vida en sociedad y las relaciones con los demás, los momentos de soledad nos ofrecen reposo y nos recargan de energía. Somos individuos solitarios en algunas cosas y bastante colectivos en otras. No podemos (y tampoco es necesario) compartir todo lo que pensamos y sentimos, no estamos obligados a ofrecernos como productos que lo contienen todo en un solo empaque. Algunas cosas son compartibles, otras son íntimas y algunas más están reservadas para pocas personas o incluso para una sola. Observa que es normal que tus vínculos con otros muestren altibajos, así que no es útil sentir culpa por ello. Incluso pueden brotar conflictos con quienes tienes afinidad, pues las convergencias y divergencias son constantes e inevitables. Visto así, las fricciones son predecibles y esperables. Conviene aceptarlas e integrarlas, así como saber solucionarlas.

Cada vez que desees resolver un conflicto convendrá que comiences por reconocerlo y asumirlo. No te niegues a contactar con los hechos y trata de conocer cómo fueron las cosas, en vez de evadir lo que tiene que ser sabido. Algunas veces, el conflicto genera malestar o insatisfacción, pero eso no debe llevarte a negar lo que sucede. Cuando negocies con alguien para solucionar un problema, disponte a indagar sobre lo que originó el conflicto. De manera usual, las fricciones se ocasionan por alguna diferencia en la información, las metas, los procedimientos, las opiniones, las convicciones, los ideales o incluso los valores que cada uno aprecia. Trata de entender la perspectiva ajena y haz notar la tuya con claridad. Ten en mente lo que estás dispuesta a ceder y expresa lo que esperas obtener de la otra persona. La resolución de un conflicto, cuando es auténtica, se produce al comprender una manera distinta de ver las cosas. Integrar ambas posturas, tratando de converger en un punto donde ambos obtengan beneficios, requiere no solo habilidad de tu parte, sino también honestidad y criterio.

Cuando trates de solucionar un conflicto en el que representas o hablas por un grupo de personas que te importan, debes representar con gallardía a los que confían en ti. A lo largo de la historia, los cambios sociales acontecieron de la mano de algunos cambios culturales. Llevada a sus mejores alcances, la resolución de los conflictos se vuelve una acción ética y política. La lealtad con los demás es el baluarte para edificar la fraternidad (hermandad entre los hombres) y la sororidad (hermandad entre las mujeres) que son tan necesarias en el mundo. Por supuesto, no se trata de competir entre unos y otros, sino de construir solidaridades conjuntas.

En la misma medida en que adoptes la habilidad de integrar, percibirás el sustento de la filosofía del *I Ching*: todo lo que existe está regido por el principio del cambio. De tal modo, todo lo que es dejará de ser en algún momento. Por ende, incluso los opositores están interconectados y cada cosa se relaciona con las demás. Es esa interdependencia la que ocasiona los cambios. Cada situación tiene su contraparte, así como cada virtud o suceso. El concepto taoísta del *yin* y *yang*, simbolizado por un círculo que entremezcla e integra dos constituyentes de sí, expone que no existe división y que la realidad no es dualista.

Este orden de ideas conduce a reconocer que incluso el tiempo es cíclico, en el sentido de que la noción de pasado, presente y futuro, como una sola línea temporal que va hacia delante, puede ser entendida de otras maneras. Una notable circularidad del tiempo se observa, por ejemplo, en el calendario azteca, también conocido como la piedra del sol. A su vez, según los mapuches, indígenas que aún habitan en algunas zonas de Chile y Argentina, el tiempo no avanza de manera unidireccional, sino que el pasado puede estar hacia delante y el futuro estar hacia atrás de lo que concebimos. Por ello celebran el We Tripantu, que no es solo el comienzo de un nuevo año, sino un inicio para la Tierra y para ellos mismos. Además, tal como los aztecas, entendieron que no existe separación entre el mundo material y el espiritual.

Querida hija, graba en tu mente y en tu corazón que todo termina en algún momento y que el tiempo absorbe lo que pensamos que nunca se iría. Del mismo modo, atesora la noción de que cada final abre la puerta para un nuevo principio. Aprende que la muerte no termina con la vida. Lo que creemos que muere da lugar a novedades maravillosas. Piensa en cómo la caducidad de algunas frutas las hace parecer inservibles, pero si con ellas se elabora composta pueden servir para fertilizar la tierra y propiciar nuevos árboles frutales. Este libro tuvo un inicio y concluirá algunos capítulos más adelante, pero es de esperar que su término no constituya su final definitivo, sino que renazca mediante las ideas o recuerdos que almacenes en ti.

Tuvieron razón los estoicos al comprender que existe un orden que no se sujeta a lo que podemos comprender. Por ello, integrar lo que sucede, sin perder la calma por las molestias que eso ocasiona, es una actitud de las personas sobrias y prudentes. «Comamos y bebamos que mañana moriremos», dijo alguna vez Epicuro, un brillante filósofo de la antigua ciudad de Samos. Si la muerte terminará con lo que ahora somos, me parece buena idea disfrutar de manera inteligente del tiempo que nos queda. Aceptemos que el orden que deseamos no es el Orden del universo y que nuestros apegos no son de su menor interés. Ve más allá de lo que te muestran tus ojos y encuentra la armonía detrás del aparente caos. Eso sin duda te traerá paz y te dispondrá al bienestar. Si de verdad nos interesa la integración, no podemos dejar fuera la sensorialidad y el gozo. Si esa última palabra te resulta interesante, te espero en el siguiente capítulo.

20. Gozo

Alejar el gozo de nuestra vida no representa ningún mérito, sino un desperdicio. Por el contrario, si lo sabes integrar, considerando una serie de aspectos importantes, promoverá bienestar y plenitud para tu vida. No hay motivo alguno para enfrentar el placer, como si fuese un enemigo o algo malvado que acecha a nuestro alrededor buscando devorarnos. Hay quienes desprecian el hedonismo, pero cometen el error de suponer que cualquier persona se vuelve hedonista tan solo por disfrutar del placer. No es así, el hedonista busca el placer de manera unilateral, al estilo narcisista, percibiéndolo como un fin que es solo para sí. Que alguien quiera comer un pedazo de pastel en la fiesta de tu cumpleaños no significa que desee el pastel completo para sí. ¿Percibes la diferencia? Disfrutar todos los placeres disponibles resulta insensato, pero menospreciarlos es insensible, solía afirmar Plutarco, historiador griego.

Quiero recalcar, querida hija, que tienes derecho al gozo y que no es forzoso que este mundo sea un valle de lágrimas en el que sufrimos cada minuto. ¡Hay muchas opciones para pasarla bien! Estar vivos, en su sentido más literal, es una gran oportunidad. Con esto no afirmo que todo el tiempo debas estar buscando cumplir tus gustos o tener sensaciones agradables, sino que los placeres deben tener su lugar en la vida, lo mismo que las comas en una frase, según expresó Eugénie de Guérin, escritora francesa. Como podrás notar, las comas permiten que exista pausa en la lectura y nos disponen a continuarla con aire renovado. El placer ofrece algo similar: nos recuerda que no todo debe ser dolor o sufrimiento y que no tiene sentido atormentarse de manera gratuita. Las cosas disfrutables de la vida no solo acontecen una vez, pueden repetirse lo mismo que las comas.

El placer y el gozo son modalidades del disfrute. Del gozo te hablaré más adelante, luego de aludir a los placeres, que son más simples, sencillos y cotidianos. El alivio, por ejemplo, consiste en la superación del dolor y nos permite tranquilizarnos para cambiar de perspectiva. Recuerdo que, cuando me extirparon la vesícula biliar y desperté del efecto de la anestesia, sentí un alivio inconmensurable. En los días previos a la intervención del cirujano acumulé tensión y ansiedad. Saberme vivo y mirar el techo mientras me trasladaban a mi habitación me provocó bastante alivio. De ese modo, el alivio sobreviene cuando constatamos que hemos salido airosos de una situación complicada o que nos retó demasiado. Cuando eras pequeña, te sentías aliviada cada vez que me veías entrar en tu habitación. Esa fue una manera de sentirte segura y acompañada.

Aún más disfrutable que el alivio es la diversión, la cual deriva de los juegos, los retos sencillos, las competencias interesantes e incluso el deporte. En estas actividades se pone la atención en el evento, se convive y disfrutan los sucesos que acontecen. Disfruto mucho al verte divertida cuando participas en un evento deportivo o incluso mientras realizas algún ejercicio lúdico. Ganar o perder es consecuencia de estas actividades, pero existe beneficio en sí mismas. No cabe la seriedad, la pena o la timidez en tales casos; cuando la idea es divertirse, hay que dejar fuera las inhibiciones y la falsedad.

Luego de la actividad impetuosa, o del intenso ajetreo, el descanso se vuelve disfrute. La serenidad corporal y mental que lo acompañan propicia que aumente su valor. No es lo mismo el descanso que la inactividad, salvo cuando se trata del reposo absoluto. Obtengo descanso cuando cambio de un quehacer a otro, lo cual difiere de hacer dos cosas al mismo tiempo. Juan Bosco, educador italiano, decía que el descanso consiste en estar activos de modos disfrutables, dejando el espacio necesario para lo que debemos de hacer.

El deleite es otra modalidad de disfrute que consiste en obtener algo que anhelábamos, o consumar un acto que nos exigió mucho esfuerzo para ejecutarlo. Si completas un rompecabezas o llenas un crucigrama, sentirás deleite, el cual deriva del empeño dedicado y no se contrapone a la diversión del proceso. Visto así, la sensación de cumplir con el deber es un deleite que se reserva para quienes se esfuerzan lo suficiente en lo que es digno de su atención. Mientras más intenso sea el trabajo que llevamos a término, el deleite emergerá con mayor brillo y resonancia. Cuando el deleite es mayúsculo se vuelve euforia. En ocasiones no pasa así. ¿Te ha sucedido que al obtener algo no te sientes conmovida? Muchas veces se hacen las cosas por obligación, pero existe mayor deleite en el logro que deriva de una intención auténtica. Por ello, te invito a que inviertas tu vida en hacer aquello que más te apasione. Cada día es una oportunidad que jamás regresa; si desperdicias el tiempo, sueltas una porción de deleite que podrías obtener.

El deleite sucede en tu mente, el placer acontece en tu cuerpo. En ambos casos se libera tensión física o pulsión. Richard Wagner, músico alemán, concluyó que el placer no está en las cosas, sino en nosotros mismos cuando lo experimentamos. Esto nos conduce a placeres que derivan de los cinco sentidos, muchas veces mezclándose entre sí. La sensorialidad, como antesala del placer, requiere de voluntad y de pausas. Por más delicioso que sea un alimento, lo disfrutamos menos si nos atragantamos al devorarlo. Cuando se combina la sensorialidad del placer y la necesidad fisiológica, damos paso a la satisfacción. Este tipo de disfrute se experimenta al beber algo que nuestro gusto aprecia, o al comer una porción de alimento que está preparado y servido de manera artística. En ese sentido, la gastronomía recoge sabores, olores, texturas y presentaciones visuales que constituyen no solo el paso a la saciedad, sino una explosión de placer sensorial. El sentido del gusto suele ser menospreciado para dar realce a los demás sentidos, pero es la antesala del auténtico disfrute. Por el contrario, comer y beber en exceso distorsiona el placer experimentado, convirtiéndolo en un puente hacia el malestar.

Si bien es indudable la importancia de estos canales de disfrute, el mundo físico y el sensorial no nos garantizan una plenitud completa y constante. Un acertado complemento de lo sensorial es el placer psíquico, el cual deriva de la evocación de algo agradable, el humor, la alegría o la serenidad. La risa aumenta los niveles de dopamina, tal como el ejercicio, lo cual nos permite aprender mejor, desarrollar la atención y tener mejor memoria. Además, la risa aumenta el flujo sanguíneo, alivia la tensión y fortalece el sistema inmunológico. Me parece que lo anterior es suficiente para desinhibirse un poco y soltar carcajadas genuinas. Cuando te duela el estómago de tanto reír, quizás puedas cantar algunas melodías que te hagan sentir plena y alegre.

Existen otro tipo de placeres que emergen cuando observamos ambientes ordenados, limpios, armónicos y espaciosos, lo cual reporta mayor disfrute a quienes centran su atención en lo que los rodea. A mí me sobreviene cierto placer cuando salgo a caminar por sitios en los que se observan largos senderos o se visualiza el final del recorrido a lo lejos. Como podrás notar, ciertas modalidades del disfrute se edifican cuando se tiene la intención y la voluntad de experimentar algo agradable. En ese sentido, se genera mayor disfrute si se tiene un vínculo con aquello que nos atrae, de modo que lo percibimos y reconocemos de maneras más precisas. No es lo mismo llegar a un lugar desconocido que viajar al sitio en el que más anhelas estar. Tampoco es idéntica la experiencia de dar un beso a alguien que te resulta indiferente (lo cual es absurdo) o la de besar a quien te interesa desde hace tiempo. Leer un libro que te apasiona te reportará mayor disfrute que cumplir por obligación con una lectura asignada.

El gozo, según como lo concibo, exige que vayas más allá de lo que tus ojos indican, que profundices más hondo de lo que tu agudeza auditiva te permite, que digieras lo que vives más allá de la simple reactividad sensorial o de la emoción saltarina. El gozo es un placer para el que necesitas estar dispuesta y preparada, porque requiere que te centres en ello. No se trata de satisfacción corporal, sino de evolución momentánea, atención magnificada y plenitud sin parangón. Varias de las modalidades descritas con anterioridad se experimentan de maneras más rotundas y grandilocuentes si son vividas con mayor atención y entrega. Por supuesto, el placer corporal que deriva del intercambio de fricciones con otro cuerpo no es igual que el gozo integral de compartir con alguien todo lo que eres a través una suprema danza entretejida de júbilo y éxtasis.

Para lograr algo así no basta con desvestirse, se necesita portar tu propia esencia en cada poro de tu piel. Antes de que uno pueda compartirse debe tenerse, y para poder tenerse es primordial saber y cuidar de sí. Frida Kahlo, pintora mexicana, sugería a las mujeres que se enamoraran primero de ellas mismas, de la vida, y luego de quien ellas eligieran. Me parece oportuno que cada mujer sea dueña de sí, que conozca su valor y su poder. Si eso sucede, será difícil que elija convertirse en mero objeto del placer ajeno.

Debido a la compenetración que se deriva de la unión sexual, algunas personas, como quienes pertenecen a la vida religiosa o hacen votos monásticos, eligen renunciar al gozo para optar por algo mayor que, según su visión, les es negado si disfrutan de su propio cuerpo con alguien más. Se enseña a los monjes que el gozo sexual es un obstáculo para su profunda entrega a Dios (o lo que ellos creen que es Dios). No obstante, otras perspectivas espirituales, como la del tantra, en el hinduismo y el budismo, reconocen que el placer es un regalo que ha sido concedido a los humanos y que no hay motivo alguno para presentarlo como algo que nos separa de lo absoluto.

Según lo percibo, no basta con eludir el placer para convertirse en una persona espiritual. Incluso me parece que cuando se renuncia a ello, sin desapegarse del deseo de disfrutarlo, se atraen consecuencias desagradables. Lo anterior no significa que esté de acuerdo con el desenfreno o la trivialidad con los que los medios de comunicación han explotado la sexualidad, lo cual me parece de lo más patético. El gozo es una manera de conocerse a sí mismo y de sensibilizarse ante el misterio de habitar entidades corpóreas. En todos los casos será fundamental que exista cuidado, sensatez y mutuo consentimiento entre los participantes.

Me parece que quienes no logran ejercer su sexualidad de manera sana, sin centrarse en la unidad espiritual de dos cuerpos materiales, viven tal frustración que tienden a manifestar conductas sexuales desordenadas. A eso se le llama compensación, lo cual, según explicó Alfred Adler, psicoterapeuta austriaco, consiste en contrarrestar el sentimiento de inferioridad en alguna área manifestando un alto o desordenado desempeño en otra. No te propongo que renuncies al gozo de un verdadero encuentro con alguien a quien aprecias o te atrae en demasía, sino a estar por encima del placer irresponsable, la saciedad incómoda o el descuido de tu salud. Por supuesto, evita manipular, fingir o aparentar amor con tal de obtener beneficios placenteros, lo cual es bastante ruin e insano.

Tratándose del arte que se plasma en lo objetos, cada vez que pongas atención y te centres en los detalles podrás percibir lo que a otros les parece invisible. En ese sentido, el gozo estético empieza con la captación sensorial, pero se relaciona con la identificación de la belleza que se manifiesta en la obra artística. Por supuesto, conectar de esa manera requiere la habilidad de contemplar en profundidad y saber ver. El hábito de la lectura es un camino para explorar lo desconocido. Hasta hace unos años, no tenías mucho interés por introducirte en las páginas de los libros, pero me he percatado de que tu afinidad por los textos ha ido en aumento. Sí, incluso en la época de lo audiovisual vale la pena leer. Cada una de tus lecturas inicia un proceso de descubrimiento que es valioso en sí mismo. Como bien sabes, no tengo ninguna objeción de que las personas se entretengan de vez en cuando con la televisión o sus teléfonos, lo que me parece un desperdicio es que dejen de pensar de manera crítica, o permitan que su fantasía se vuelva enana.

Leer es una manera de divertirse y un método de maduración. La literatura no convierte a las personas en sujetos éticos, pero al menos les ofrece la ocasión de replantear su manera de vivir a partir de su identificación con los personajes. Querida hija, existe mucho gozo disponible en las bibliotecas y en todas las letras que están ansiosas de ser tomadas en cuenta. Todo lo que ha sido expresado con letras constituye una invitación a incluirte en mundos alternos, llenos de sensaciones y perspectivas. En esas exploraciones puedes elegir a distintos autores y autoras. Me encantaría que degustes algunas de las obras de aquellos por los que tengo predilección: Dostoievski, Tolstói, Flaubert, Faulkner, Stevenson, Woolf, Dickens, Balzac, Kafka,

Joyce, Bécquer, Darío, Dante, Hugo, García Márquez, Austen, Chéjov, Wilde, Cervantes, Shelley, Shakespeare, Proust, Stendhal, Pérez Galdós, Gaarder, Paz, Hesse, Ende, Zweig, Borges, Andersen, Tolkien, y muchos más. Llenaría muchas páginas hablándote de cómo he gozado con sus libros y enseñanzas.

Cuando quieras descansar tus ojos, puedes abrir tus oídos. La música es una compañía que nunca te traicionará. No llego al extremo de pensar que nos volvemos mejores por escuchar música, pero algunas melodías nos conducen al aprecio de la armonía y el orden. No importa si algunas melodías no se acompañan de letras, la música en sí misma transmite mensajes para quienes escuchan con entera disposición. He notado que disfrutas de los espectáculos a los que asistes y me parece que compartes conmigo el gusto de descubrir las experiencias en vivo. Nunca olvidaré haber visto a Morricone en uno de sus conciertos en las termas de Caracalla en Roma, el deleite de escuchar a King Crimson en el Royal Albert Hall o el gozo de presenciar un concierto de la Orquesta Sinfónica de Viena. Cuando te sea posible y estés dispuesta, goza mirando el *David* de Miguel Ángel, platica con la *Gioconda* de Leonardo da Vinci, siente *Romero y Julieta* en algún teatro, deléitate con el Ballet Folklórico de México, date el gusto de bailar salsa, conecta con la nostalgia de *Cinema Paradiso*, regocíjate al mirar la arquitectura de Antoni Gaudí o embelésate en el Taj Mahal. Las bellas artes están ahí, todas y cada una a tu disposición, solo necesitas agudizar tus sentidos y conectar con ellas. El arte expresa y contiene la esencia que nos pertenece a todos.

A tu alcance está también el gozo intelectual, no solo por ampliar tus conocimientos, sino por actuar de manera congruente con lo que sabes. Tu cuerpo palpitará por completo cuando hagas tuyos los secretos de lo desconocido. Forja en ti la pasión filosófica de quien se sabe destinada a penetrar las partes oscuras de la realidad. Indaga, confronta y detona nuevas maneras de percibir y procura que sean útiles tanto para ti como para los demás. Piensa con el corazón, siente con el intelecto, intuye y desarrolla un arte. Las andanzas del intelecto no son motivo para suprimir el gozo emocional. Si así lo eliges, encuentra gusto en empatizar, en compartir tu afecto o sentirte aceptada por otras personas a las que consideras importantes. Conectar con otros te abrirá la puerta a mundos diferentes y te mantendrá atenta a lo que te rodea.

Si miras con atención un árbol, o incluso una flor, experimentarás el gozo ecológico de saberte parte de la naturaleza. En algún momento de tu vida, si así lo quieres, podrás entender el gozo que he tenido al recorrer el Camino de Santiago en el norte de España, subir la Grouse Mountain en Vancouver, mirar el color azul turquesa de las playas de Cancún, o andar con calma los senderos de la montaña de Montserrat, cerca de Barcelona. Por supuesto, esos son solo algunos de los miles de sitios que muestran la belleza del planeta que habitas. Si las circunstancias lo permiten, no encuentro ningún motivo para que te quedes en medio de cuatro paredes. Incluso en los casos en los que tengas necesidad de recluirte, bastará con mirar una planta o acariciar a una mascota para gozar la vida que está cerca de ti.

Además del gozo derivado de mirar lo que ya existe, la creatividad te permite provocar que lo inexistente emerja al mundo de lo tangible. Quizá te interese escribir, delinear contornos físicos, dibujar o dar vida a alguna obra expresiva. El gozo creativo surge cuando fluyes y te admiras de lo que tu mano, tu cuerpo o tu intelecto teje con armonía. ¿Recuerdas que al inicio de este libro te hablé de la admiración? Ahora puedo concretar que no hay gozo sin admiración.

Si estás alerta ante lo que te presenta la realidad, encontrarás arte en cada respiro y percibirás que eres arte que el Cosmos creó.

Por más absurdo que pueda parecer, algunas personas rechazan el gozo y no solo se cierran a su propio deleite, sino que están descontentos cuando otros lo experimentan. Quizá opinan que no hay tiempo para gozar, o que cuando nos abrimos al placer nos volvemos despreocupados de los problemas. Me parece que se equivocan de manera flagrante: gozar no nos vuelve egoístas y no implica que nos desentendemos de la vida. ¿Qué valor tiene una existencia que transcurre sin gozo alguno? Gozar es una manera de disponerse para lo que nos corresponde vivir. No sabemos si se avecinan sufrimientos o si padeceremos momentos de tristeza, así que no existe impedimento, más allá de los prejuicios, para poder gozar. Tu gozo significa que estás viva y que entiendes que la eternidad se encuentra suspendida en cada instante. Gozar no es un acto solitario y no te conducirá al asilamiento, así como tampoco es necesario que te fuerces a estar con alguien para poder gozar. No pienses que al gozar desperdicias el tiempo, mejor te invito a no desperdiciar el tiempo sin gozarlo.

Es cierto que somos seres racionales y sociales, pero también somos seres que gozan. Debes tener claro que disponerte a dotar de gozo las páginas de tu existencia no significa que eludirás por completo la tristeza o la melancolía, pero al menos no provocarán que erradiques la serenidad de tu interior. A pesar de que no soy el individuo más risueño del universo, no encuentro problema en gozar lo más posible. ¡Esa es la ironía! Para gozar, no necesitas convertirte en uno de esos pedantes y desagradables optimistas que siempre están alegres y portan sonrisas hipócritas llenas de esplendor ficticio. Gozar no te obliga a pensar que todo está bien y que la existencia es paradisiaca. Acontecerá de manera inversa: cuando aceptes que el dolor es real y que la oscuridad es ineludible, te dispondrás a rescatar hasta el gozo que se esconde en el interior de las piedras, tal como el minero que obtiene diamantes al adentrarse en el subsuelo. Encuentra la distinción que existe entre la patética alegría superficial y el gozo de saberse rodeado de diamantes en la neblina rocosa.

Descubre el gozo que te ofrezca mayor plenitud y no tengas miedo de silenciarte para captar la sabia voz que habita en ti. Indaga y distingue la armonía que danza en el caos, intensifica la captación de tus sentidos y cree al ir más allá de lo obvio. En la manera en que gozamos se observa quienes somos. Una vida sin gozo es como un cuerpo sin oxígeno: no vive quien ha dejado de gozar.

Lo dicho hasta ahora no constituye una invitación descerebrada para buscar el placer a toda costa y conducirlo hasta las últimas consecuencias. Es prudente que reconozcas algunos límites necesarios. Uno de ellos es que el puro agrado o desagrado que sientas hacia algo no supone su bondad o maldad. En otras palabras: que algo te produzca algún tipo de placer no significa que será benéfico para ti. El gusto que experimentas al realizar un acto no lo convierte de inmediato en un acto ético. Es importante que analices a dónde te conduce lo que haces, o qué podría esperarse si mantienes y consientes ese disfrute.

Epicuro de Samos solía recomendar a sus seguidores que buscaran placeres que no vinieran seguidos de ningún dolor. En ese sentido, les propuso que distinguieran tres tipos de placeres: 1) los naturales y necesarios; 2) los naturales y no necesarios; 3) los no naturales y no necesarios. En los primeros se encuentran los que satisfacen una exigencia biológica y son requeridos para mantener la vida, tales como beber, comer o dormir. Los segundos son excesos de los primeros, de modo que nos ponen en riesgo al ingerir demasiado de lo que nos gusta o destemplarnos con alguna conducta placentera.

Los terceros no se requieren para mantener la vida y son dañinos para nosotros o para los demás, como la fama desmedida, el poder egoísta, la vanidad destemplada o el sometimiento de otros.

Algunos no solo consienten el tercer tipo de placeres, sino que los llevan al extremo de hartarse y seguir actuando así. Al nulificar la templanza, la vida se conduce al despeñadero del desorden y la inconsciencia. Por el contrario, quienes saben gozar no son los que acaparan placer, sino los que viven con mayor serenidad y se centran en la armonía. No te advierto sobre estas cosas para tratar de privarte de ningún gusto, sino para que no dirijas tu vida hacia la miseria. Me uno a la consigna que Solón, considerado uno de los siete sabios de Grecia, proclamó hace más de veintiséis siglos: huye de los placeres que engendran tristeza.

Si bien aprendemos qué tipo de cosas o conductas generan placer, ya sea por inclinación natural o por adaptación a las costumbres que nos rodean, resulta oportuno mantener los ojos atentos ante los propios excesos. Sofía, con completa sinceridad y en posesión de la mejor intención, te recomiendo: a) disfrutar y entender que el gozo merece múltiples espacios en tu vida; b) compartir lo que gozas y también disfrutar con las alegrías ajenas; c) procurar el bienestar, pero nunca como un objeto del gozo ajeno; d) disfrutar de tu cuerpo en la medida que consideres prudente; e) gozar sin depender, obsesionarte o generar apegos; f) distinguir entre tus gustos y tus necesidades; g) elegir a qué placeres debes renunciar para acceder a mayor plenitud.

Por último, deseo hacer mención de un tipo de gozo especial que está reservado para quienes viven con intensidad. Me refiero a experiencias más allá de lo sensorial que aluden a un orden transpersonal y que podemos englobarlas con el nombre de gozo espiritual. Si abres la siguiente puerta, me encantará platicar de eso contigo.

21. Espiritualidad

Me quedé con gozo tras lo que platicamos en el capítulo anterior, pero es momento de llevarlo a su consecución más alta. Dijimos que era posible un tipo de gozo al que nominamos espiritual. Ahora mismo te imagino preguntando de qué trata la espiritualidad o qué importancia tiene. Con lo espiritual nos referimos a una dimensión de lo humano que no está al alcance de la vista y que ha sido intuida por varias personas a lo largo de la historia. Me pregunto si has tenido la certeza de que existen motivos para estar aquí y de que vale la pena vivir con plenitud el tiempo que te corresponde antes de partir hacia lo desconocido. ¿Hemos estado antes en el sitio al que vamos luego de morir? ¿De verdad existe algo después? Preguntas como esas nos trasladan a un ámbito ante el que solo podemos balbucear. Eso no supone que seamos del todo ignorantes, sino que lo absoluto no es un tema que se estudie tal como los demás.

Tener conciencia de la inestimable cantidad de conocimientos que no están a nuestro alcance nos hace aceptar que existen misterios sin resolver. Por lo menos, si uno sigue atento, eso provoca asombro. Contemplar los misterios que están detrás o por encima de lo visible requiere un grado superior de concentración y entrega. La idea que tengas de lo espiritual incidirá de manera directa en tu comportamiento y delineará la conducta ética o el conjunto de discernimientos que realices. Pensar y adentrarse en el misterio requiere de tiempo y constancia, por lo cual no todas las personas se disponen por completo. Tal indisposición colectiva dio paso a la llegada de las religiones que se autonombran dueñas de las respuestas espirituales que deben ser enseñadas.

Si bien las religiones aluden a la dimensión espiritual, no deberían poseer el monopolio de esta. Con esto te digo, sin rodear demasiado, que es posible llevar una vida espiritual sin delimitarse por los lineamientos de una religión institucional. No obstante, así como algunos religiosos o creyentes distorsionan su intención original, los aventurados que eligen apartarse de las religiones también pueden errar el camino. Para decirlo con mayor claridad: ser congruente con la espiritualidad y con la ética no deriva de apartarse o estar involucrado con alguna de las múltiples religiones existentes. De cualquier manera, tanto ahora como después, espero que la institucionalización religiosa no obstruya tu espiritualidad.

Antes de que existieran las religiones que hoy se conocen, nuestros antepasados se hacían preguntas sobre el mundo espiritual. Algunas de esas cuestiones fueron respondidas al observar la naturaleza. Varios pueblos fueron conscientes de la importancia del sol y lo aludían mediante narraciones fantásticas que están llenas de significados. Por su concepción del mundo, ciertas comunidades primitivas creían ver los efectos de las fuerzas mágicas o de los espíritus en lo que las rodeaba. Eso explica que se concluyera que el sol, los rayos o la lluvia eran auténticas deidades.

Un antiguo mito de los mexicas, el pueblo mesoamericano que fundó México, cuenta que la Tierra solía estar oscura todo el tiempo y que los seres que habitaban en el cielo se reunieron para crear el Sol y dotar de luz a la Tierra. Se dieron cita en Teotihuacán, que en náhuatl significa lugar donde los hombres se convierten en dioses, y encendieron una enorme hoguera. Aquel que quisiera convertirse en el Sol debía saltar a esa hoguera para resurgir en él. Se presentaron dos candidatos: el primero era grande, fuerte, hermoso y rico, además de estar vestido con ropas de lujo y poseer piedras preciosas; el segundo era pequeño, débil, pobre, tenía piel frágil y estaba vestido de manera humilde. Cuando llegó la hora de saltar, el primero no se atrevió, tuvo miedo y salió corriendo; sin embargo, el segundo, que era muy valiente, dio un salto sobre la hoguera y al salir de ella se convirtió en el Sol.

Desde su infancia, los infantes mexicas oían decir que habían venido al mundo para dar su corazón y su sangre a su madre Tierra y a su padre Sol. Esta perspectiva reúne aspectos que dirigieron la cosmovisión de esas comunidades y que no son muy distintos de los que integran la persistente creencia de que hemos venido al mundo para dar gloria a Dios.

Por su parte, los sumerios veían en el sol un dispensador de vida que provoca alegría y constituye la fuerza vital de la naturaleza. En la cosmogonía egipcia se dice que el universo solía ser un océano primario e inmóvil al que se le denomina Nun o caos. Los egipcios explicaron que la aparición matutina del sol se debía a la existencia de ese río subterráneo, el cual era atravesado por el astro cada noche, contactando así con el bajo mundo. Al moverse, el sol representaba la vinculación del tiempo actual con el tiempo antiguo, el mundo de los muertos y el de los vivos, el inframundo y el reino de la luz. El pueblo egipcio imaginaba que el sol muere y nace cada día. En ese sentido, por más grande que sea la oscuridad, o por más subterráneos que nos sintamos, podemos emerger tal como el sol y alumbrar con la fuerza de lo que somos.

Algunos de los poderes sobrenaturales que se depositan en diversas divinidades están presentes de manera natural en el sol. ¿Acaso no es interesante? La vida es posible gracias al sol. Sale para todos, da luz al pequeño y al grande, al pobre y al rico, al hombre y a la mujer. El sol ha estado y estará desde el primero hasta el último de nuestros días. No podemos estar ni junto a él ni ser él, no es nuestro semejante, pero existe y se hace presente de maneras precisas y contundentes. Por si fuese poco, hace que el clima se temple y mantiene la vida en el mundo. Su fuego representa el cambio y la transformación, no hay agua suficiente para apagarlo y no existe viento que lo extinga. No solo confiamos que saldrá al otro día, lo sabemos. No intuimos su existencia, la constatamos. No suponemos que nos antecedió, lo hemos comprobado mediante la ciencia. A diferencia de lo que los humanos dicen de algunas deidades, el sol no impone un canon moral y no hay manera de utilizarlo como justificación para atacar o destruir a los que piensan distinto.

Llegado a este punto te hago una pregunta: ¿por qué el sol no mantuvo su carácter de divinidad tal como lo veían varios pueblos antiguos? Quizá se deba a que no favorece que nos pensemos mejores que otros, a que no hay manera de posicionarlo como protector exclusivo, o a que no podemos visualizarlo como Padre amoroso que tiene predilección por algunos de sus hijos y los defiende de sus enemigos. Si somos hijos del sol, no existen contrarios, pero eso dejó de importar. Dejo de tomarse en cuenta que se ubica por encima de nosotros, justo en el cielo a donde solemos voltear. Se pasó por alto que está disfrazado de luz, siendo el fuego que provoca calor y nos parece eterno. El sol no resultó atractivo para las civilizaciones posteriores porque no había manera de segregarnos los unos a los otros partiendo de esa premisa. La caracterización divina que se atribuyó al sol se extinguió con el paso de los años.

Sumado a ello, el sol no está presente todo el tiempo, o al menos no es visible durante la noche. Lo único que está presente en todos los momentos es el tiempo. ¿Acaso podría ser mejor idea pensar que Dios es el tiempo? Los griegos tenían a Eón en su mitología, que era considerado el dios del tiempo, pero solo uno entre varios. En el judaísmo se celebra el *shabat*, entendido como un momento de reposo en el que se asocia a Dios con el tiempo, sin que lleguen a ser lo mismo. En mi manera de entenderlo, lo único que siempre nos acompaña es el tiempo, el cual existe antes y después de nosotros. Solo pensarlo me maravilla y me conecta con la noción de que una parte de ese tiempo me pertenece, que lo habito y que me habita a la vez. ¿De dónde viene el tiempo y a dónde se va? Quizá siempre está aquí y somos nosotros los que estamos en movimiento, atravesándolo. Si me preguntas por una evidencia del mundo espiritual, hablaría de la existencia del tiempo como esa esfera que nos contiene.

La noción de estar rodeados de una presencia circundante ha estado presente en algunas religiones. En el judaísmo se alude a la intercesión de Hashem; en el *Zohar* se menciona varias veces la presencia de la *shejiná*, un término empleado para representar el aspecto femenino de la Deidad, a manera de Luz protectora que nos rodea. No es gratuito obtener tal don, se debe ser cuidadoso para mantener el propio trabajo espiritual y asegurar que la *shejiná* no se aparte de uno, según lo explican los cabalistas. En el cristianismo se nombra la continua presencia del Espíritu Santo, al cual se representa, en mi opinión de manera insuficiente, como una gran paloma blanca. Por su parte, el Madhyamaka, una tradición budista que significa Camino Medio, nos invita a distinguir la constante distorsión que la *upadhi* (apariencia, simulación, velación) ocasiona en nuestra vida. Según Nagarjuna, un filósofo nacido en la India hace casi veinte siglos, la vacuidad es la presencia constante que provoca el carácter efímero de todo lo que existe y nos ayuda a exterminar las distorsiones.

Los filósofos han tenido bastantes cosas que decir en torno a la divinidad. Aristóteles elaboró el concepto de Motor Inmóvil para señalar aquello que, sin moverse, provoca el movimiento de todo lo que existe. A pesar de que no se interesó en asociar su idea con alguna divinidad, sus planteamientos dieron paso a la primera de las vías para demostrar la existencia de Dios según Tomás de Aquino. Este filósofo dominico del siglo XIII explicó que: 1) debe existir un motor que mueva todo lo demás; 2) hay una causa que originó todo lo que existe; 3) debe haber algo que no dependa de lo demás para existir; 4) lo más alto hacia lo que todo tiende está dotado de completa perfección; 5) existe un ser inteligente que dirige las cosas naturales hacia su finalidad. Por supuesto, si bien son racionales, cada una de las demostraciones anteriores constituye una especulación que no nos permite conocer la presencia de Dios, sino la vinculación de lo existente con algo que sigue sin ser del todo demostrado como un Alguien. El hecho de que Dios exista no implica que es justo como lo suponemos.

Eckhart de Hochheim, quien vivió en la misma época que Tomás de Aquino, fue aún más intrépido y concluyó que la racionalidad no es suficiente para descifrar a Dios. En eso acertó por completo. Dios no es lo que creemos que es, así que necesitamos vaciarnos de las ideas que tenemos de Él. Si logramos hacer a un lado las figuraciones que nos enseñan de Dios, dejaremos nuestro interior vacío y preparado para ser habitado por Él, según decía Eckhart. Si Dios no habita en nuestras ideas sobre Él, quizá sea perentorio examinarlas.

Del otro lado del mundo, y cinco siglos antes, Samkara refirió que el nombre apropiado para aludir a Dios es el de Eso, puesto que al adjudicarle palabras lo distorsionamos. Baruch Spinoza, un filósofo holandés de origen judío, propuso que el conocimiento de Dios comienza con lo que conocemos del mundo y lo que nos rodea. Uno no debería hacerse imágenes falsas del ser al que ama. Por otro lado, cuando Nietzsche expuso que Dios había muerto se refirió a las ideas que se tenían de Él, las cuales necesitan ser dejadas de lado. No obstante, la frase ha sido tomada en su sentido literal, lo cual es un contrasentido. Abraham Heschel, uno de los grandes místicos del siglo XX, nos invitó a reconocer que Dios está con nosotros y que el humano no está solo.

¿Cuál es tu postura al respecto, hija mía? No me interesa proponerte una doctrina, o marcar el camino que debe ser recorrido por ti, lo cual sería como regalarte una manzana mordida. Te corresponde encontrar gozo en tus propias preguntas y en tu intuición íntima, que es tan personal como única e irrepetible. Como punto de partida, te presento enseguida los cuatro sistemas de comprensión más comunes en torno a lo divino: a) monoteísta: se cree que solo existe un dios; b) politeísta: se asume que existen varios dioses; c) ateísta: se considera que no hay manera de probar la existencia de los dioses; d) panteísta: se concluye que el universo y Dios son lo mismo, de modo que el segundo está presente en todo.

No solo se trata de elegir la que más te gusta, sino de actuar de manera congruente con la que te parezca verdadera. Tanto si crees que existe un solo Dios (monoteísmo) o varios dioses (politeísmo), lo consecuente sería pensar que ambas posturas influyen en las decisiones sobre cómo se debe actuar. En ese sentido, la ética de un individuo se vincula, y en algunos casos es determinada, por las reglas o planteamientos que muestren mayor sincronía con las ideas que tiene de Dios o de los dioses. Desde luego, algunos creyentes exponen que Dios los respeta cuando deciden lo contrario a lo que se establece en los libros que ellos consideran sagrados, pero eso pone en tela de juicio su congruencia religiosa. ¿De qué serviría una religión si los ritos, celebraciones, dogmas, doctrinas y pautas de comportamiento no mejoran la conducta de los creyentes? Si se elige creer, habría que ser coincidentes con el comportamiento que debe derivar de esas creencias.

El islam, el cristianismo, el judaísmo y el zoroastrismo son religiones monoteístas. A su vez, los dioses de la antigüedad griega, egipcia, mexica o hindú son testimonio del politeísmo. No obstante, si tu opción es el ateísmo debes saber que una gran porción de los creyentes te observará con recelo y desaprobación. A pesar de ello, la elección de pensarse sin Dios no debería ser atacada. La elección o rechazo de un credo le corresponde a cada persona. El ateo no molesta a nadie por no aferrarse a que Dios sea de un modo específico. Considerando que existen demasiadas representaciones de Dios, en cierto modo todos somos ateos porque elegimos descartar a varios dioses. Sofía, puedes no estar de acuerdo con alguna idea particular de Dios, o incluso con ninguna de ellas, tanto como puedes elegir creer del modo que te parezca pertinente. Coincidas o no con las ideas de Dios que has escuchado de otros, te pertenece la opción de vivir tu espiritualidad. Parece fuera de toda lógica, pero incluso hay cabida para una especie de ateísmo espiritual.

La deliberación ética de quien adopta la postura panteísta le implica considerar que Dios está presente en todas las personas e incluso en la naturaleza y la materia. Desde luego, la noción de que Todos somos Todo se dice fácil, pero es mucho más compleja de llevar a la práctica.

No todas las opciones consisten en afirmar o negar la existencia de Dios. Hay un par de opciones, menos usuales que las anteriores, en las que se pausa la conclusión y la persona se dispone a observar pruebas o vivir experiencias concretas. Llamamos agnósticos a quienes reconocen que no se puede probar ni la existencia ni la inexistencia de Dios. Por último, se considera escépticos a quienes les parece irrelevante probar o no probar lo anterior. Es posible que tengas tu propia intuición de cuál de estas posturas es la que he adoptado en esta etapa de mi vida, pero estás absuelta de cualquier imitación. Lo que conviene recalcar es que tienes todo el derecho de modificar la postura que elijas. Yo lo he hecho al menos un par de veces en mi vida.

De manera independiente a tu elección o a la de quien nos acompaña ahora mismo al leer este libro, quiero resaltar que, a pesar de que Dios no sea de la manera como nos lo figuramos, nunca estamos excluidos de la dimensión espiritual. Incluso si en algún momento decides alejarte de la religión, seguirá latente la opción de acceder a los misterios del espíritu. Más aún: eres un ser espiritual. Teilhard de Chardin, antropólogo francés, solía decir que somos personas espirituales que han venido al mundo a tener experiencias materiales. ¿Lo percibes? No es que tengamos experiencias espirituales de vez en cuando, sino que mantenemos una esencia espiritual, incluso antes y después de este traslado terrenal.

Si es de tu interés ese Dios cercano (según Heschel), que es nuestro Padre (según Jesús), que no tiene nombre y lo entendemos como Eso (según Nagarjuna) o que son varios (según los politeístas) y está(n) en todo lo existente (según los panteístas), quizá requieras algún modo específico para contactar, conectar, reconectar o sentirte en interacción con Él/Ella/Eso. Los humanos han inventado la oración como una manera de recordar su vínculo con lo transpersonal. A pesar de que tal vínculo no pende de que uno ore, de ese modo se logra traerlo a la conciencia.

Algunos oran con las manos juntas, tal como si las tuviesen atadas, lo cual significa que aceptan su completa sumisión a Dios. Otros ven en ese gesto la unión del intelecto y la emoción. Los judíos se mecen o balancean al orar porque ponen en práctica lo que el rey David indicó en el salmo 35: todos los miembros del cuerpo deben proclamar su alabanza a Dios. Otro significado es el de asumirse como llamas que oscilan en su ascendencia hacia lo alto. A su vez, los musulmanes se postran y colocan su frente en el suelo para representar que Dios es el verdadero y el más alto. Cinco veces al día hacen *salat*, que es una práctica que limpia su cuerpo y les recuerda la majestad divina. En la meditación, practicada por budistas y no budistas, se adopta una posición física que permite la atención. Una de las más conocidas es sentarse y colocar los pies en los muslos del lado contrario. En lo que a mí corresponde, desde hace tiempo digo en voz alta cada vez que me despierto: «Doy gracias por el milagro de la vida y las experiencias de este día». La verdad es que no tengo manera de saber si alguien o algo me escucha, pero me hace sentir conectado y en paz.

Podría cerrar aquí el capítulo, pero honraré mi intuición y ahondaré un poco más. Es importante verificar, tal como sugerí en los capítulos anteriores, que tengas en cuenta algunos límites o posibles peligros que en este caso se asocian a las maneras en que se concibe a Dios y la espiritualidad. El hecho de que existan tantos dioses o maneras de concebir a Dios ocasiona que existan tergiversaciones intencionales. No se trata de indagar quién tiene la verdad definitiva al respecto, pues puede ser que ninguno la tenga. Si bien puedes ser respetuosa ante las elecciones religiosas o de credo que cada persona haga, eso no significa que tengan el mismo valor, que se te juzgue por no seguirlas, o que se afirme, de manera reduccionista, que todas son iguales. Si quieres tener mayor estatura, tendrás que distinguir entre fanatismo y fe.

Muchos dioses han sido creados para dar mayor sentido a la vida de las personas. Incluso se ha llegado a decir que los difuntos serán castigados en un sitio de eterno sufrimiento si no siguen el régimen de conducta solicitado. Me parece que el miedo no es un buen principio para delimitar la acción ética. Ahora bien, que en algunas religiones se impongan interventores o representantes de Dios a los que se legitima para hablar en su nombre, como si fuesen sus traductores, atrae bastante complejidad. Quizá eludas algunos problemas si, luego de examinarlo, resuelves alejarte de quien se diga portador de la voluntad de Dios para ti. A la mayoría de la gente le resulta más sencillo preguntar a otro qué hacer y dejar de lado su responsabilidad de decidir. Toma el tiempo que necesites cuando estés ante una encrucijada y trata de descubrir una respuesta que surja en ti y te ofrezca paz. Del mismo modo, no siempre que hagas oración encontrarás claridad, se requiere valor y osadía para buscar respuestas y encontrar silencio.

Utilizar el nombre de Dios ha servido para cosas útiles, pero también para dividir y justificar atrocidades, para permitir la aniquilación de los que no creen, destrozar bienes ajenos, justificar conquistas y destruir familias; a partir de la religión se han desarrollado guerras, cruzadas e inquisiciones. ¿Has notado que algunos atribuyen a Dios ciertas características que son de los humanos? A mí me cuesta trabajo aceptar que un ser absoluto muestre sentimientos, que se enoje, que se entristezca o que nos aconseje. Durante buena parte de mi vida pensé que las cosas eran así, pero después me reconocí sin respuestas definitivas. No te desesperes por no entender el misterio de Dios y del mundo espiritual, te puedo asegurar que nadie lo ha hecho por completo. No tener respuestas verdaderas sobre lo que es Dios es el primer paso para entenderlo un poco. No te dejes dominar por la obsesión de poseer una aureola, como si eso te hiciera superior a otros.

Comprende que, cuando no se encuentra armonía en este mundo, se tiende a imaginar una dimensión celestial donde será posible la perfección. Sin embargo, puedes intentar traer algo de ese sitio a este mundo, por más que las evidencias nos quieran hacer pensar que habitamos el infierno. Querida hija, el problema no es la religión, sino que se coaccione la capacidad crítica del individuo. No tenemos ninguna garantía de que lo que creemos sea verdadero, pero quizás no necesitamos que lo sea. Aprecio la fe de quien se asume incapaz de conocer a Dios y no lo reduce a un concepto o a una imagen. Quizá podamos intuir y hasta sentir que hay Algo, pero eso no significa que sea justo como lo ideamos o como nos han dicho. La fe, según la entiendo, consiste en confiar sin tener respuestas definitivas de aquello que no está al alcance. Es ofensiva la pretensión de convertir a la deidad en una figura atenta a las peticiones que le hacemos o un ser comedido ante nuestras necesidades.

El silencio comunica bastantes cosas, no lo temas. Por más que queramos controlar lo incontrolable o acceder a las respuestas que no están a nuestro alcance, aún tenemos la opción de contemplar el ámbito de lo espiritual y saberlo presente sin mayor explicación. Fallamos rotundamente al intentar conocer lo absoluto desde nuestra miseria, pues no hay palabras que atestigüen la grandeza de lo que se nos escapa. Lo espiritual no está sujeto a los conceptos, así que no nos conceptualicemos como poseedores de la verdad divina. Que Dios nos libre de lo que se dice de Él.

Dirígete a tus propias conclusiones e indaga por aquello que habita dentro de ti. Sé que intuyes que en ti hay algo más que huesos, carne, sangre y vísceras. Reflexiona si eres cuerpo o tienes cuerpo, de dónde proviene la vida o (aún mejor) por qué se te ha brindado. Si alguna espiritualidad no te inspira a seguir viviendo, quizá tan solo se trata de ideologías y palabras huecas. Creer que somos hijos de Dios da fuerza, pero no por eso se justifica dejar a otros en la orfandad. El misterio de lo absoluto es un absoluto misterio.

Nada de lo que he dicho significa que debas estar en contra de la posibilidad de una vida espiritual, o de cimentar una fe en lo innombrable, pero quizá lo más importante sea volver a ligarse con la fuente, de manera retroactiva. Ser una persona espiritual consiste en escuchar el Silencio de Dios, saberlo tan lejano que está cerca, tan ajeno que se asume propio. En ciertos momentos de la existencia conviene despedirse de las figuraciones de Dios para dar la bienvenida a lo absoluto.

Si la idea que tengas de Dios o de la espiritualidad no te conduce a una existencia más genuina y a un honesto ejercicio ético, te habrás equivocado y será imperativo dar pasos hacia atrás. No necesitas hipocresías, seguir a algún gurú o convertirte en uno. Si me permites sugerirlo, un camino concreto para aterrizar la espiritualidad es desarrollar y madurar los vínculos que tenemos hacia los demás. En suma, la espiritualidad se vuelve operativa cuando nos ayuda a relacionarnos de maneras más sanas con la mayoría de las personas. Cualquier posesión o conocimiento es pequeño si no se logra algo así. ¿Te sientes capaz o interesada en ello? ¿De verdad vale la pena el tan multicitado amor? Veamos a dónde nos conduce semejante cuestión en el capítulo siguiente.

22. Amor

La espiritualidad que no promueve el bienestar de los individuos que nos rodean es pura ideología. No solo se trata de ver lo infinito en las cosas terrenas o pequeñas, como sugería Agustín de Hipona hace quince siglos, sino de reconocer el valor finito de lo humano, como recomendó Jacques Derrida, filósofo francés del siglo pasado. Aludir a la grandeza de Dios y olvidar a los que tenemos a un lado es mera palabrería. Nadie que mantenga su mirada hacia arriba atenderá lo que tiene a su lado.

Utilizar la palabra «amor» conduce a múltiples interpretaciones y significados, lo cual se explica porque hay innumerables maneras de concebirlo. Se suele decir que se ama a la persona hacia la cual tenemos sentimientos que superan el afecto, la estima o el aprecio. Sin importar el concepto preciso, las personas necesitan apoyo emocional y percibir que tienen conexiones auténticas con otros individuos. En lo que sí parece haber consenso es en que cada persona es como un mundo singular que requiere comunicarse con claridad.

La cultura influye en nuestras maneras de expresar el amor porque aprendemos lo que significa estando en colectividad. Algunos siguen al pie de la letra la idea de que amar es lo único que requieren para ser felices. El famoso *All you need is love*, cantado por los Beatles, pareciera ser un himno que se afirma de modo contundente en algunas mentes sin mayor exploración. No obstante, cabe distinguir entre el amor y el apego para evitar su fusión. Además, cuando el amor es asociado con el bien y con Dios, como valores supremos, se le atribuye una bondad natural que podría cuestionarse. Hay personas que dicen amar y utilizan el término para dignificar lo que sienten, aprovechando con ello el consenso de que «el amor es bueno». A pesar de ello, la fuente de algunas pretensiones amorosas no es más que el temor a la soledad. Quizá a varios les parece que hablar de amor es un costo muy accesible si con ello obtienen compañía para soportar su soledad. Querida hija, enseguida te propongo analizar distintas variantes, no solo por interés conceptual, sino por verdadera sobrevivencia.

Como es de esperar, el amor ha sido un tópico privilegiado en el mundo filosófico. Max Scheler, filósofo alemán que vivió hace dos siglos, consideró que el amor es intencional y que las personas eligen a quien amar a partir de su estructura de valores, no solo por sus condicionamientos psicológicos. Visto así, no hay amores involuntarios, sino consentidos y elaborados por la propia voluntad. Si bien pareciera que esto nos otorga protagonismo, no se trata de una idea compartida por todos. Jean Paul Sartre, quien era contemporáneo a Scheler, pensaba que el amor constituye un límite de la libertad, puesto que la mirada del otro tiende a controlar y delimitar nuestra conducta. En su obra de teatro *A puerta cerrada* expresa sin menoscabo, en boca del personaje Garcin, que el infierno son los demás. Desde luego, semejante misantropía no es generalizada. Algunos otros, como Joaquín Xirau, filósofo nacido en Cataluña, indican que el amor aumenta la posibilidad de convertirnos en creadores. Con todo esto, se observa que la vivencia amorosa no se restringe al ámbito fisiológico, sino que se vincula con lo psicológico, lo axiológico y lo cultural. Además de eso, nuestra manera de relacionarnos con el amor se asocia con la historia familiar de la que provenimos, así como con la integración de nuestro temperamento y carácter.

Las maneras del amor son variables, a tal grado que su expresión tiene diversas modalidades. Estoy seguro de que distingues que no es lo mismo amar a una persona que disfrutar lo que compartimos con ella. Si bien puede decirse que amo platicar contigo, en realidad disfruto de eso porque te amo a ti. ¿Lo percibes? No amamos lo que hacemos, sino que nos agrada ejecutar ciertas conductas porque nos permiten expresar el amor hacia alguien. Por otro lado, el amor no es idéntico al arraigo, el cual puede ser entendido por el disfrute de estar en cierto lugar. Algunas personas disfrutan visitando la casa que habitan sus padres, pero no es que amen la edificación material de la finca, sino su asociación con personas a quienes aman. Sentirse cómodo en un ambiente determinado no implica que amemos ese sitio.

El amor acontece entre las personas, pero su contenido se evidencia mediante modalidades concretas. El amor lúdico, por ejemplo, deriva de la diversión que nos provoca convivir con alguien en particular. Mucho más intenso es el amor pasional de los enamorados. Eros, el dios de la atracción sexual, tiene un lugar especial en la mitología griega, a tal grado que hasta el día de hoy asociamos lo erótico con el deseo corporal. Por supuesto, conviene que identifiques que el amor no siempre está asociado con el deseo y que puede existir este último sin que amemos a quien nos atrae. Visto así, el amor pasional no es lo mismo que la atracción apasionada. Cuando lo anterior no se distingue se atraen bastantes problemas y confusiones sentimentales. El amor requiere de construcción y de cierta disciplina; por el contrario, el deseo y la atracción surgen de manera intempestiva e instintiva, sin que se requiera menor virtud, lo cual explica que sea algo al alcance de todos.

El amor amistoso se asocia con la lealtad, la fraternidad y la sororidad. En ocasiones, surge con algunos miembros de la familia y se intensifica a partir del carácter maternal o paternal del amor. Por su parte, el amor filial es el que, en el mejor de los casos, cada hijo e hija dirige hacia su padre y su madre. Por otro lado, hablamos de amor pragmático cuando dos personas eligen relacionarse tras percibir la utilidad de su vínculo, el cual es sostenido por medio del acuerdo. En general, las personas que se aman obtienen beneficios por amarse entre sí. Cuando no se recibe provecho, podría cuestionarse si el acuerdo es amoroso o solo reproduce la tan común relación de amo y esclavo. Algunas culturas resaltan el significado social del vínculo. En ciertas comunidades judías, se considera que un hombre sin esposa es como una ciudad sin murallas, lo cual muestra la importancia práctica que observan en las uniones conyugales.

Es posible desear de manera profunda el bien del otro sin centrarse de manera directa en uno mismo. Lo anterior es llamado ágape, pero no es una experiencia común. Giovanni Papini, escritor italiano, lo define de manera excepcional cuando dice que el amor consiste en encontrar en la felicidad de otro la propia felicidad de amar. Quien se vincula mediante el ágape no solo anhela el bienestar de la persona, sino que aporta lo que puede y encuentra gusto en esforzarse para que eso suceda. El ágape se edifica en el compromiso, no consiste en decir palabras hermosas o expresar sentimientos pasajeros. Es comprensible que algunos encuentren inverosímil la posibilidad de experimentar ágape e incluso lo descalifiquen por considerar que implica conductas sumisas. Quizá no lo han entendido de manera tan correcta como lo hizo James Cook, marino inglés, quien consideró que aquellos que son juzgados tontos en el amor son sabios en realidad. Por último, el amor reverencial es el que se dirige a una instancia que se considera superior, ya sea que se trate de Dios, el Cosmos o la naturaleza. ¿Cuál de estas modalidades debe elegirse?

Todas, porque ninguna excluye a las demás. Lo fundamental en cada caso es que exista disposición física, emocional y mental para dotar de sentido el amor que uno dice experimentar.

El vínculo amoroso con otras personas produce diferentes frutos. En primer lugar, tengamos claro que amar nos permite dotar de sentido la vida. Cuando se ama se suma valor a lo que hacemos, o al menos nos complace pensarlo así. Resulta disfrutable sentirnos importantes para otra persona, o saber que contamos con su apoyo. Lo anterior no nos debe cegar el hecho de que algunas relaciones interpersonales surgen de distintas necesidades psicológicas, tales como solucionar carencias infantiles, contrarrestar el temor de no ser tomados en cuenta, ser escuchados, o comprobar, a veces de manera ficticia, que somos capaces de donarnos. Es por eso por lo que percibir el impulso de los vacíos, tanto en la propia conducta como en la ajena, debe conducir a la prudencia y a la vigilancia. Quien está necesitado suele prometer mucho y cumplir poco. Si bien las relaciones se sustentan en el provecho mutuo, puede ponerse en duda la pureza del amor de alguien que exige demasiado.

El amor madura de modo similar al desarrollo de alguna cualidad artística: requiere disciplina, se mejora con la práctica y uno debe encontrar su propio estilo. José Vasconcelos, filósofo mexicano, decía que hace falta que el amor sea en sí mismo una obra de arte y no un recurso de desesperados. En ello coincide Erich Fromm al postular el arte de amar como una de las premisas de la existencia plena. Desde luego, el desarrollo de ese arte requiere de valentía y disposición para salir de la cueva solitaria en la que uno se protege de las contrariedades. Cuando una persona tiende al aislamiento muestra pereza hacia los vínculos, pero en varios casos tiene miedo de ser lastimada. Salir y exponerse de manera paulatina para expresar el propio arte otorgará satisfacciones inconmensurables. Un músico no requiere llenar una sala de conciertos para demostrar su valía, pero requiere al menos de alguien que sea su público o, incluso mejor, que se una a su ejecución musical.

La intención es fundamental en nuestra manera de expresar cariño. Recuerdo que mi padre no solía ser demostrativo de su afecto, pero intentaba estar atento cuando yo lo necesitaba. Sus acordes y ritmos los atesoro con aprecio porque entiendo que constituyen la melodía que logró ejecutar. Amar es volvernos música en los oídos de alguien más. Que el oyente haga pausas solidarias y que uno aumente la calidad de sus sonidos son parte de los acuerdos mutuos. Leonard Cohen, cantante canadiense, expresó que el amor no tiene cura, pero es la única medicina para todos los males. Visto así, la manera de relacionarte tiene el potencial de volverse un bálsamo ante el sufrimiento ajeno, pero debes evitar convertirte en simple placebo.

Si reconocemos que el amor existe, estamos obligados a aceptar que, tal como todo lo existente, tiene límites y distorsiones. Además, las representaciones culturales del amor tienen una fecha de caducidad y un desenlace. Si el amor es algo que se siente, se puede dejar de sentir; si es una reacción emocional, no está cimentado con solidez; si es una decisión, se supedita al caos y al cambio. Por todo lo anterior, por más que pueda ser duradero, el amor no es infinito. La persona más enamorada deja de estarlo sin los debidos cuidados. Cuando era universitario, me decían que debía cuidar el amor, tal como se hace con una pequeña planta que está creciendo; recuerdo que la metáfora me parecía ridícula y concluí que si el amor equivale a una planta, moriría en algún momento. Ahora percibo que la recomendación contenía el mensaje de que el amor es frágil y que debe ser cuidado, tal como la salud. Ninguna relación amorosa posee la garantía de su perpetuidad.

Querida hija, no deseo parecerte un antisocial por señalar la precariedad de las relaciones humanas, pero me parece conveniente aludir a su endeble consistencia. Parece romántico decir que la medida del amor es amar sin medidas, pero eso puede interpretarse de manera errónea. El límite del amor es la propiciación del daño en el otro o en uno mismo; cuando acontece algo así, ya no se trata de amor. En un contexto como ese, vale más la pena separarse de manera sana que mantener una relación enferma y perjudicial. Quizá te preguntes qué tan complicado es notar cuando un vínculo se ha tergiversado y nos produce más perjuicio que bienestar. No es tan complejo darse cuenta, el problema es que existen varios aspectos que condicionan la visión crítica y entorpecen el criterio de la persona que se siente enamorada.

Uno de los más grandes riesgos en las relaciones humanas es el de confundir el amor productivo con el falso amor. Cuando existe apego no hablamos de amor, sino de un interés posesivo que provoca que las personas deseen convertir al otro en su pertenencia. No existen amores infinitos o provistos de completa incondicionalidad; puede suceder al revés: se vuelven utilitaristas bajo la máscara de una romántica manera de satisfacer las conveniencias. La idealización del otro no conduce al amor, sino a la mentira que el enamorado se cuenta cada vez que acontece un encuentro. Es iluso el amor que pregonan aquellos que mantienen la fe de que su vida en pareja o «lo suyo» es una historia superior que los alza por encima del resto del mundo. Desde luego, el amor también es ficticio cuando ambas o una de las partes se tornan exigentes sin darse cuenta de sus propias carencias. Asimismo, el amor inconstante, emergido por ocurrencias o vaivenes emocionales, no tiene la disciplina suficiente para edificar un compromiso concreto. Los denominados rompecorazones, hombres o mujeres que se estimulan a sí mismos a partir de sus numerosas conquistas, no son un ejemplo idóneo del arte de amar, sino, en todo caso, de la habilidad de seducir.

Teresa de Calcuta, una monja católica nacida en Macedonia, popularizó la idea de que hay que amar hasta que duela. No me resulta satisfactoria una propuesta como esa. La premisa de sufrir por amor no tiene efecto en alguien cuya costumbre sea cuidar de sí. Las relaciones amorosas no deberían fundarse en el dolor que ocasionen, sino en la voluntad de hacer lo posible por el otro, aun cuando esto suponga algunos sacrificios o esfuerzos concretos. Si la idea de la frase promueve el trabajo para mejorar la relación, quizá debiera decirse de manera más precisa y contundente. Los cristianos alaban la imagen de Jesús en la cruz, percibiéndola como signo de entrega hasta la muerte por aquellos a quienes se ama, pero no todos son capaces de explicar, sin la mediación de algún dogma, por qué esa conducta supone amor, o de qué se nos ha salvado de manera específica a través de algo así. Cada uno podrá elegir el mosaico con el que lo mira, pero me parece más preciso identificar el amor con la plenitud y el entusiasmo, más que con la pena y la tortura.

No demos más rodeos: el amor nace del provecho personal, por más que ese provecho sea sentir que se ama hasta que duele, o que se ha salvado a los pecadores. A todos nos deleita comprobar que somos útiles y que nuestro servicio ofrece bienestar a quienes amamos. ¿Qué hay de malo en ello? Decir que amamos y que nos resulta indiferente el amor que recibimos del otro no me parece una proeza. Afirmar que hacemos las cosas por deber u obligación no es más virtuoso que reconocer que lo hacemos para sentir gusto u obtener algo similar a lo que brindamos. ¿Tendría menos valor este libro si te digo que gozo al imaginar que sonríes mientras lo lees? Su valor no se incrementa si digo (mintiendo) que sentí dolor al plasmar cada letra. Tampoco creo que mi manera de expresar cariño indique que mi amor es inmaculado. Amamos como seres imperfectos, y esa es la perfección a la que aspiramos. Esperar lo más ecuánime, pomposo y grandilocuente es una barrera para apreciar la maravillosa levedad que nos constituye.

Es cierto que sentir algunos vacíos nos indica que necesitamos de los demás, pero debe haber límites en la manera de compensarnos. Las historias románticas y de amor eterno, siempre puro e intachable, no hacen más que distorsionar lo complejo, fatigoso y demandante que llega a ser compartir la vida en pareja. ¿Te has dado cuenta de que la mayoría de las películas o historias de ese tipo aseguran al final que los protagonistas vivieron felices para siempre? Quizá sea porque resulta menos atractivo presentar las vicisitudes y desencuentros derivados de la rutina o el conflicto que está inmerso en ella. Negar esas etapas nos vuelve miopes, pero amar hasta el punto de que la relación se vuelva de ágape requiere de una vista sana.

Te invito a tomar una pequeña porción del gran pastel del escepticismo y que así deduzcas cuándo existe amor y en qué momento se le simula. Jacques Lacan, psiquiatra francés, expresó que el amor es dar lo que no se tiene a alguien que no es. En otras palabras: imaginamos que la persona es como la pensamos, desconociendo así su verdadera identidad; ofrecemos lo que no acostumbramos dar, con tal de obtener aprobación. Esa pantomima no tiene un buen final. Solo quienes han perdido la razón están dispuestos a ofrecer su vida a falsedades como esas. Quizá el amor al que alude Lacan consiste en la tergiversación de lo que debería ser un encuentro verdadero. ¿Quién de nosotros podría afirmar algo definitivo del amor sin convertirse en falsificador? El amor es producto de un ejercicio valorativo que debe sostener cada individuo. Necesitamos cumplir varios requisitos si nuestra intención es ir más allá de las relaciones triviales.

El amor requiere de cierta formación del carácter, como mostró Jane Austen, novelista británica, en muchas de sus obras. En tu caso, querida Sofía, ya no necesitas de los cuidados que recibiste cuando eras niña. Te forjaste una personalidad que te abre al encuentro de los demás, pero la transformación es necesaria para trascender. Poco a poco entenderás que no se trata de encontrar la pareja apropiada, sino de convertirte en alguien capaz de apreciar el valor de encontrarse en el otro. He conocido a quienes se enamoran de manera desproporcionada a la primera oportunidad, entregando las llaves de su ser a individuos que no han trabajado sobre sí mismos. Volcarse hacia el otro, dejando en el piso la autonomía, no es algo apropiado. Esto no es un asunto moral, sino de inteligencia. Virginia Woolf, escritora inglesa, aseguró que el amor necesita independencia. Coincido con ella. Es necesario integrar el amor propio y el amor hacia el otro.

En su libro *Alicia en el país de las maravillas*, Lewis Carroll, autor británico, narra, entre muchas otras cosas, un diálogo entre Alicia y el Conejo Blanco que, como sabrás, es capaz de comunicarse en el idioma de la rubia adolescente. Alicia preguntó al Conejo si la amaba, pero se sintió herida cuando su interlocutor afirmó que no sentía amor por ella. En ese contexto, el Conejo, muy astuto, analizó la actitud que mostró Alicia. La confrontó por verse indigna de amor y por culparse ante el rechazo de alguien que aseguró no amarla. El Conejo trató de cuidarla al señalar que las relaciones entre las personas no son siempre brillantes, bellas o magníficas, que existen descuidos y que, en ocasiones, se lastima a quienes uno ama, quizá por negligencia, por descuido o estupidez. Además, le recomendó formar una coraza protectora alrededor de ella, de modo que no fuese tan frágil ante el rechazo o las actitudes poco complacientes de los demás. El pacto que el Conejo hizo consigo mismo fue no amar a Alicia hasta que ella fuese capaz de amarse a sí misma. Llegado el momento en que eso fuese así, el Conejo podría estar tranquilo sabiendo que su amor imperfecto no lastimaría las ilusas expectativas de amor perfecto que ella tenía. Si Alicia se amaba a sí misma, podría disculpar los descuidos involuntarios del Conejo.

Se nos ha dicho en múltiples ocasiones que es necesario amarse uno mismo para poder amar a otra persona, pero quizá sea al revés en ocasiones: amar a otras personas nos conduce a amarnos. En todo caso, dar y recibir produce un vaivén constante que nos permite conocer nuestros límites y posibilidades. Pondría en duda que el Conejo no amase a Alicia, puesto que en realidad sentía afecto al cuidarla de ese modo. Quizá puso en pausa su amor para que ella fuese capaz de deshacerse de sus pretensiones sin fundamentos. Existen diversos obstáculos que impiden o desquebrajan el desarrollo de la capacidad de amar. Te hablaré enseguida de cuatro tipos de barreras: incompetencia, sobrevaloración, cosificación y anulación.

Somos incompetentes para amar cuando no reconocemos la crueldad, el miedo, el coraje o la ira que hemos guardado. Todo lo que no podemos soltar nos influye sin que nos demos cuenta. Es difícil propiciar paz a nuestro alrededor cuando existen guerras internas. La persona que arraiga profundos sentimientos de culpa mantiene para sí un deseo de ser infeliz que le impide abrirse a experiencias agradables con otra persona. Esa especie de castigo no solo es ocasional, sino que conduce a reiterados sabotajes que estropean las relaciones amorosas de quien ha dado asilo a la culpa. Otro impedimento para las relaciones sanas y amorosas consiste en suponer que la expresión de emociones es signo de debilidad. Una más consiste en no clarificar las intenciones con las que se inicia un nexo romántico, de modo que se tiende a confundir a la otra persona y se estropean los acuerdos.

Por otro lado, la sobrevaloración del individuo hacia sí mismo, sobre todo cuando exhibe conductas narcisistas, no combina de manera óptima con el amor. Algunas personas confunden la valoración moderada de sí mismos con la sobrevaloración, así que no perciben que en esta última no existe amor a sí mismo, sino compensación. Quienes se maravillan por ser personas más fuertes suelen esconder un intenso temor a ser heridos. Aunado a ello, al no reconocer su propia imperfección y querer encontrar a alguien perfecto, transitan por una autopista hacia la soledad. La expectativa desmedida que los narcisistas no satisfacen con sus parejas los motiva a dejar la puerta abierta para otras personas o vínculos, lo cual disminuye su atención hacia la relación que tienen. Quien solo busca aventuras pasajeras cierra su interior para evitar ser lastimado, pero construye un muro que lo aleja de la intimidad psicológica con los demás. La infidelidad hacia los acuerdos no supone maldad, tan solo incompetencia. Los que culpan al otro de los problemas de la relación no solo muestran inmadurez, sino que hacen evidente su incapacidad para asumir su responsabilidad.

La cosificación consiste en tratar a las personas como si fuesen recursos, no sujetos libres. Relacionarse con alguien de ese modo orilla a querer convertirlo en un objeto para el propio servicio. Eso asesina el amor. No importa que el otro esté de acuerdo; en virtud de sus propias deficiencias, la cosificación evitará que se edifiquen entre sí. La desigualdad de la relación conduce a la falta de respeto. En ese sentido, cuando se observa al otro como mero objeto de seducción se le denigra hasta convertirlo en un utensilio sexual. En casos como ese, el eros va y viene a su antojo, dejándose llevar por la mera atracción. Individuos así son auténticos poseedores de la fuerza erótica del placer, pero no se vinculan con amor.

El amor requiere de mayor atención, tiempo y disposición para conocer a la otra persona, de modo que la idea de ser poliamoroso o tener romances múltiples no está centrada en el ágape y mucho menos en el compromiso de mutua edificación. Mientras más parejas se tengan, menos se da a cada una. El engaño o la infidelidad equivale a un abuso, lo cual se paga tarde o temprano. No hablo de karma o de justicia divina, sino de acumulación de culpa, dolor, incongruencia y frustración. Por más que el seductor se convenza a sí mismo pensando que su conducta es virtuosa, o que tiene mucho amor para compartir, una parte de sí lo confrontará a su debido momento. George Wells, escritor inglés, consideró que el amor hace fracasar al orgullo cuando proviene del corazón, pero es fracaso de todas las virtudes si solo procede de los sentidos. Las relaciones de pareja no son más importantes por ser muchas, sino por la atención y el interés que se le otorgan a quien se elige. Cuando se tienen parejas simultáneas no se tienen dos relaciones, sino dos mitades de relación. Uno ofrece la mitad de sí por partida doble: el tiempo y la energía se dividen y no se ofrendan por completo. En ese sentido, con el paso del tiempo, ambas relaciones sumarán cero.

La anulación es un obstáculo para relacionarse amorosamente porque se entrega la autonomía a la pareja, lo cual ocasiona que las personas se vuelvan una caricatura de sí mismas. Cambiar a cada momento para ser apropiado para alguien o adaptarse a sus gustos no es signo de amor, sino de esclavitud y dependencia. Lo anterior no significa que debemos mantenernos inmóviles o desperdiciar las oportunidades de superación, pero eso no implica ceder en todo momento o convertirse en lo que el otro exige. Visto así, consentir de manera excesiva para no perder a la persona amada ocasiona desequilibrio en la relación. No se trata de evitar hacer algo provechoso por el otro, se trata de no dañarse a sí mismo al excluir el cuidado de sí. Es cierto que cada individuo debería responsabilizarse de sus emociones, pero es pertinente que se preste atención a lo que se ocasiona en la vivencia emocional de los demás.

Los cuatro aspectos aludidos conducen a desilusiones amorosas no tanto porque el amor se haya extraviado, sino porque no estuvo presente. Cuando una persona miente u ofrece falsas esperanzas es copartícipe de la decepción y desilusión del otro. Querida hija, solo sufrirás por desamor si te forjas expectativas que no coincidan con las evidencias conductuales que te muestran las personas. Del mismo modo, eres corresponsable de lo que le sucede al otro, así que es mejor ser clara y definir el tipo de relación que deseas tener. En ocasiones, es preferible una buena amistad que una pésima relación de pareja. Si te frustras porque alguien no te respondió como tú esperabas, o no te mostró el amor como deseabas, deberás asumir tu responsabilidad de haberte ilusionado. Si eso sucede, toma en cuenta que los resentimientos o los deseos de venganza son una gran piedra en el zapato e impiden avanzar con calma. Si eliges la ruptura, será mejor agradecer el aprendizaje obtenido y marcharte a seguir tu vida.

Cada persona que dice sufrir por amor debe cuestionarse si lo hace por su orgullo dañado o por ver frustrado su anhelo de posesión. Es cierto, a muchos les resulta casi imposible no depender de aquello que alguien les prometió que sería lo mejor de su vida. Por eso te invito a ser prudente y crítica, tal como lo propuse en otros capítulos. Las relaciones nunca son estáticas, no pueden durar para siempre y no son del mismo modo todo el tiempo. Las decepciones amorosas (o por desamor) nos enseñan los límites, la levedad, la finitud y la pequeñez que caracteriza lo humano.

Más allá de las relaciones de pareja o de amistad, el amor que tengas puede ser expresado de maneras moderadas mediante la cortesía o la amabilidad. Cuando muestras respeto a los demás, te vuelves amable y haces notar que esperas un trato similar. Desde luego, una fracción de la atención y respeto que les puedes ofrecer a los demás, consiste en permitir que hagan sus propios deberes y no hacer en su nombre, o en nombre del amor, lo que a ellos les corresponde.

He hablado mucho en este capítulo, a pesar de que tener ideas en torno al amor no es lo mismo que amar. Es interesante clarificar de qué manera podríamos saber que amamos a alguien. Recuerdo haberlo preguntado sin obtener respuesta. Después comprendí, llegado el momento, que cuando amas a alguien lo sabes y no es necesario contar con datos precisos o información intelectual al respecto. La cuestión será más importante si te lo preguntas tú misma: ¿cómo sabes que amas a alguien? Tu respuesta concordará con tus convicciones en torno a si el amor se elige o se padece. Hija mía, no todo puede ser dicho en unos cuantos párrafos, las relaciones humanas son la verdadera universidad de la vida. Habrá ocasiones en las que necesites algo de los demás, en otras los amarás porque son importantes para ti y habrá veces que amarás por el mero gozo de hacerlo con sinceridad.

Si bien Albert Camus, un filósofo nacido en Argelia, inició su libro *El mito de Sísifo* planteando que el suicidio es el principal problema filosófico, lo precede la disyuntiva entre cualificarse para amar de manera madura o dedicarse a justificar el propio desamor. Pareciera que además de ser o no ser, según refirió Shakespeare en

Hamlet, el dilema es amar hasta morir o morir sin amar. Por más independencia que anhelemos, necesitamos ser comprendidos y recibidos por otro. No se trata de solo sentir, pero tampoco de absolutizar la insensibilidad. Sofía, ninguna pareja te regalará la felicidad, más bien compartirás la felicidad que construyas junto con alguien más. Las veces que te conectes de manera auténtica descubrirás que el otro es habitado por una esencia espiritual. Si pones atención, verás que existe un soplo armónico que nos hace encontrar la presencia de lo absoluto en quien amamos.

Sí, sé que me he extendido más de la cuenta y que este ha sido el capítulo más amplio. Terminaré con algo que considero importante: me reconcilié con el amor el día que me miraste y comprobé que sabías que era tu papá. Eso ha sido trascendental para mí y me ha mantenido de pie durante todos estos años. Tu presencia en el mundo ofreció valor al mío y tu felicidad tiene eco en la mía. Cuando eras pequeña y te dejaba por las mañanas en el colegio, vi que algunas veces te ponías triste al ver que me marchaba. En una ocasión me regresé y dije: si tú estás bien, yo estoy bien. Dejaste de llorar. En otra ocasión, cuando me miraste triste, repetiste la frase para mí. Renglones arriba pregunté cómo se sabe que uno ama a alguien. Yo lo supe justo así.

Los momentos maravillosos nos recuerdan que sí vale la pena mantener la paciencia en los episodios de dolor. Para mantener vivo el amor, o incluso para subsistir a pesar del desamor, no basta con aguantar y esperar a que termine la tormenta. Se necesita resiliencia ante las dificultades. Si estás lista, mientras me limpio una que otra lagrimita, podemos continuar en la sección que se aproxima.

23. Resiliencia

El capítulo anterior nos ha dejado con un sabor de boca amoroso, pero ese gozo no puede mantenerse todo el tiempo. Por más bellos que sean algunos momentos, existe la posibilidad de sufrir pérdidas y reveses que nos ponen contra la pared. La resiliencia se vincula con el amor porque es necesaria cuando las cosas no son como uno espera. Asimismo, querida hija, el amor que reserves para ti será de gran ayuda para salir adelante ante las dificultades. Desde luego, no basta con amarse, la resiliencia requiere de otros factores para sustentarse y emerger.

Cuando se viven pérdidas, separaciones o cambios que no deseamos, lo que más nos duele es la resistencia que oponemos ante el suceso repulsivo. En ocasiones parece que la vida pierde su sentido, que ya no tiene caso levantarse o volver a esforzarse, pero lo cierto es que al despedir tales ideas se logran concebir otras más edificantes y fructíferas. Sofía, siempre puedes volver a empezar, aun cuando creas que ya nada tiene sentido. Al hablarte de esto recuerdo a Sísifo, un personaje de la mitología griega cuyo castigo era cargar cada día una gran piedra y subir con ella hasta lo más alto de una montaña para luego soltarla hacia el precipicio. Cada mañana debía repetir su labor y transportar en su espalda la pesada carga. Aunque no es un hecho histórico, me parece que muestra la resiliencia de Sísifo, quien tuvo que soportar su tarea, a pesar de parecer absurda. Imagino que, en tales condiciones, uno siente alivio al soltar la piedra, de modo que al menos se garantiza, con cada repetición, un leve gozo que es similar al que muchas personas sienten tras sus jornadas laborales.

La palabra «resiliencia» proviene del latín y significa reanimarse o rebotar. Es necesario partir del desánimo para poder reanimarse y debe existir una caída que haga posible el rebote. Esa es una noticia alentadora: los acontecimientos adversos constituyen el punto de partida para iniciar algo nuevo. Podría sonar bastante raro, pero puede resultar motivante. Emily Werner, una psicóloga que vivió en el siglo pasado, nombró resilientes a aquellos infantes que se sobreponen a las dificultades de su contexto y viven de manera saludable en la etapa adulta. La investigación de Werner tuvo un gran impacto al señalar que las situaciones traumáticas, derivadas de crecer en entornos de alto riesgo, no destinaban al infante a una vida de fracaso. Desde luego, no todos los individuos que tienen dificultades logran sobreponerse a ellas, de modo que la resiliencia, si bien es algo alcanzable por todos, no siempre es una cualidad que se ejerce.

Actuar de manera resiliente implica resistir los problemas, pero no solo se trata de encogerse y aguantar las circunstancias desagradables; la resiliencia también requiere de cambios y de adaptaciones, no solo de tolerancia al sufrimiento. El testimonio de quienes se sobreponen a las dificultades nos muestra que no es sensato justificar la propia apatía, el fracaso o la tristeza, escudándonos en el pretexto de haber tenido una familia complicada, una enfermedad indeseable o un romance frustrado. Sin duda, a quienes tienen un pensamiento fatalista, siempre pensando que lo peor está por venir, les costará mucho más trabajo manifestarse resilientes. No obstante, el hecho de haber sufrido en la niñez no nos conduce de manera inevitable a generar sufrimiento en los demás; existe la opción de sanar y de actuar diferente.

Mostrar resiliencia ante las adversidades requiere distintos recursos personales que se adquieren desde la niñez. También importa el tipo de representación social o idea que se tenga sobre la adversidad padecida, así como los apoyos externos con los que se cuente. Por ello, cuando experimentes desánimo saldrán a relucir las habilidades que hayas desarrollado, pero debes estar atenta a tu percepción de lo que está sucediendo y solicitar ayuda si lo consideras necesario. Necesitarás un poco de resiliencia ante cada problema y un poco más si la complicación que enfrentas es muy adversa. Es normal salir airoso ante ciertas dificultades y tener mayores contratiempos con otras. En estos procesos influye mucho la interpretación que haces de lo que vives y la ideación resiliente que manifiestes. Tal ideación consiste en pensarte resolviendo el problema o saliendo adelante a pesar de lo vivido. Imaginar que logras adaptarte a las nuevas circunstancias te inspirará ante lo que tienes que hacer para volverlo realidad. La esperanza juega un rol muy concreto al dotarte de aspiraciones precisas.

En algunos casos conviene mantener la idea de que algo que parece irrealizable llegue a suceder. A eso lo llamamos utopía y suele ser necesaria para no perder la esperanza. ¿A quién no le agradaría que todas las personas del mundo se vieran como hermanas y se trataran con respeto? ¿No nos haría sonreír que ningún individuo del mundo tuviera que sufrir o padecer hambre? ¿Sería agradable que se erradicasen las injusticias, los abusos, la violencia y la ilegalidad? Cada una de las anteriores constituye una utopía, pero el que no se realicen justo ahora, o quizá nunca, no significa que sea ocioso considerarlas. La utopía nos inspira al recordarnos cómo podrían ser las cosas si el clamor general fuese instaurar un nuevo orden social. A pesar de que las utopías se desvanecen, tendrás a la mano la opción de aspirar a algo mejor. A ti te corresponde idear esos planes y aspirar a su concreción.

Uno de los autores que más han aludido a la importancia de la resiliencia es Boris Cyrulnik, un psiquiatra francés que vivió en carne propia la resiliencia y la utilizó para renacer del sufrimiento. Durante la Segunda Guerra Mundial, sus padres fueron deportados y asesinados, dejándolo solo ante la adversidad. Existen varios ejemplos de personas que no solo han logrado resistir, sino sobresalir después de situaciones complicadas o periodos obscuros en su vida. Dos de esas personas pertenecen al ámbito de la música: Edith Piaf y Maria Callas. La primera se sobrepuso a una infancia de abandono, pobreza y dificultades, logrando después, tras muchos esfuerzos, convertirse en una cantante de éxito internacional. La segunda, quien es considerada la cantante de ópera más eminente de la historia, superó una infancia en la que fue descalificada de manera constante por su propia madre, además de sufrir el alejamiento de su padre. Sé que ninguna de ellas es contemporánea tuya, pero quizás puedas buscar alguna de sus canciones o rastrear artistas actuales que hayan mostrado resiliencia en alguna etapa de su vida.

Existen al menos un par de ejemplos muy significativos en el mundo de la pintura: Frida Kahlo y Remedios Varo, la primera mexicana y la segunda española. Kahlo sufrió un terrible accidente que la tuvo postrada en su cama por varios años. Más de treinta cirugías no lograron su completa recuperación. En sus obras solía pintarse a sí misma luchando contra las adversidades. Varo, por su parte, fue exiliada de España durante la Segunda Guerra Mundial y encontró refugio en México el resto de su vida. A pesar de su inigualable calidad como artista y de sus maravillosas habilidades, no logró bienestar económico, pero eso no la detuvo para plasmar su arte de manera contundente.

Cabe mencionar que la única persona en obtener dos premios Nobel en ámbitos distintos, la física y la química, es Marie Curie, nacida en Varsovia en 1867. Durante su juventud recibió clases de manera clandestina porque no le permitían inscribirse en instituciones de educación superior por el solo hecho de ser mujer. Además, tuvo que sobreponerse a varios periodos de pobreza y privaciones. Aprendió a estudiar por su cuenta y esto la favoreció en su vida como científica, obteniendo recursos como instructora particular de los hijos de familias pudientes. Por si fuera poco, la facultad en la que trabajaba no apoyó sus investigaciones, de modo que tuvo que conseguir subsidios privados para proseguir con sus labores. Es un testimonio de valentía y coraje ante la adversidad.

Una adolescente nacida en Pakistán, conocida como Malala Yousafzai, mostró que la edad no es un obstáculo para colaborar con el bienestar social. Su exigencia y combate por los derechos de niños y mujeres en su país la volvió el objetivo de un cobarde ataque perpetrado por un grupo terrorista. Al recuperarse del atentado, Malala prosiguió con su lucha. Su testimonio la hizo acreedora del Premio Nobel de la Paz en 2014.

En el mundo deportivo, que sé que te interesa mucho, también se necesita resiliencia para superar diversos obstáculos, tales como las lesiones, las bajas de rendimiento, los problemas de salud e incluso alejarse de la familia por los constantes viajes. No obstante, los deportistas resilientes salen adelante con determinación, seguridad en sí mismos y compromiso hacia su disciplina, su equipo o su país. Un ejemplo de ello es Bethany Hamilton, una surfista que desde niña soñaba con llegar a ser surfista profesional. A los trece años, un tiburón le arrancó el brazo izquierdo y la hizo replantearse su intención. No obstante, redobló sus esfuerzos, adaptó una técnica para surfear en sus condiciones y logró ganar varias competencias.

Quizá te preguntes qué relación existe entre la resiliencia y la ética. Bien, vamos a ello. La vivencia de la adversidad nos permite reconocer nuestra vulnerabilidad. Somos seres que vivimos expuestos al daño o al riesgo. La resiliencia nos ayuda a percibir que nuestra levedad no es una maldición, sino la condición desde la cual partimos para acercarnos a la grandeza. Cuando se niegan los momentos difíciles, ya sea porque no fueron superados, o por no ser capaces de aceptarlos, se vive en desequilibrio. De tal estado, no pueden derivarse decisiones que se hayan pensado de manera pausada. La ética parece inaccesible a quien siempre está agitado e indispuesto para reflexionar. Vivir sufriendo y culpando a los demás por nuestros desaguisados no nos responsabiliza de nuestras acciones y ocasiona indiferencia hacia la ética.

La resiliencia nos dota de un carácter más vigoroso que nos alienta a centrarnos en las cosas concretas y tomar la rienda de las decisiones. Quien no se sana, no elige de manera correcta o lo hará con mayores dificultades. Quien no elige de manera correcta, tiende a ocasionar daño en otros y en sí mismo. Quien vive todo el tiempo dañando, no logra ser resiliente ante su propio daño y su ciclo no encuentra desenlace.

Uno es feliz e infeliz al mismo tiempo, tal como somos sabios e ignorantes. No siempre manifestamos fuerza y tampoco nos mostramos débiles en todo momento. Lo que hago ahora mismo no es invitarte a ser tan sólida como una roca, sino a que también seas flexible ante los cambios y muestres empatía ante el dolor de los demás. Haz antes contigo lo que pides a otros. Acepta el golpe del viento antes de soplar a los demás. Limpia tu casa interior antes de criticar la suciedad. Trata al otro como el otro quiere ser tratado si es que eso no te ofende. No te corresponde hacer que la gente sea feliz, pero puedes ser comprensiva con quienes no lo son.

Tu resiliencia aumentará cuando te mantengas íntegra ante la adversidad y obtengas nuevas fuerzas o motivos para seguir adelante. Por supuesto, es deseable practicar la segundo, pero lo primero representa el paso inicial. Los procesos resilientes no siempre siguen etapas ordenadas, pero de manera general podrían mencionarse las siguientes: 1) adversidad o suceso doloroso; 2) recuperación; 3) adaptación; 4) progresión. Hablemos con detalle de cada una.

La adversidad tiene muchos rostros y se presenta de múltiples maneras. No obstante, una consecuencia común de las adversidades es la vivencia de la angustia, la ansiedad, el temor o la frustración. La sensación de estar situado frente a un abismo capaz de destruirnos puede surgir por vivir rupturas diversas, traiciones, despidos, enfermedades, fallecimientos de personas queridas y distintas situaciones que entorpecen nuestros planes. También están incluidas las dificultades corporales, económicas, sociales y de pareja. Como podrás notar, el *bufet* es variado y desolador, pero siempre está a la vista y se nos ofrece aun cuando no nos apetezca.

Erik Erikson, un psicólogo nacido en Alemania, consideró que las conductas de las personas son esfuerzos por adaptarse a las etapas de la vida. Él mismo fue resiliente tras vivir de manera descuidada un largo periodo. En su madurez aseguró que las personas experimentan distintas crisis según su edad o la evolución de sus experiencias. Sus hallazgos nos permiten saber, entre otras cosas, que debemos enfrentar la desconfianza, vergüenza, culpa, inferioridad, dispersión de identidad, aislamiento, estancamiento y desesperación. Así, al mostrar resiliencia, nos adaptamos a las circunstancias si generamos confianza, autonomía, aceptación, proactividad, identidad, intimidad, productividad e integridad, según sea la etapa de la crisis que corresponda. Las personas de tu edad, según Erikson, enfrentan crisis de identidad. Las que tienen mi edad viven la necesidad de colaborar con las generaciones que vienen de tras de ellos. De mi lado se cumple lo estipulado por Erikson, ¿qué tal del tuyo?

Habitamos un mundo que sufre, nos invade la doble moral, la mentira, el miedo y la corrupción. Nos rodean familias rotas, angustia y dolor. No podemos cegarnos ante la crisis, la violencia, la pobreza y destrucción. En todos esos casos adversos es muy importante mantener la serenidad. De hecho, una de las plegarias más famosas que existen, atribuida a Reinhold Niebuhr, enfatiza la importancia de aceptar las cosas que no pueden cambiarse, tener el valor de modificar las que nos corresponden, y ser sabios para reconocer la diferencia entre ambas.

Querida hija, llegado el momento, asume que no siempre te seguirán aquellos a quienes ames. Las traiciones son dolorosas por su carácter adverso. Será muy difícil, por no decir imposible, que seas amada por todos, de modo que no te molestes obsesionándote con algo así. Espero que seas fuerte para entender que el cariño y el aprecio se reciben sin forzarlo. Varios terminarán su camino antes que tú, así que rinde tributo a los muertos que amaste en vida y haz de tus actos un continuo homenaje.

Si no se templan las expectativas que tenemos de los demás, uno acaba enfrascándose en figuraciones desproporcionadas. Si nos sentimos solitarios, deseamos que alguien pelee junto con nosotros contra el resto del mundo. Si vivimos inseguros, anhelamos que alguien haya nacido solo para amarnos. Si estamos agobiados, queremos depositar nuestra esperanza en alguien que esté siempre a nuestro lado. Si deseamos control, solicitamos firmar actas de matrimonio hasta que la muerte nos separe. Si juramos amor para toda la vida, nos olvidamos de que no podemos garantizar el futuro. En ocasiones somos tan pobres que queremos enriquecernos a través de lo que los demás nos den. Si nos agrada sentirnos invencibles, ideamos que un Ser superior nos protege a pesar de nuestros descuidos. Somos tan inocentes que incluso aseguramos que quienes nos rodean serán siempre incondicionales. Nuestra arrogancia nos conduce a pretender ser el centro de la vida de otros y a reclamarles si no encuentran en nosotros su razón de ser. Obstinarse con ver cumplidos todos esos anhelos no favorece la debida resiliencia.

La segunda fase de la resiliencia es la recuperación, lo cual implica levantarse tras la caída. La mayor gloria no está en no caer nunca, sino en ponerse de pie cada vez que caemos, solía decir Confucio. Al final, aquel que triunfa es quien logra sobreponerse a sus derrotas, así que no tiene caso lamentarse por un fracaso, sino planear la manera de reducir su afectación. Cae siete veces, pero levántate ocho, nos aconseja un proverbio japonés. Recuerda muy bien, querida hija, que el malestar es didáctico y no corresponde evadirlo, hay que hospedarlo por un tiempo y después dejarlo partir.

La nostalgia es nuestra primera respuesta cuando nos sentimos vacíos. No obstante, si lo permitimos, el vacío nos invita a reaccionar y detonar nuevas maneras de pensar. Por más raro que parezca, algunos momentos difíciles son la ocasión para nuestro despertar. Es por eso por lo que vale la pena poner atención a los signos que están contenidos en las crisis y sinsabores. No se trata de rechazar el malestar, sino de aprovechar la energía que contiene para utilizarla de manera benéfica. Si observas el vacío como enemigo, tardarás más en recuperarte porque invertirás demasiada energía en negarlo, tratar de evadirlo o compensarlo con distracciones riesgosas. Jean de la Fontaine, escritor francés, decía que nuestro enemigo es nuestro dueño, puesto que nos domina al debilitarnos y al hacernos odiarlo.

Sin embargo, querida hija, si haces las paces con tu vacío, te situarás en el punto cero y avanzarás desde ahí.

El mundo nos rompe a todos, solo que algunos son fuertes en los lugares rotos, aseguró Ernest Hemingway, escritor estadounidense. No sientas vergüenza por tus heridas o por las llagas que queden marcadas en tu sensibilidad. Tal como un niño presume sus raspones ante sus amigos, como signo de que se ha divertido al jugar, nos corresponde mostrar gallardía ante nuestras partes rotas. Así como los órganos y la piel pueden sanar, nuestra estructura psíquica es capaz de encontrar alicientes para enmendarse. La reparación de la cerámica que ha sido rota se considera un arte en la cultura japonesa. Una vez que los pedazos han sido unidos mediante el uso de laca, conformada de oro o plata, el objeto aumenta su valor por haberse recuperado y mostrar su nueva belleza o funcionalidad. A esto se le llama *kintsukuroi* y no solo alude a un asunto visual, sino a una manera de entender la realidad.

La tercera fase de la resiliencia es la adaptación al entorno social tras haber logrado la recuperación. En este punto, luego de recuperar su energía, la persona resiliente se encamina a conductas que favorecen el bienestar de sí y de los demás. De esta adaptación deriva su inclusión en un entorno colectivo y funcional. Es muy importante que la adaptación no contradiga el criterio ético. Resulta lamentable que algunas adaptaciones no sean más que un retorno a los contextos o situaciones perjudiciales, de modo que se corre el riesgo de exponerse a las mismas adversidades. Si se ha superado una traición, el aprendizaje tendría que conducir a mostrar mayor precaución. Si se ha perdido alguna capacidad física, el proceso de adaptación no es postrarse en espera de la ayuda, sino recuperar algunas de las funciones que antes se tenían. Las adaptaciones tienen diversos ritmos, según haya sido la adversidad padecida. Algunas implican auténticas rehabilitaciones, pero en otros casos se tendrán que rehacer las conductas, formas y costumbres.

Seguir adelante, a pesar de la adversidad, resulta menos complicado si se mira hacia el futuro de manera comprometida. Si bien es apropiado desear que las condiciones sean mejores, también es oportuno pedir ayuda, lo cual se le dificulta a quienes creen que todo lo pueden solos, o que tendrá menor valor sobreponerse mediante la colaboración ajena. La resiliencia no tiene nada que ver con la supremacía, sino con la inteligencia ante el vaivén de las circunstancias. Charles Darwin, científico inglés, fue muy claro al explicar que en los procesos de evolución no sobreviven las especies más fuertes o más inteligentes, sino las que mejor responden al cambio. ¿Lo percibes? Hay que aprender a mantenerse con vida mientras se encuentra un nuevo sitio en la estructura que nos rodea.

Quizá alguna vez hayas visto que ciertas plantas emergen al abrirse paso en las peores condiciones, incluso atravesando pequeñas rendijas cuando están debajo del concreto de la calle. A mí me parece una proeza que logren recibir la luz del sol y mantenerse con vida. Esa demostración de sobrevivencia nos muestra que los organismos vivos tienden a su conservación. De manera natural, nuestra biología nos induce a dar batalla. Por eso, la adaptación reporta mejores resultados que la inflexibilidad. Robert Jordan, autor de la saga de novelas *La rueda del tiempo*, lo ejemplifica diciendo que el roble lucha contra el viento, pero termina por romperse, a diferencia del sauce que acepta doblarse para lograr sobrevivir.

La cuarta fase del proceso de resiliencia, cuando esta se lleva al culmen, es la progresión. Es en ese punto cuando se hacen patentes los resultados de la adaptación, así que se realizan nuevos cambios o mejoras. Si en la adaptación se suprimieron algunas conductas que producían gusto o agrado, en la progresión pueden recuperarse. Si bien es cierto que los procesos de adaptación son exigentes, en algún momento debemos recuperar el gozo. Ten en cuenta que uno no puede gozar de verdad si suprime su talento. Considero que no hay mayor condena que el desperdicio de las cualidades; por favor, nunca te sacrifiques de ese modo. Vive con intensidad y asegúrate de ofrecer todo lo que tienes por dar. Resérvate poco para después, pues la vida no es eterna y a todos nos olvida. Así, satisfecha, podrás despedirte al final con dignidad y paz.

Durante la progresión acontece el desarrollo y la mejora. Sin embargo, por más que progreses, el peso de forjar un mundo mejor no solo cae en tus hombros. Rediseña primero tu propio mundo. No tienes que ser luz para todas las personas, pero sí puedes alumbrar a los que están cerca de ti. Tus mejoras y progresos no tienen que ir en contra de la ética o la congruencia. Ser una persona ética te convertirá en una llama entre la obscuridad, te afirmará como un testimonio corpóreo y viviente. Aprovecha la posibilidad de reconstruir lo que se encuentra destruido en este mundo.

Por último, considero muy importante que seas consciente de que existen demasiados obstáculos durante los procesos de resiliencia. Si fuese sencillo, todos nos mostraríamos resilientes en cada ocasión, pero no es así. Para ser más concreto, te invito a recordar lo siguiente: a) buscar las respuestas que sugiere tu voz más íntima; b) escuchar a quienes te indican el camino, pero optar por el que creas que tú debes seguir; c) aprovechar el espacio que dejan las cosas o las personas que se marchan de tu vida; d) reconocer el miedo y robarle su fuerza para utilizarla a tu favor; e) permitir pausas en tus procesos de adaptación, lo cual no implica retroceder; f) asumir la imperfección y honrar a quien o quienes lo hacen; g) reconocer que la culpa entorpece tu superación; h) disfrutar de los avances, por más leves y pequeños que parezcan.

Desde luego, habrá personas a tu alrededor que vivan sus propios procesos de sobrevivencia o superación de la adversidad. No encuentro impedimento en que colabores en la recuperación de otros, pero no por ayudarlos debes cargar con su dolor, por más que parezca que eso les beneficia. Requerirás momentos de descanso, sobre todo si acompañas a personas que viven duelos significativos o están llenas de melancolía. Cuando vemos que alguien sufre de manera constante y nos sentimos incapaces de modificar su situación, se reduce la propia energía y aumenta el desaliento. Por ello, muéstrate atenta ante los signos de tristeza y malestar que te contagian los demás y revisa qué de ti es lo que observas cuando miras el padecimiento ajeno.

Sugiero, por encima de todo, que estés al pendiente de tus propios síntomas emocionales. Por más fuerte y resiliente que te percibas, no eres invulnerable, tal como tampoco lo somos el resto de los humanos. Tú y yo, así como quien lee estas líneas, necesitamos mostrarnos vigilantes ante los signos que nos indican que estamos en riesgo físico o emocional.

Olivier Clerc, un filósofo nacido en Suiza, ofreció una explicación que resulta ilustrativa del valor de estar atentos. Aseguró que cualquier rana que caiga en una olla de agua hirviendo intentará salir de manera inmediata. Sin embargo, si el agua está a la temperatura del ambiente, el anfibio permanecerá tranquilo. Al elevar un poco la temperatura, la rana se mantiene inmóvil porque piensa que puede adaptarse sin problema. Si la temperatura sube con lentitud, la rana quedará aturdida, pero mantendrá su posición y no percibirá la urgencia de salir de la olla. Algunos intrépidos quisieron experimentar lo que Clerc postuló, así que se dieron cuenta de que, cuando la velocidad de calentamiento es inferior a 0,02 grados Celsius por minuto, es más probable que la rana se quede quieta y muera con el hervor del agua.

No somos ranas y será difícil que nos viertan en una olla, pero las cosas que vivimos pueden aglomerarse, tal como los grados Celsius, y no dejarnos escapar por el desbordamiento de emociones paralizantes. La rana habría escapado de la olla si el cambio de temperatura hubiese sido abrupto, tal como nosotros lo hacemos (o deberíamos) ante las adversidades grotescas; sin embargo, no siempre tenemos la suerte de vivir sucesos que nos despierten de golpe y nos conduzcan a darnos cuenta de los peligros latentes o los excesos palpables.

Confiarte demasiado puede resultar riesgoso, sobre todo si eso te hace pensar que podrás salir a tiempo ante un problema que dejas crecer. Si las señales te muestran que la temperatura aumenta, que los riesgos se incrementan y que tu integridad está en el borde, sal de ahí, huye y resguárdate a tiempo. No tienes que esperar a que los problemas se presenten, puedes ser prevenida y ahorrarte amarguras. Ten en mente la importancia de confiar en que las cosas pueden ir mejor, pero desconfía de las esperanzas distorsionadas o que se edifican en la falsedad.

Todos lloramos alguna vez y cada uno de los vivientes siente debilidad más de una vez. No te estoy diciendo que desees el sufrimiento, sino que no seas tan ilusa como para creer que nunca sufrirás. Siéntete orgullosa de lo que superes, muéstrate leal contigo misma. No tienes que ser un modelo de vida o disfrazarte de quien no eres para obtener admiración. Ser resiliente alguna vez es virtuoso, pero necesitas serlo varias veces. Robert Frost, un gran poeta del siglo xx, resumió con tres palabras lo que aprendió acerca de la vida: continúa hacia delante. Si acaso eso puede decirse con una sola palabra, la apropiada sería perseverancia. Celebraré que apliques esa cualidad y me acompañes al penúltimo capítulo.

24. Perseverancia

La resiliencia que nos permite sostenernos en la lucha debe aliarse con la perseverancia para solidificar lo que realizamos. Ninguna obra de arte surge de un día para otro, tal como tampoco sucede con los grandes proyectos. La perseverancia requiere firmeza de carácter y ánimo inquebrantable. La perseverancia es distinta a la constancia. La última se centra en mantener una actividad de manera disciplinada, la primera se propone el cumplimiento de un objetivo, sin importar si se deben modificar los medios para lograrlo.

Visto así, la perseverancia nos impulsa a mantenernos constantes en ciertas cosas, pero siendo flexibles para modificar los procedimientos o los caminos que recorremos. Nunca será suficiente un solo esfuerzo, sino la continuidad de estos. Si alguien quiere mejorar su estado físico, necesitará seguir un plan de ejercicios y de alimentación; pero al lograr el objetivo de reducir de peso deberá seguir siendo perseverante para mantenerse y adaptarse a un nuevo régimen.

La perseverancia requiere que estemos atentos en varias áreas. Incluso el objetivo de mejorar la condición física puede ser solo un aspecto de una meta más global: ser un buen deportista. No se es perseverante por realizar una sola actividad, sino por esforzarse en varias áreas hacia el cumplimiento de un objetivo mayor, el cual nos exige invertir gran parte del tiempo de nuestra vida. No somos máquinas que se programan para cumplir exigencias, pero necesitamos mostrar disciplina y voluntad para mantener el orden. Indira Gandhi, quien ejerció como primera ministra de la India, decía que la fuerza no proviene de la capacidad física, sino de la voluntad indomable. A su vez, la motivación fortalece nuestra voluntad.

Los motivos que nos conducen a crear una meta y trabajar con perseverancia para lograrla son nuestra responsabilidad. Existen bastantes individuos que esperan ser motivados por otros, como si fuesen incapaces de encontrar razones para realizar lo que deben hacer. El premio de la perseverancia no es la simple satisfacción de haber logrado algo, sino la intensa congruencia que se vive al aprovechar el talento o los recursos con los que contamos. Quienes necesitan recibir incentivos no han encontrado motivos. Querida hija, recuerdo con mucho gusto el día que te felicite por haber dado un gran salto en tu aprovechamiento escolar, el cual quedó reflejado en tu mejora repentina de las calificaciones. Al ofrecerte un premio me dijiste que tus calificaciones no eran razón para premiarte, puesto que lo hacías con gusto y tu ganancia era aprender. Sonreí y me sentí complacido con esa respuesta. Agregaste que no habías obtenido esos resultados para ser aplaudida, sino porque habías madurado. Ese día me diste una lección. No había percibido que tenías la convicción de estudiar, con premio o sin él.

Sé de algunos estudiantes que esperan ser premiados por respirar o, como algunos me han dicho, por asistir a la clase. En todo caso, el sentido de un premio es asociarlo con un mérito, así que aplaudir lo que es básico menosprecia otros alcances. Por ello, el premio tendría que reservarse hasta que ocurra algo excepcional. Si bien pareciera que la costumbre es hacer cosas para ser vistos y vitoreados, existen personas que se entregan a lo que hacen de manera auténtica. Debo ser más contundente en esto: no está mal recibir premios, pero al centrarnos en la obtención de dádivas y condecoraciones, no actuamos distinto del elefante que hace acrobacias en el escenario de un circo para obtener un poco de alimento. El animal está condicionado y es prisionero de quienes lo controlan. Si concluyes que las personas viven sometidas a sistemas similares, no estarás equivocada. Al decir que debemos tener motivos personales abogo por la congruencia entre lo que hacemos y lo que anhelamos en la vida. Los incentivos adicionales son útiles, pero el valor de la perseverancia consiste en mantener el esfuerzo aun sin estar incentivados por los demás.

Piensa en los millones de personas que desperdician su tiempo al desgastarse realizando labores que no les ofrecen plenitud. Incluso cuando se trabaja de ese modo se percibe un salario, el cual se otorga porque un empleado no estaría dispuesto a colaborar de manera espontánea con el enriquecimiento de su empleador. En ese caso, el salario es equivalente a la comida que se otorga al elefante circense. Quizá pienses que está justificado que el paquidermo se adapte al circo para poder alimentarse y mantener su vida, pero en realidad ha sido obligado a sobrevivir en esas condiciones. Existen muchos más elefantes fuera de los circos que dentro de ellos, y entre los elefantes externos no suele manifestarse ningún pesar por no convivir con payasos y trapecistas.

Del mismo modo, los empleados que son explotados para obtener un salario están sobreviviendo en un sistema que les enseñó que esa era la única manera de ganarse el sustento. Aquellos que emprenden por su cuenta y que buscan la manera de no traicionar lo que anhelan son juzgados como soñadores que deben ser reprochados por no asegurarse un salario constante. Sin embargo, la continuidad del salario conduce al confort y a un límite fijo en el poder de consumo. De ninguna manera afirmo que sea inapropiado que tengas un puesto laboral en una empresa ajena, tan solo señalo que encuentres concordancia entre lo que haces y tu propio proyecto de vida.

La perseverancia propicia la consolidación de la creatividad. Ovidio, un poeta romano, observó el impacto de la perseverancia en la naturaleza y concluyó que la gota que cae de manera continua en la roca no la agujera por su fuerza, sino por su constancia. Desde luego, no se trata de tres o cuatro gotas, sino de una multitud de ellas que caen una tras otra. En el reino animal, los castores son un ejemplo de perseverancia al construir presas e influir en la dirección del flujo del río mediante el uso de diminutas ramas y pequeños arbustos. La corriente fluvial destroza el trabajo de los castores, pero estos continúan con entusiasmo al día siguiente. Sartre utilizó el sobrenombre de Castor para nombrar a Simone de Beauvoir, quizá por la perseverancia que mostró en la lucha por los derechos de las mujeres.

La miel que tanto nos gusta es producida por abejas perseverantes que, a pesar de que ven sustraído el fruto de su trabajo, no merman su esfuerzo diario. Como podrás observar, la perseverancia es una cualidad que se desarrolla a partir de la paciencia y nos conduce a tolerar las frustraciones. En ese sentido, no se puede llegar al alba sino por el sendero de la noche, tal como expresó Yibrán Jalil Yibrán, escritor libanés. Si logramos transitar a través de ella, la oscuridad nos reserva un poco de luz. No hay esperanza por la cual debas desesperarte, mantén la paciencia y toma descansos oportunos antes de perder tu energía en lamentos infructíferos. Un viaje de mil millas empieza con el primer paso, refirió Lao-Tse, filósofo chino. Si la meta es valiosa, más vale encaminarse con entusiasmo.

En algunas ocasiones te esforzarás mucho y los resultados no serán los esperados, al menos no de inmediato. El éxito no es casualidad, antes de alcanzarlo se tienen caídas, llantos y dolor. Es preciso valorar los momentos difíciles, pues son los que recordarás cuando el logro esté en tus manos. Te comparto que cuando era adolescente escuché a alguien decir que «las vacas no dan leche». Tal afirmación me pareció sospechosa, así que me puse a investigar y encontré que no solo las vacas lo hacen, sino también las cabras, los alces, las yeguas, las ovejas y hasta los camellos. Tuvieron que pasar algunos meses para comprobar que, en efecto, las vacas no dan leche, sino que es preciso ordeñarlas. Al darme cuenta de eso, comprendí que quien me había dicho la frase, un jovial granjero lleno de canas, aludía a ese proceso. Visto así, la vida es como una gran vaca que no nos dará ninguna liquidez, salvo que la ordeñemos.

Millones de personas desperdician la vaca que tienen en su establo. La riqueza está ahí, en su talento y en sus manos, pero no lo saben. La abundancia no se reduce a la posesión de dinero o bienes mercantiles, alude también a la capacidad de generar beneficios inmateriales. ¿Quién puede negar el valor de algunas palabras precisas en los momentos difíciles, o el alivio que ofrece un abrazo en la ocasión oportuna? Podemos dar mucho de eso sin empobrecernos, pero se requiere temple y empatía. En ciertas ocasiones, la conexión con los demás brotará de manera espontánea, pero en otras será fruto del esfuerzo.

Querida Sofía, no desesperes si las cosas no son como anhelas. No caigas en la pretensión de suponer que el universo debe ser como lo quieres o que colaborará contigo. Sí, habrá algunas cosas que restarán tus horas de dormir, pero eso será tolerable si existen sueños por los que quieras dar la vida. No confíes solo en tus respuestas, desarrolla tu capacidad de escuchar. Te sorprenderá recibir sabiduría de quien menos te esperas. Escuchar no es lo mismo que oír: eres capaz de captar mucho más que el mensaje que transmiten las palabras. Identifica lo no dicho, percibe la comunicación oculta en los silencios, palpa la emoción detrás de la expresión, o el código que se irradia sin hablar. Sé constante, incluso al ofrecer tu completa atención cuando conversas con alguien.

La perseverancia es útil en diferentes ámbitos de la vida. No solo se requiere para el progreso profesional, sino también para el desarrollo de las amistades e incluso para hacer más intenso el vínculo con la pareja. A todos se nos puede amar, pero merecemos el amor cuando somos capaces de interactuar con gozo. No basta con que estés presente de manera física, se necesita de toda tu atención y cuidado. Si alguna vez eliges corregir algo de otra persona, ofrece tu comentario sin gritos u ofensas. Agredir a otro con las palabras, a pesar de que tengamos razón o sea cierto lo que decimos, es como practicar una cirugía sin anestesia, lo cual rompe las relaciones y pulveriza el afecto. Si deseas perseverar en tus vínculos interpersonales, no te intereses en ganar a toda costa las discusiones inútiles, siempre habrá otras que valgan más la pena.

La perseverancia no garantiza que alcances tus metas, pero no hay manera de alcanzarlas sin perseverancia. En tu trabajo intelectual mostrarás mayores avances con perseverancia, no con rigidez. Imagina todo lo que puede aprenderse dedicando veinte minutos diarios (o más, desde luego) a la lectura. Podrías viajar por miles de sitios con tu imaginación y ajustar 121 horas anuales acompañada de un libro.

La perseverancia no nos promete perfección, pero al menos nos ofrece mejoría. El genio se compone de 2% de talento y de 98% de perseverancia, aseguró Ludwig van Beethoven, el gran compositor alemán. Desde luego, sus números no derivan de unas estadísticas precisas o la aplicación de encuestas, pero no conviene desestimar la conclusión ofrecida por un prodigio de la música.

La perseverancia aumenta la seguridad con la que hacemos las cosas porque el constante ensayo lima los errores y matiza los aciertos. Los hermanos Wright, un par de ingenieros estadounidenses, fueron perseverantes hasta crear el primer aeroplano que logró volar y aterrizar de manera exitosa. Nikola Tesla, el maravilloso científico del siglo XX, dedicó la mayor parte de su tiempo a llevar a cabo investigaciones que le permitieron revolucionar el campo del electromagnetismo, obtener alrededor de trescientas patentes para sus creaciones y ser precursor de distintos aparatos que siguen utilizándose. En el museo que lleva su nombre, situado en Belgrado, la capital de Serbia, se exhibe una urna con forma de esfera en la que están depositadas sus cenizas.

Los parques que llevan el nombre de Walt Disney en varias partes del mundo deben su éxito a la visión y perseverancia de un niño que repartió periódicos durante varios años y que creó una de las marcas más exitosas de la historia, además de hacer reír y procurar la diversión de millones de personas. Por otro lado, Freddie Mercury, el conocido vocalista del grupo Queen, fue criticado por la prensa y era ridiculizado por sus extravagantes vestuarios y declaraciones. Si bien no es un ejemplo de moderación, lo es de perseverancia. Su trabajo y constancia favorecieron su calidad artística, la cual se mantuvo hasta las grabaciones que hizo unos días antes de morir.

Itzhak Perlman, uno de los más grandes violinistas de la historia, tuvo el mérito de sobreponerse a las adversidades para desarrollar su talento. Padeció de polio a la edad de cuatro años y toda su vida ha tenido que ayudarse de bastones ingleses. Él no quería que lo conocieran como «el violinista con discapacidad», sino solo como «el violinista». La gente dudó de él y de su habilidad para viajar o adaptarse al estrés, pero él honró su propio talento y lo enalteció con disciplina y perseverancia. A su vez, Herbert von Karajan, el gran director de orquesta nacido en Salzburgo, perseveró durante treinta y cinco años al mando de la Orquesta Filarmónica de Berlín y grabó alrededor de ochocientos discos, convirtiéndose así en el artista con mayores ventas de su género musical.

La deportista Serena Williams, considerada la mejor exponente del tenis mundial, se sobrepuso al racismo del público que la criticaba por ser afrodescendiente y ha perseverado hasta ganar más de un par de decenas de títulos internacionales. Michael Jordan, el excepcional basquetbolista, solía decir que falló más de 9000 tiros en su carrera y que perdió casi 300 juegos. Se permitió no acertar una y otra vez, por eso tuvo éxito. Todos cometemos errores, pero algunos se cansan, dudan de sí mismos y dejan de intentarlo por temor a volver a fallar. Quienes se desaniman y optan por claudicar no toman en cuenta que están impidiendo su logro. Aquellos que no perseveran no obtienen lo que desean; quienes resisten y se siguen esforzando aumentan sus posibilidades.

Querida hija, ¿cuántos errores cometemos en la vida? Bastantes, no solo por el tipo de decisiones que tomamos, sino por su carácter moral. En ocasiones, nos vence el coraje, la molestia, el resentimiento, los celos o la pereza; quizá nos salen palabras inapropiadas de la boca, tenemos conductas intolerantes, o una que otra vez consentimos alguna mentira. Sí, fallamos y nos cuesta aceptarlo, la vanidad carcome la humildad. A pesar de todo, existen nuevas oportunidades que nos permiten ser perseverantes.

La reflexión ética representa la intención de enmendar los errores, de no estropear el presente, de actuar de manera apropiada tomando en cuenta las circunstancias. Si nuestro criterio es errado, las fallas nos permiten percibir el error y corregirlo. Si la prudencia disminuyó, cesó la valentía o perdimos nuestra libertad de pensamiento, cabrá enderezar la ruta y perseverar. No es fácil ser congruente cuando la luz está tan cerca de la oscuridad.

Existen decisiones que se toman en un momento e influyen el resto de la vida. En ese sentido, se ha dicho mucho a las mujeres que una parte de su valor consiste en ser madres. Sin embargo, las mujeres no están sujetas a la maternidad para tener un sentido, a pesar de que existan presiones sociales y familiares. Si una mujer desea tener hijos, primero requiere afirmarse a sí misma como persona. Lo mismo se aplica para los hombres, quienes también podrían considerar métodos anticonceptivos si esa es su intención. Es oportuno crear nuevos horizontes para la maternidad, reconsiderar los moldes tradicionales en torno a ello y deshacerse de cualquier imposición. Hija mía, ser madre es una elección, no un destino que te corresponde por tu sexo. Crea tu propio estilo de vivir, con maternidad o sin ella. Desde luego, ser madre requerirá de tu perseverancia durante toda la vida, pues se trata de un rol del que no cabe desprenderse. No supongas que ser madre te traerá felicidad instantánea, pero tampoco juzgues de antemano que te hará infeliz. Educar es una vocación que requiere paciencia y perseverancia a prueba de balas.

Sobre el dinero o las finanzas, conviene edificar una actitud vigilante y perseverar en las inversiones o los ahorros. Algunos aseguran que es imprescindible tener dinero para poder pasarlo bien; para cierto tipo de gustos tienen razón. El dinero es importante, pero cuando se vuelve lo único por lo cual vivir se convierte en algo terrible. Quien ama el dinero nunca se encuentra satisfecho. Algunos gozos no son caros y muchos de ellos son gratuitos. Persevera para lograr solvencia económica, pero interésate aún más en gastar con prudencia e invertir con inteligencia. Date cuenta de que las carencias emocionales no se llenan con billetes o con lo que se compra con ellos. Trata de obtener no solo lo que consideres útil, sino también lo que sea inspirador.

En este punto debe estar claro que apoyo la perseverancia y que te propongo desarrollarla. No obstante, para serte sincero, no basta con que seas perseverante. Además de eso, requieres de estrategias sensatas que hagan valer la inversión de tu tiempo y tus energías. Es cierto que, si el pescador se desespera y saca su red del agua, no logrará una buena pesca, pero tampoco lo hará si se pasa el día entero tratando de pescar en el sitio equivocado. Es importante ser previsor, planear con inteligencia y luego perseverar. Se nos dice que quien persevera alcanzará sus metas, pero no se aclara el contenido de la perseverancia. El mundo es una selva de asfalto y necesitas aprender a protegerte.

No quiero que te quedes con la idea de que debes adaptarte a una sociedad que premia la ciega obediencia. Ve más allá de ese estado inocente y sé astuta para darte cuenta cuando te imponen mantenerte en el error, cuando se te manipula o se te exige aguantar sin motivo el daño que se te causa. Date cuenta de que perseverar en el error no lo volverá un acierto. A quienes tienen mayor poder les conviene vender la idea de una perseverancia callada y sumisa, pero eso es una trampa maloliente. La perseverancia y la astucia están hermanadas, solo así tienen sentido.

El huerto de la vida nos devuelve lo que plantamos, ya sean espinas o flores, pensaba Johann Goethe, escritor alemán. Lastimar a alguien no te vuelve una mala persona, pero persistir en ello te aleja de la bondad. La perseverancia en la ética te ayudará a recordar que puedes corregirte siendo crítica contigo misma. Todos los pueblos tienen una memoria histórica llena de aciertos y fracasos éticos, tal como acontece en las familias. La trayectoria del comportamiento de nuestro grupo, así como su mejora o deterioro, está en nuestras manos. Existen historias familiares que han mantenido la injusticia o la inequidad; ese tipo de perseverancia dañina no ofrece motivos para mantenerla.

Podemos ser perseverantes en causar daño o en lastimarnos, pero eso sería un lamentable error. Aquello en lo que somos perseverantes es lo que justifica o legitima la perseverancia. Visto de otro modo: importa la canción que se canta, no solo el cantante. Si nuestra perseverancia entona melodías cansinas y miserables, será mejor disminuir el volumen o poner un alto cuanto antes.

Son variadas las consecuencias de no ser perseverantes: frustración, pérdida de sentido, violencia, destrucción, acoso y hasta suicidio. Los números son fríos y nos indican que alrededor de 700 000 personas se suicidan al año en todo el mundo. Entre los adolescentes de 15 y 19 años, el suicidio se ha convertido en la cuarta causa de muerte, según lo indica la OMS. Eso me parece alarmante, sobre todo porque cada uno de esos chicos y chicas dejó un proyecto inconcluso que no lograron perseverar o no percibieron que tenían la opción de intentarlo. Necesitamos reorientar la manera en que tratamos y educamos a los adolescentes. No son ustedes los responsables de los proyectos personales que los adultos hemos dejado sin terminar, no es su labor continuar aquello en lo que hemos claudicado. Ustedes merecen escribir su historia y su camino, sin importar si coinciden o no con nuestros ideales.

Victor Hugo, el gran novelista francés, pensaba que el secreto de los grandes corazones está en la perseverancia. De hecho, no solo lo pensaba, puso en práctica esa cualidad cuando redactó, estando exiliado, su obra *Los miserables*. Ahora mismo, en plena pandemia por la covid-19, vivimos una especie de exilio en la propia casa. En el futuro se hablará de los resilientes que salieron adelante. Deseo que, además de eso, estés entre las personas que perseveraron y mantuvieron sus metas, a pesar de que las circunstancias las hayan sometido a sobrevivir bajo presión. Tanto ahora como después, te será de utilidad seguir indagando, confrontando y detonando. Indaga para rastrear lo que no se observa en lo evidente; confronta para tomar una posición de lucha ante la incongruencia; detona para provocar que emerjan nuevas posibilidades.

Hay personas que luchan un día y son buenas. Hay otras que luchan un año y son mejores. Pero hay las que luchan toda la vida y son imprescindibles, concluyó Bertolt Brecht, dramaturgo alemán. Por eso, levanta la mirada aun teniendo el viento en contra. No escuches las voces que te recomienden desistir. Recuerda que ser perseverante no equivale a ser testaruda y obstinada. Cuando sea el caso, aprende a renunciar y a replantear tus metas.

En tiempos de crisis no debes escatimar esperanzas. No perseveres en el pesimismo, en la vergüenza y en la duda, que de ello se obtiene muy poco. Dejemos el pesimismo para tiempos mejores, recomendaba Pitágoras, un gran filósofo griego. La verdadera perseverancia, aquella a la que te invito, se vincula con el resto de las cualidades que he aludido en este libro. Sé perseverante en todas ellas, desde la admiración hasta la gratitud, la cual abordaremos enseguida. Doy constancia de que has sido perseverante en tu vida, pero tus logros no siempre han sido solitarios; has tenido colaboradores, tanto conocidos como anónimos. Quizá sea posible evitar que persevere la ingratitud en este mundo. Te invito a hablar de ello en el capítulo final.

25. Gratitud

Cuando perseveramos nos damos cuenta de la importancia que han tenido quienes nos ofrecen su ayuda o colaboran con nuestros proyectos. Tales muestras de aprecio o lealtad merecen gratitud. Es tan importante este aspecto que incluso Mahoma, el principal profeta del islam, consideró que aquel que no agradece un pequeño favor no será capaz de agradecer algo grande. El tiempo es uno de los recursos no renovables que poseen las personas, por eso es digno de gratitud que alguien dedique el suyo para atendernos. Miguel de Cervantes, novelista español, dijo que agradecer los beneficios que se reciben es propio de gente bien nacida.

Sofía, además de la vida, existe una gran variedad de cosas que has recibido. Es importante que percibas que los demás no están a tu servicio y que tampoco tienen la obligación de estarlo. Los demás no son esclavos. Incluso quienes reciben un sueldo tienen horarios específicos para efectuar sus labores. Aquel que tenga la noción de que los demás están obligados a colaborar con sus fines se volverá una persona ingrata. Si bien es cierto que algunos ayudan de manera voluntaria, nadie está exento de agradecer lo recibido. La gratitud no solo consiste en decir «gracias» tras un favor, también nos corresponde aportar algo a la comunidad, retornando con creces lo que se nos ha dado. No siempre podemos ser equitativos con quien nos ha otorgado algo, pero podemos regresarlo a la humanidad. Algo así como si entre todos hiciéramos un sistema de gratitudes colectivas, no solo una cadena de favores.

La consideración del bienestar social se desdibuja cuando se adopta una postura solipsista, la cual consiste en pensar que solo son válidas las propias ideas. Eso da paso a actitudes narcisistas y vanidosas. Ambas se ubican en el salón de la estulticia, justo el sitio donde uno cree que lo sabe todo y que es capaz de hacer cualquier cosa, con ayuda o sin ella. Esa inflación del ego no es más que infantilidad. Llegado ese punto, ya no existe gratitud, sino la quimera de ser mejor que los demás o de merecer cualquier disculpa y consideración. Es cierto que resulta útil la estima de uno mismo, pero existe una gran distancia entre eso y considerarse superior a los demás en todos los sentidos.

Suelen acontecer cuatro factores dinámicos que no solo propician daño en las relaciones humanas, sino que son del todo ingratos: a) invalidación, es cuando la conducta de un sujeto es calificada como nula, insuficiente e inadecuada; b) indiferencia, cuando lo que la persona aporta u ofrece no solo no es aprobado, sino que ni siquiera se evalúa con atención; c) inequidad, cuando existe una diferencia abismal o una desventaja innegable entre las oportunidades que tienen los sujetos para desarrollarse; d) humillación, cada vez que se denigra u ofende a alguien, exponiéndolo y ridiculizándolo frente a un grupo. Cuando un miembro de la comunidad no trata con dignidad a los demás, no solo se pierde la gratitud, sino la validación, la atención, la equidad y el respeto que corresponde brindar.

No necesitamos que alguien nos haga un favor específico para ser agradecidos; tampoco se requiere que las personas expliquen que sus servicios son dignos de gratitud. Se trata de saberlo ver. Incluso en los casos en los que alguna persona no te trate como esperas, podrás agradecer en tu mente que te está enseñando algo de manera involuntaria, como tus límites, o lo que no estás dispuesta a tolerar. Lao-Tse, el filósofo chino del que te hablé antes, creía que el agradecimiento es la memoria del corazón, puesto que solo alguien sensible es capaz de percibir cuando recibe algo de lo que carece. A nuestro padre y madre les debemos haber propiciado las circunstancias para que fuese posible nuestro nacimiento. No es que ellos nos hayan dado la vida, pues no es esa su facultad, pero al menos sí fueron partícipes de ello. Por más que algunos piensen que su deuda ha sido saldada, es imposible que un hijo retribuya por completo lo que ha recibido de su padre y madre. Por supuesto, algunas hijas no están satisfechas con el trato que les dieron, pero el que ahora estén vivas constituye un indicio de que al menos fueron salvaguardadas.

Querida hija, confieso que no siempre he sido un tipo agradecido. Durante grandes intervalos he permanecido alejado de los demás, tratando de encontrar respuestas. Me resultó útil construir un muro que me separó de los otros y me permitió habitar mi propio espacio, pero eso no significa que me haya cegado ante lo que he recibido. Otras veces he sido bastante duro en mis juicios y he mostrado coraje, lo cual no fue del todo negativo, sobre todo si con ello logré enderezar lo que consideré injusto o inapropiado. No obstante, no tienes que construir tu propio cuartel, a menos que quieras. Si eso pasa, te recomiendo que tengas la ocasión de ubicar cuál es la función que debes desempeñar en la comunidad (la familia, la nación, el continente o el mundo o el cosmos), pues cada individuo sabe quién es hasta que percibe su misión. Visto así, conviene superar la pululante obsesión por el crecimiento individualista y entenderlo como un punto de partida para la construcción de una mejor sociedad.

Aprendí que la gratitud aporta tranquilidad y paz. En cierto modo, es una cura que conduce a la conciencia de que no estamos solos por completo. Nadie empobrece por mostrar gratitud, no bajamos los brazos si la expresamos y tampoco nos volvemos débiles. En todo caso, nuestra lealtad y gratitud indican el tipo de persona que somos. En ese sentido, al agradecer a alguien le hacemos notar que su servicio ha sido especial y que lo apreciamos. Desde luego, cada persona en el mundo es especial, pero no conozco a una sola a quien le resulte indiferente escucharlo.

En virtud de los buenos momentos que hemos vivido con otros, es oportuno saber perdonar las fricciones y con ello mostrar gratitud. Desde luego, eso tiene límites. Del mismo modo, agradece cuando los demás te disculpen, al menos si de verdad has cometido una falta que es exonerada. Los conflictos se resuelven hablando, no dejándose de hablar. Muestras respeto cuando sabes escuchar las razones de otros como retribución o reconocimiento de su derecho a expresarse. No eres más que otros humanos, pero puedes provocar que algunos descubran su humanidad cuando los escuchas o te escuchan.

Incluso en los casos en los que las personas no están al servicio de alguien, sino de la especie, podemos mostrar gratitud por haber brindado sus dones. Hoy escuchamos maravillosas composiciones musicales que no fueron elaboradas pensando en nosotros, pero igual las disfrutamos porque están disponibles para quien las sabe apreciar y degustar. Lo mismo acontece cuando todo nuestro ser se centra en observar una maravillosa obra pictórica, disfrutar de una interesante lectura, gozar con una película u obra de teatro y deleitarse con majestuosas piezas de arquitectura.

Desde esta altura podrás notar que no siempre las cosas son como uno espera, así que habrá muchas veces en las que no recibas muestras de cortesía o gratitud. Incluso en esos casos tienes derecho de seguir haciendo lo que es tu gusto y mantener tu congruencia. Todos los días observan muestras de ingratitud quienes atienden a clientes o quienes interactúan de manera constante con personas. Dale Carnegie, empresario estadounidense, consideró que quienes esperan gratitud de la gente no conocen la naturaleza humana. Quizás estaba molesto cuando lo dijo, pero en parte tiene razón. Más que su naturaleza, lo que distingue a los que muestran gratitud es su cultura o aquello que se ha cultivado en ellos. Vaya, incluso un perro muestra aprecio cuando recibe su alimento, así que conviene pensar lo que provoca que ciertos individuos no lo hagan.

Lo que has recibido implica el compromiso de retribuir a alguien más algo similar. Una de las mejores maneras de hacerlo es siendo una profesional. Para algo así no basta con estudiar una carrera universitaria, sino que debes dedicarte de lleno a aquella actividad con la que más aportas tus cualidades y te sientas satisfecha. Volverte profesional significa profesar, lo cual implica la elección de entregarte a algo que consideras noble. A su vez, la nobleza implica dignidad. En ese sentido, uno es digno de seguir recibiendo si ofrece lo que logró con lo recibido. Eso no solo mantiene el sistema en equilibrio, sino que nos dispone a estar atentos a nuestro uso de la energía.

Tendrás logros en función de tu esfuerzo, pero considerar que solo se deben a tu mérito es exceso de protagonismo. Tu presencia aquí es resultado de una serie de factores que han coadyuvado a que existas. En primer lugar, cabe mostrar gratitud al médico que te recibió cuando saliste del vientre de tu madre, a la enfermera, a la pediatra e incluso a otros profesionales que te asistieron en los primeros días. En los años siguientes, cientos o miles de personas han preparado tus alimentos y has utilizado recursos que le pertenecían al mundo y a la humanidad. Has comido 1095 veces al año (en el entendido de que lo haces tres veces al día), de modo que algunos animales han tenido que morir para alimentarte, así como bastantes vegetales y frutas tuvieron que cosecharse para que fuese posible tu nutrición. Se han invertido energía y recursos.

Has respirado cerca de veinte veces por minuto, lo cual supone 1200 veces por hora y 30000 repeticiones cada día. Sonará raro, pero incluso puedes mostrar gratitud hacia tus pulmones y al conjunto de la maravillosa máquina que habitas. Resulta atípico hacerlo, porque suponemos que el cuerpo lo tenemos merecido por algún tipo de designio. Sin embargo, hemos sido equipados para poder estar aquí y debemos disminuir los maltratos a los que sometemos a nuestro cuerpo de manera ocasional.

Has convivido con personas dedicadas a enseñarte, quienes no solo te han ofrecido unas cuantas horas de clase, sino que han invertido largos periodos de su vida para poder entregarte algo digno. Se han utilizado recursos para la formación de cada uno de tus docentes, los cuales hasta el momento quizás sean más de tres decenas, sin contar a los maestros de vida que has tenido de manera informal. Se han invertido recursos para llevarte al colegio desde que eras pequeña, ida y vuelta cada día durante los periodos escolares que han transcurrido en los últimos años. Se ha contaminado un poco el aire para que eso fuese posible. Has leído libros que fueron escritos por hombres y mujeres que dedicaron su vida a esa labor. Has vestido ropa que otros hicieron, has utilizado materiales que alguien más construyó y has habitado casas que fueron edificadas por individuos que desconoces.

Muchas personas han donado parte de su tiempo para ti, tanto como el que tú has invertido para aprender de ellos. ¿En qué consiste que seas merecedora de eso? Eso lo puedes responder si antes te preguntas cómo devolverás lo que has recibido. En otras palabras: nos volvemos merecedores al aprovechar lo que se nos ha dado. Querida hija, ¿qué piensas de la responsabilidad que te corresponde? El triunfo verdadero no consiste en llenarte de cosas o títulos, sino en poner al servicio de otros lo que has aprendido, en hacer que el estudio se vuelva vida para convertirlo en palabras y acciones constructivas. Serás una persona exitosa cuando propicies beneficio social con tus acciones y obras. De no ser así, solo se engrosará la lista de personas cuya vida transcurre en la trivial degustación de su ego. Eso es un desperdicio de recursos.

Habitas un mundo en el que se tiende a evaluar a las personas a partir de números: el porcentaje de ventas, las ganancias, el número de pacientes vistos en un día, la cantidad de autos adquiridos, el número de viajes, la ración de hijos, los decibeles del aplauso, y tantos más. La cifra es un indicador, pero el verdadero logro está en la manera de provocar que los recursos fructifiquen. La gratitud se manifiesta al complementar las edificaciones que otros han iniciado. Alejándose de tal intención, las ciudades están llenas de buscadores de estatus, pero cada vez son menos los hombres y mujeres que se deciden a servir. Mantente atenta para no caer en la trampa de valerte de los demás sin ofrecer valor. Más que el estatus, te propongo la distinción, buscar la autenticidad y no satisfacerte con la miope intención de ser mejor que otros. Querer vencer a los demás es lo que todos intentan, así que revisa lo que hay dentro de ti y eso te hará diferente.

Emanuel Lévinas, un filósofo de origen judío, decía que al encontrarnos con los demás definimos lo que somos. Te corresponde revisar cómo serás responsable en el contexto que habitas y cómo promoverás lo que los griegos llamaban *paideia*, o el arte de compartir tus valores y saberes con las nuevas generaciones. Sí, vale la pena ser leal a la sociedad, no en un sentido superficial, sino apreciando el valor de la ciudadanía. Heschel, de quien ya te hablé en otro capítulo, aseguró que solo sabemos quiénes somos cuando ubicamos nuestro lugar en la sociedad, así que elévate por encima del crecimiento egoísta y revalora el sentido de lo colectivo. Esfuérzate cada día por ser merecedora del milagro de estar aquí.

La gratitud se traduce en responsabilidad social, la cual se sustenta en ser leal con la humanidad. Ser leal a un grupo implica vincularse y propiciar el desarrollo de quienes lo conforman; para todo eso se requiere valorar el potencial de los que te rodean. Es obvio que las sociedades no solo están conformadas por individuos dotados de plena conciencia, así que las carencias abundan. Sería más sencillo ser leal a una sociedad en la que todos cumplieran con su labor y ofrecieran su talento para la construcción de una comunidad justa y equitativa, pero eso no existe. En las sociedades reales proliferan las problemáticas, ronda la pobreza, persiste la violencia, o se manifiesta la ignorancia; todos esos son factores que ponen a prueba el grado de compromiso que tiene la ciudadanía.

Te toparás con individuos desinteresados de su patria, que ensucian las calles, hacen su trabajo de manera mediocre, estafan, engañan, violentan o generan conflicto; no son inusuales los que critican con el mero afán de destruir, los que discriminan, los que no se unen a los reclamos genuinos, o los que maltratan el medio ambiente, la flora, la fauna y los recursos de la Tierra en función de sus intereses o comodidad. Es lamentable que sean tantos quienes se han alejado de la ciencia, de la mística, del arte, de la filosofía o, en suma, de la sensibilidad hacia lo externo; otros incluso han debilitado de manera intencional sus facultades racionales, intuitivas, emocionales o estéticas. Aun en esos casos es necesario y heroico trascender la molestia inicial y ofrecer las facultades que uno dice poseer, no tanto en función de recibir elogio o alabanza, sino por la eximia lealtad social correspondiente.

La educación no se muestra en los diplomas que se obtienen, sino en las conductas que se manifiestan. Las virtudes no deben ser simuladas, las cualidades no pueden ser fingidas. La gratitud es auténtica o se vuelve ingrata. Vivimos una época en la que se piensa menos y se exige más, se dialoga poco y se grita en demasía.

Los comunicólogos están siendo destituidos por *influencers* que suman más seguidores mientras menos pensamientos propongan; los psicólogos serios se enfrentan a la alta demanda que existe hacia los lectores de la mente, los visionarios que predicen el futuro y otro tipo de prestidigitadores; en el ámbito de la consultoría organizacional, abundan los *coach* que se contentan con parecer porristas o simples motivadores que fungen como nanas de quienes no saben regularse a sí mismos; en el ámbito de la filosofía son comunes los simples ideólogos o repetidores de ideas de los autores antiguos, entendiéndolos mal y sin saber adaptarlos; en el rubro de la medicina, o en contra de tal, han surgido los curanderos charlatanes que pregonan como merolicos que son capaces de erradicar cualquier enfermedad; las escuelas han dejado de forjar la disciplina y el sentido crítico, convirtiéndose en incubadoras de narcisistas y quejumbrosos que señalan con su dedo acusador a quien no les rinda tributo; en la política se han diseminado los desleales que encuentran en las funciones públicas la fuente de su enriquecimiento, olvidándose del bien común y la lealtad hacia el pueblo; en el sector religioso son casi inexistentes los auténticos místicos y al resto se les ha cortado a la medida de un dogma o de un ritualismo mediocre que no deja espacio a la espiritualidad; el arte y su consumo están a la mano de un simple clic, pero los espectadores no poseen habilidades de apreciación y se desentienden de la belleza para volverse fanáticos de lo que sea más novedoso o llamativo.

La mayoría está dispuesta a venderse, tiene su precio, busca admiración, ansía reconocimiento, ruega por reflectores y se emociona con los aplausos. Así, por la obsesión de brillar, hemos olvidado la luz. Con la mira puesta en las alabanzas y en los laureles, se ha renunciado a la ética, como si fuese una antigüedad inservible. A pesar de eso, el pensamiento crítico continúa vigente, a la manera de un recordatorio incómodo que señala la existencia de otras opciones. En todos los ámbitos existen quienes continúan siendo fieles a sí mismos; ellos y ellas, sin hacer ruido o faramallas, se mantienen congruentes y son héroes silenciosos a quienes se les debe gratitud por mantener encendida su propia llama.

Querida hija, te corresponde repensar tu *ethos* (carácter identitario), elegir un rol y asumirlo con profundidad; si no comprendes lo que aportas, tenderás a reproducir la vida de otro. Necesitamos más personas éticas y menos moralistas. Date cuenta de que la moralidad autoritaria es enemiga de la elección reflexiva. Las personas necesitan estar provistas de capacidad crítica para poder elegir. Por ello, ejerce tu derecho de aprovechar tu capacidad racional, tu derecho a socializar lo razonado y tu derecho a liberarte. ¿De qué podrías liberarte? De aquello que te ha sido impuesto y que no resulte benéfico para ti.

Quien es leal al progreso de la humanidad está dispuesto a dirigir su conducta de manera ecuánime, sin importar si existe quien lo reconozca, aplauda, certifique, valide o legitime. Él es el premio para sí mismo, su conducta es congruente con su fidelidad y la asunción de su propia misión personal. No hay ética sin cuidado de sí, pero no nos construimos solos. Es momento de hablar menos de autorrealización y más de reparación del mundo. El término *Tikún Olam*, proveniente del hebreo, alude a la intención de armonizar la realidad a través de la empatía, la solidaridad y la bondad. Esa intención surge de la gratitud hacia Aquello que nos ha traído hasta aquí. Visto así, en tus manos tienes la opción de construir dicha o aumentar la calamidad.

Por supuesto, habrá muchos a los que no debas gratitud, pues nadie está obligado a prestar servicios o realizar favores si no es esa su función. Asimismo, conocerás individuos a quienes deberás enfrentar, ya sea porque maltratan o laceran los derechos de otros, o bien porque impiden el desarrollo y bienestar de las personas. La gratitud no es enemiga de la denuncia sensata. La criticidad, la tecnología y la educación pueden ser un camino hacia la solución de las injusticias.

Es imprescindible que ubiques la diferencia entre un código moral y el ejercicio ético; el código moral establece normas externas que indican cómo actuar, pero el ejercicio ético consiste en reflexionar cómo vivir. Es oportuno distanciarse de quienes impiden la libertad de elección. La ética, incluso con su exigencia crítica, es más recomendable que el seguimiento ciego de la regla moral preestablecida o carente de consenso.

Quizá te parezca complicado integrar la gratitud, la lealtad y el servicio social que se deriva de ello. No obstante, he sido testigo de múltiples generaciones de estudiantes que al egresar se centran en lo que pueden aportar y atienden a lo que deben trabajar en sí mismos para ser mejores. Cuando platico con ellos me hablan de su satisfacción y plenitud. No les resulta sencillo, pero los veo activos y ofreciendo lo mejor de sí. Las personas que salen adelante ante los más complejos escenarios son las que encuentran motivos dentro de sí para mantenerse en la lucha. Lo que he dicho en este libro no surgió de la improvisación, se ha desprendido de observar a otros y a mí mismo. Cada día notarás que la honesta satisfacción va de la mano de la reflexión ética.

Mientras escribo estas líneas eres una adolescente, pero dentro de algunos años serás una mujer adulta. Encuentro embeleso al imaginarte plena y dueña de ti misma. No puedo saber si este libro quedará arrumbado en algún rincón, o si estará al menos en una repisa donde puedas encontrarlo de vez en cuando. He hecho una lista de todo lo que veo en ese futuro. Ahora la comparto contigo:

1) Te imagino capaz de admirarte ante lo que te rodea, con la habilidad de saber encontrar los pequeños detalles en lo que parece leve y diminuto.
2) Te observo valiente, capaz de enfrentarte a las circunstancias complejas, dispuesta a saber más de ti y a limar las asperezas de tu carácter.
3) Te contemplo decidiendo, haciéndote cargo de lo que te corresponde y centrándote en aquello que producirá mayor beneficio para ti y los demás.
4) Te aprecio con criticidad ante lo que escuchas, lo que ves y lo que compruebas por ti misma, abierta a investigar e indagar en lo que te rodea.
5) Te percibo con criterio, con pensamientos que aumentas, adaptas o modificas con base en lo que vives.
6) Te veo libre, tal como tu cabello y tu mirada, sensible a lo que te rodea, sin ataduras, cadenas o barricadas.
7) Te miro segura en tu cosmovisión, reconciliada con tu pasado y abierta a los contextos de los demás y a las perspectivas que son diferentes a la tuya.
8) Te calculo independiente, atenta a las posibles prisiones que se

muestren tentadoras, con habilidad para relacionarte y hacer equipo sin causar coacciones a tu ánimo.
9) Te escucho prudente, tejiendo las palabras justas para cada ocasión, con cuidado ante lo que haces y las alianzas que realizas.
10) Te oigo en tus pensamientos, confrontándolos y poniéndolos en constante revisión.
11) Te identifico en el espejo, sabiendo quién eres, con conocimiento de tu identidad y con disposición para descubrir lo que permanece en la sombra.
12) Te siento cuidando de tu salud, de tus ideas, de tus conductas y de tus compañías, sin admitir riesgos innecesarios.
13) Te distingo solidaria ante las causas que consideras justas, ofreciendo tu colaboración, sin cargar en tu espalda lo que corresponde a los demás.
14) Te pienso con apertura ante la naturaleza y hacia lo que se encuentra en ella, recibiendo los mensajes que el silencio ofrece.
15) Te sé sabia, en la medida que lo eliges, poniendo en práctica la percepción del momento y uniendo lo que sabes con lo que haces.
16) Te noto vinculada, pero sin dependencia, atenta a la manera de relacionarte con los demás, consciente de las ventajas del desapego.
17) Te diviso en paz y encuentro que la transmites al hablar y al mirar a los demás, con serenidad interior y sensatez en tus conductas.
18) Te reconozco íntegra, aglutinando en ti todas las maravillas que ofrece esta existencia y consciente de que tus alcances son progresivos.

19) Te encuentro gozosa de tu ser, de tu mente y de tu cuerpo, de cada bocado y de cada suspiro, sin represión y ajena a la culpa.
20) Te intuyo conociendo tu espiritualidad y floreciendo en tu espectro divino, sabedora de Eso que habita en ti y de que lo eres cuando te iluminas.
21) Te descubro fructificando amor, cultivando esperanza y tejiendo un manto de ternura recíproca que cobija a quienes están contigo.
22) Te represento enfrentando la adversidad, mostrando resiliencia y adaptándote a las circunstancias que te corresponden vivir.
23) Te palpo perseverante en tus proyectos, disciplinada y constante en las actividades que has delineado para alcanzar tus metas.
24) Te dibujo en mi mente ejerciendo la gratitud, clarificando tu propia ética, la ética de Sofía, teniendo certeza del milagro que has recibido al ser y estar.

Contemplar en ti cada una de esas actitudes me hace llenar mi propia nada. Ya no percibo el vacío, es a ti a quien miro. Mi propia gratitud se dibuja en el lienzo blanco de mi historia por venir. ¿A quién deberé agradecer la dicha de haber sido tu padre? ¿Será a Dios, a la deidad, al Cosmos, al Orden, a la naturaleza o al azar? No lo sé, pero me reconozco en deuda ante aquel/aquello/Eso que haya intervenido para permitirme pasear a tu lado en esta historia que compartimos. ¿Qué es la ética si no la oportunidad de dotar de sentido a la existencia? Que estas páginas sean testimonio de que esa oportunidad es verdadera, de que la mereces y de que es toda tuya.

Cuando yo no esté

Todo lo que inicia debe terminar. El fin no es una condena, sino derivación de la gracia de existir. José Vasconcelos decía que un libro, tal como un viaje, se comienza con inquietud y se termina con melancolía. Eso es verdad, pero además de la tensión melancólica encuentro cierta alegría, la de haberte acompañado durante todas las páginas de mi vida desde que naciste.

Cuando yo no esté, querida hija, recuerda los buenos momentos, las carcajadas, las bromas y la sonrisa que ambos mostrábamos al encontrarnos. En las relaciones como la tuya y la mía, lo que corresponde es que el padre muera primero. Tienes varios años y experiencias por delante, lo mío habrá quedado atrás. Ahora escribo esto, pero sé que algún día ya no estaré. Quizá te preguntes qué habrá sucedido conmigo. ¿Estaré en el cielo y te cuidaré desde ahí? ¿Intervendré en lo que haces o habré desaparecido por completo? Cuando decimos que alguien descansa en paz, erramos al creer que sigue siendo capaz de descansar, pero no hay paz, solo vacío. El único dolor que trae consigo la muerte es saber que ya no sentiremos el amor de las personas que elegimos. Fuiste mi hija y elegí amarte. Cuando yo no esté, este libro seguirá disponible para ti. Encuéntrame entre sus letras, en sus ideas y reflexiones. Si de verdad quieres saber el lugar en el que habito, recuerda que es justo aquí donde estaré.

Sé que me amaste tanto como yo, porque hay miradas que no pueden disimularse. Sé que mi niña, mi hija mujer, se emocionaba al verme llegar, al platicar conmigo, al hacerme parte de sus experiencias. No te importaba dónde comíamos mientras comiésemos juntos; no era significativo el regalo de cumpleaños, tan solo que viniera de mis manos; no cabía preguntar el sitio del viaje si nos acompañábamos los dos. Varias páginas de este libro están salpicadas de lágrimas de nostalgia, de esas que se desprenden cuando el cariño y el amor se desbordan y rompen la muralla que uno pone hacia sus sentimientos, de esas que atraviesan el contenedor que sostiene la aparente frialdad. Me devolviste la oportunidad de sentir. Me ayudaste a vivir mejor, tan solo por existir. Sí, de eso trata el amor. No se necesita más que estar, no solo se trascienden las palabras, sino lo que ellas contienen.

Mi presencia se mantiene aquí, así que vuelve a leer este libro cuando lo necesites, eso te hará sentir acompañada. El texto hablará por mí cuando no tenga voz y en él encontrarás el reconocimiento de tu libertad. Los hijos e hijas no deben cargar con las sombras de sus padres, no les corresponde pagar sus deudas, sentir sus culpas, o revivir las frustraciones que tuvieron. Me parece que aproveché la vida y exploré a profundidad sus recovecos y misterios. Mis particularidades no tienen que ser las tuyas, mis dolores o alegrías no son heredables. Te corresponde a ti desarrollar tus propias virtudes.

En este libro hablé de cosas que no te había platicado antes, tal como hay otras que solo las sabes tú. Recordé mi propia adolescencia, pero lo escribí pensando en ti, sin importar nada más. En cada capítulo recordé, sonreí e imaginé. Con admiración se inició todo y terminé con gratitud, tal como se sintetiza el proceso de una vida habitada de fluidez. Al escribir he sonreído en varias partes y tengo la esperanza de que esa sensación se haya vertido en las palabras.

Este legado personal fue escrito mientras una pandemia azotaba el mundo. Es un testimonio de amor por la vida, a pesar de todo.

Terminé el día de tu cumpleaños, justo a tiempo para entregártelo como regalo a la distancia. Cualquier cosa material puede ser robada, pero este libro está exento de eso: nadie puede hurtarte lo que aprendas al leerlo y tienes la oportunidad de volver a abrirlo cuando gustes. Reitero un mensaje central: no estás obligada a seguir mis recomendaciones, recorre tu propio camino.

A pesar de que esta obra es un compendio de cartas personalizadas, hemos invitado a otras lectoras a nuestra mesa de conversación. A cada una de ustedes les aseguro que mi sentir no difiere tanto de lo que sienten sus padres. Cada mujer tiene la opción de reconciliarse con su padre u ofrecer tributo a su vida. Cuando ya no estamos, las cosas se ven de otra manera. *Ética para Sofía* es un constante recordatorio de que eres amada, así como es evidencia del cariño de los padres a sus hijas.

Recuerda que es imprescindible que pienses de manera crítica en la era tecnológica que habitas. El mundo necesita más agentes de cambio y menos individuos que actúen sin conocer sus motivos. Sé una persona concentrada y forja una vida gozable. No te esfuerces por mostrarte como un genio estático, desarrolla también la espontaneidad. Tras la aceptación de tus límites, brotará la sabiduría que necesitas. Sé ambiciosa pero prudente; sé exigente y amable a la vez; combina la firmeza con la flexibilidad; sé libre más no ilusa; ríe y alégrate estando seria. Muéstrate cercana pero respetuosa. Vive sin temer morir. Haz llegar tu libro a quien gustes y muéstralo a tus hijas e hijos si es que eliges que lleguen. De cualquier modo, las palabras vertidas nos trascenderán a los dos cuando ninguno siga en este mundo.

Toma un momento cada día para entender que la vida es solo un suspiro en el que aprendemos a soltarla. Deseo que el miedo de ser desacreditada, juzgada, menospreciada o rechazada sea expulsado por completo de tu vida. Cuando yo no esté, continúa sin mí. Practica el desapego hacia mi compañía y honra lo que eres. La vida es movimiento, no parálisis. Este libro es un sendero hacia el descubrimiento de ti misma, sigue avanzando en ello. No te he ofrecido palabras definitivas, sino un punto de partida. Ahora, el micrófono está en tu mesa: toca el turno a tu propia voz.

En el primer capítulo te conté que una vez hubo un papá que regaló un libro de Ética para su hija Sofía. La historia se contará de nuevo cuando yo no esté. He aludido a que juegas mejor cuando entiendes las reglas de un deporte. La ética no es tu contrincante, sino tu aliada. Si le abres la puerta, te ayudará a construir las reglas de tu vida. Juega segura, bota el balón con certeza, observa el aro de tu plenitud, encesta una y otra vez. Goza tu presencia en la cancha de la vida. Que al final permanezca lo que has dado y que el eco de tu recuerdo reitere tu mensaje. La vida nos mata a todos, pero matamos a la muerte cuando ofrecemos un legado para los que siguen el juego.

Nunca pretendí ser un modelo de virtud y no tuve el don de actuar siempre de la manera correcta, pero logré verte y gocé al amarte cada día. Viví momentos maravillosos y la pasión fue mi aliada para poder crear. Cuando elegí lo que quería, me dediqué a ese proyecto cada día. La vida es un soplo que nos dibuja en el aire y solo las vidas que se entregan merecen al final desdibujarse. Desperdiciamos los dones si los guardamos con temor, así que entrega los que tienes para que florezcan en los demás. Tu bisabuelo pasó su vida sembrando palmas de coco, incluso en sus últimos años. Al observarlo anciano y agitado, la gente le decía que eso era absurdo porque moriría antes de ver el fruto de los cocoteros. Él contestó que sus hijos lo verían. Nunca lo traté en persona, pero lo conozco por eso.

Sofía, estoy seguro de que la cosecha de estas letras serán actos honorables. Conmigo o sin mí, tu vida debe seguir siendo una celebración al ritmo de tus latidos. Sánate y escribe tu existencia con los actos de cada día, más allá de la alegría o la tristeza. Si eres madre, deja un legado para tus hijos antes de despedirte. Si no lo eres, hereda el fruto de tus actos a aquellos que ames.

He tenido la dicha de tenerte como hija, no puedo pedir nada más. Dejé de estar despierto y ahora sueño para siempre. No somos eternos, al menos no de la manera en que nos conocemos. Cada instante está suspendido en la eternidad. El individuo que fui ya no es. Eso es correcto, eso está bien.

Lista de invitados y sus mesas en la fiesta

0
Aristóteles
Fernando Savater

1
Anaximandro
Beatles
René Descartes
Sócrates

2
David y Goliat
Shrek
William Steig
Lord Farquaad
Simone de Beauvoir
Voltaire

3
Daniil Trifonov
Cupido
Esopo
Jean Paul Sartre

4
Erich Fromm
Hans Christian Andersen
Soren Kierkegaard
Desmond Tutu

5
Sócrates
Platón
Aristóteles
Epicuro
Agustín de Hipona
Jesús
Emmanuel Kant
Karl Marx
Nicolás Maquiavelo

6
Jean Paul Sartre
Antoine de Saint-Exupéry
Viktor Frankl
Bernard Shaw

7
James Naismith
Anatole France
Gabriel Marcel

8
Judith Butler
Virginia Woolf
Paulo Freire
Johann Fichte
Pablo de Tarso
Henri Bergson
Jacobo Rousseau
Friedrich Nietzsche

9
Bión
Aristóteles
Tomás de Aquino
Baltasar Gracián
Stendhal
Esopo
Platón

10
Lucien Auger
Lie Zi
Narciso
Némesis
Jonathan Swift
Gotthold Lessing

11
Sócrates
Platón
Sigmund Freud
Abraham Maslow
Esquilo
Rosa Parks
José Ortega y Gasset
Moisés
Samkara
Kitaro Nishida
Ramana Maharshi
Mary Wollstonecraft
Keiji Nishitani

12
Michel Foucault
Confucio
Lucio Séneca
Juvenal
Rabindranath Tagore
Oscar Wilde

13
Émile Durkheim
Joseph Haydn
Wolfgang A. Mozart
Esopo
Fernando de Rojas
Noel Clarasó
William Shakespeare
Walter MacPeek
Robin Hood
Baltasar Gracián

14
Charles Baudelaire
Jorge Luis Borges
Julio Verne
Hagrid
Harry Potter
J.K. Rowling
Hermione
Albert Einstein
Pablo Picasso
Octavio Paz
Homero
Virgilio

15
Claude Lévi-Strauss
Carl Sagan
Arturo Ortega
Heráclito
Xavier Zubiri

16
Liu Zongyuan
Martin Heidegger
Walter Mischel
Heráclito
Friedrich Nietzsche
J.K. Rowling
Harry Potter
Dumbledore
Buda

17
Benjamin Franklin
Emmanuel Kant
Benito Juárez
Tomás de Aquino
Martin Luther King
Rabindranath Tagore
Lev Tolstói
Jacobo Rousseau
Platón
Sócrates
Marco Aurelio
Juan Luis Vives
Marie von Ebner-Eschenbach
Amado Nervo
Gabriel García Márquez
Mahatma Gandhi
Patañjali
Moisés

18
Aristóteles
Jaime Balmes
Carl Jung
Epicuro de Samos

19

Eugénie de Guérin
Juan Bosco
Richard Wagner
Frida Kahlo
Alfred Adler
Ennio Morricone
King Crimson
Miguel Ángel
Leonardo Da Vinci
Antoni Gaudí
Epicuro de Samos

20

Nagarjuna
Aristóteles
Tomás de Aquino
Eckhart de Hochheim
Samkara
Baruch Spinoza
Friedrich Nietzsche
Abraham Heschel
Teilhard de Chardin
Jesús
Rey David

21

Agustín de Hipona
Jacques Derrida
Beatles
Max Scheler
Jean Paul Sartre
Joaquín Xirau
Giovanni Papini
James Cook
José Vasconcelos
Erich Fromm
Leonard Cohen
Teresa de Calcuta
Jacques Lacan
Jane Austen
Virginia Woolf
Lewis Carroll
Alicia
El Conejo Blanco
George Wells
Albert Camus

22

Sísifo
Emily Werner
Boris Cyrulnik
Edith Piaf
Maria Callas
Frida Kahlo
Remedios Varo
Marie Curie
Malala Yousafzai
Erik Erikson
Reinhold Niebuhr
Confucio
Jean de la Fontaine
Ernest Hemingway
Charles Darwin
Robert Jordan
Olivier Clerc
Robert Frost

23

Ovidio
Jean Paul Sartre
Simone de Beauvoir
Yibrán Jalil Yibrán
Lao-Tse
Ludwig van Beethoven
Los hermanos Wright
Nikola Tesla
Walt Disney
Freddie Mercury
Itzhak Perlman
Herbert von Karajan
Serena Williams
Michael Jordan
Johann Goethe
Victor Hugo
Bertolt Brecht
Pitágoras

24

Mahoma
Miguel de Cervantes
Lao-Tse

Epílogo

José Vasconcelos
Tiburcio Sevilla del Río

editorial **K**airós

Puede recibir información sobre
nuestros libros y colecciones inscribiéndose en:

www.editorialkairos.com
www.editorialkairos.com/newsletter.html

Numancia, 117-121 • 08029 Barcelona • España
tel. +34 934 949 490 • info@editorialkairos.com